U0954898

财经商贸类专业"十四五"规划新形态教材
校企合作 · 数字化融合系列

经济法理论与实务

王　珺　刘永智　任燕红◎主编

立信会计出版社

图书在版编目(CIP)数据

经济法理论与实务 / 王珺，刘永智，任燕红主编. 上海：立信会计出版社，2024.5. -- ISBN 978-7-5429-7628-4

Ⅰ. D922.29

中国国家版本馆 CIP 数据核字第 2024JB3804 号

策划编辑　王斯龙
责任编辑　王斯龙
助理编辑　郑文婧
美术编辑　吴博闻

经济法理论与实务

JINGJIFA LILUN YU SHIWU

出版发行	立信会计出版社		
地　　址	上海市中山西路 2230 号	邮政编码	200235
电　　话	(021)64411389	传　　真	(021)64411325
网　　址	www.lixinaph.com	电子邮箱	lixinaph2019@126.com
网上书店	http://lixin.jd.com		http://lxkjcbs.tmall.com
经　　销	各地新华书店		
印　　刷	常熟市人民印刷有限公司		
开　　本	787 毫米×1092 毫米	1/16	
印　　张	19.75		
字　　数	482 千字		
版　　次	2024 年 5 月第 1 版		
印　　次	2024 年 5 月第 1 次		
书　　号	ISBN 978-7-5429-7628-4/D		
定　　价	49.00 元		

前　言

经济法是财经商贸类专业的基础课程，其知识体系非常庞杂，导致各高校任课教师在经济法教材的教学内容选取时只能各取所需。作为在本专科高校从事经济法课程教学十多年的授课教师，编者深深地感受到市面上很多教材要么理论性强，内容过多过繁，缺乏实训，仅适用于本科法学院教学；要么仅适用于某一个资格证书的考试辅导，内容不够全面。

本教材针对高校教学与学生考试的需要，在编写时大胆创新，选取财经商贸类专业学生考证和专转本必需的、与学生毕业后的工作及日常生活联系最为紧密的部分，保证了内容的全面性与实用性；充分考虑学生学情，内容简单易懂，增加了大量的课堂练习、课堂讨论、法律诊所与任务实训等。简而言之，本教材内容较为全面，兼顾了理论的实用性与知识点运用的实操性。也正因为如此，本教材定名为“经济法理论与实务”。

本教材的特点如下：

(1) 为教学提供菜单式项目介绍，有助于任课教师依据不同层次、不同专业和不同教学要求选择教学内容，也有助于学生依据不同的需要进行自学。

(2) 考点覆盖较全，内容较为简单，没有理论性过强、表述性语言过多的问题，便于教师课堂教学和学生课后复习。

(3) 考虑了理实一体化和课程思政的教学需要，附带大量课堂练习和任务实训，帮助学生在做中学、在学中做，实现知识和技能的全面培养。

(4) 对标“考证、专转本”、学生技能竞赛，实用性强。

(5) 配套相应在线开放课程，便于教师实施混合式教学，便于学生结合在线课程资源进行学习和复习。可以扫描二维码获取在线开放课程链接。

在线课程

(6) 普适性与可推广性较强，为未来修订和完善预留了空间。

本教材不仅是编者教学改革课题的成果，也是编者十多年经济法课程教学的经验总结，编写过程中充分听取了校企合作企业专家和学生的建议，体例新颖、内容完善。

本教材由江苏财会职业学院王珺、刘永智、任燕红担任主编。具体编写分工如下：王珺教授负责项目一、项目五、项目七、项目十三、项目十四的编写，刘永智老师负责项目二、项目三、项目四、项目六、项目十二的编写，任燕红老师负责项目八、项目九、项目十、项目十一的编写。本教材是王珺教授的江苏高校青蓝工程、连云港市521高层次人才培养工程、江苏高校哲学社会科学一般项目的成果，属于江苏财会职业学院建设的“经济法”在线开放课的配套教材。

本教材既可以作为高职高专财经商贸类专业的经济法课程教材，也可以作为高职高专财经商贸类专业学生考证与专转本的辅助用书。在编写的过程中，我们学习了大量的相关教材、习题集与网课，借鉴了许多专家学者的教学成果，得到了单位领导、出版社、兄弟院校、校企合作企业专家和多届学生的大力支持，在此一并表示感谢。由于编者们水平有限，本教材可能存在疏漏之处，期待读者指正，我们将虚心学习、继续完善。

编者

2024 年 5 月

目　录

项目一 万丈高楼平地起

——经济法基础理论

项目介绍

本项目为初级会计资格考试、中级会计资格考试、注册会计师考试、税务师考试、银行从业资格考试、经济师考试的必考项目,主要对经济法最基础的内容进行阐述。

项目导入

什么是法?为什么要学习经济法?如何避免在工作和生活中成为违法者?在工作和生活中如何运用法律武器维护自己的权益?

课前导学

搜索近期发生的大学生违法案例,反思发生的原因和最终的结果,结合案例思考[项目导入]中的问题。

学习目标

(一) 知识目标

1. 了解法的含义,理解法治的意义。
2. 熟悉法律关系、法律体系、法律行为和法律责任。
3. 掌握法律纠纷解决的内容。

(二) 能力目标

初步知法、懂法,能够运用法律知识解决纠纷。

(三) 素养目标

正确认识依法治国、依法行政,形成法治意识,深刻理解科学立法、严格执法、公正司法和全民守法。

任务一 经济法概述

导课

法治和人治的区别是什么？为什么要法治不要人治？

考点归纳

1. 主要知识点

法治；法的概念；法的本质与特征；法的形式与效力；法律部门与法律体系。

2. 重难点

重点：法治；法的本质与特征。

难点：法的形式与效力。

法律讲堂

法律是治国重器。全面依法治国，就是要在中国共产党领导下，坚持中国特色社会主义制度，贯彻中国特色社会主义法治理论，形成完备的法律规范体系、高效的法治实施体系、严密的法治监督体系、有力的法治保障体系、完善的党内法规体系，坚持依法治国、依法执政、依法行政共同推进，坚持法治国家、法治政府、法治社会一体建设，实现科学立法、严格执法、公正司法、全民守法，促进国家治理体系和治理能力现代化。

一、法

(一) 法的概念

法是由国家制定或认可，以权利义务为主要内容，由国家强制力保证实施的社会行为规范文件的总称。

(二) 法的本质与特征

1. 法的本质

法是统治阶级的国家意志的体现，是由统治阶级的物质生活条件决定的。法是统治阶级整体意志和根本利益的体现，而不是统治阶级每个成员个人意志的简单相加。

2. 法的特征

法的特征主要体现在以下四个方面：

(1) 法由国家制定或认可，具有国家意志性。

(2) 法由国家强制力保证实施，具有强制性。

(3) 法确定了主体的权利和义务，具有规范性。

(4) 法制定后必须公开，法律面前人人平等，具有明确公开性和普遍约束性。

课堂练习

【论述题】为什么党的领导是中国特色社会主义法治之魂？

二、法的形式与效力

（一）法的形式

法的形式，是指法的具体表现形态，即是由何种国家机关，依照何种方式或程序创制出来的，并表现为何种形式，具有何种效力等级的规范性法律文件。

我国法的主要形式包括宪法、法律、行政法规、地方性法规、自治条例、单行条例、司法解释、部门规章、地方政府规章、特别行政区的法等。具体内容如表1-1所示。

表1-1　我国法的主要形式

法的形式	制定机关	地位与效力	举例
宪法	全国人民代表大会	根本大法，效力最高	《中华人民共和国宪法》（以下简称《宪法》）
法律	全国人民代表大会及常务委员会	效力仅次于宪法	《中华人民共和国民法典》（以下简称《民法典》）
行政法规	国务院	效力次于宪法与法律	《总会计师条例》
地方性法规、自治条例、单行条例	地方人民代表大会及常务委员会	效力次于宪法、法律与行政法规，仅在制定机关所管辖的地方范围内有效	《江苏省乡村振兴促进条例》
司法解释	最高人民法院和最高人民检查院	司法机关在办案中应当遵照执行	最高人民法院关于适用《中华人民共和国民法典》合同编通则若干问题的解释
部门规章	国务院下属各部委	效力次于宪法、法律与行政法规	《中华人民共和国发票管理办法》
地方政府规章	地方人民政府	效力次于上述法的形式，仅在制定机关所管辖的地方范围内有效	《湖南省行政程序规定》
特别行政区的法	—	仅在特别行政区内有效	《中华人民共和国香港特别行政区基本法》
国际条约	—	国家批准或核准的	《不扩散核武器条约》

知识驿站

人民法院的判决书不属于法的形式。

课堂讨论

（1）为什么宪法是根本大法？

（2）为什么国际条约不都是中国法的形式？

法律诊所

《中美友好通商航海条约》是否是中国法的形式？

(二) 法的效力

1. 法的效力范围

法的效力范围是指法在什么时间、什么空间对哪些人有效。

(1) 法的时间效力。法的时间效力，是指法在起止时间内有效，以及对其实施以前是否有效。《中华人民共和国立法法》第104条规定："法律、行政法规、地方性法规、自治条例和单行条例、规章不溯及既往，但为了更好地保护公民、法人和其他组织的权利和利益而作的特别规定除外。"

(2) 法的空间效力。法的空间效力，是指法在哪些空间和地域有效。法适用于本国的领陆、领水、领空和领土，还包括本国的驻外使馆、航空器和船舶。

(3) 法的对人效力。法的对人效力，是指法适用于哪些人。凡是中国公民，一律适用中国法律。在华的外国人和无国籍人也适用中国法律。

2. 效力冲突的解决原则

(1) 上位法优于下位法。

不同位阶的法之间发生冲突，遵循上位法优于下位法的原则，即：

宪法＞法律＞行政法规＞地方性法规、自治条例、单行条例、部门规章＞地方政府规章

(2) 特别法优于一般法。

同一机关制定的特别法与一般法不一致的，适用特别法。

(3) 新法优于旧法。

同一机关制定的新法与旧法不一致的，适用新法。

三、法律部门与法律体系

(一) 法律部门与法律体系的概念

法律部门，是指根据一定标准和原则所划分的同类法律规范的总称。法律部门划分的标准是法律的调整对象。法律体系是由法律部门组成的、互相联系的统一整体。

(二) 我国的法律部门与法律体系

我国的法律体系主要由以下七个法律部门组成：

(1) 宪法。宪法是规定国家根本制度和根本任务，保障公民权利的根本大法，如《宪法》。

(2) 民商法。民商法包括民法和商法，是调整民商事活动的法律规范的总称，如《民法典》《中华人民共和国海商法》等。

(3) 行政法。行政法是调整行政管理活动的法律规范的总称，如《中华人民共和国治安管理处罚法》《中华人民共和国道路交通安全法》等。

(4) 经济法。经济法是调整宏观调控和市场规制活动的法律规范的总称，如《中华人民共和国会计法》(以下简称《会计法》)《中华人民共和国反垄断法》等。

(5) 劳动法与社会保障法。劳动法是调整劳动关系的法律规范的总称，如《中华人民共和国劳动法》《中华人民共和国劳动合同法》等；社会保障法是调整社会保障关系的法律规范的总称，如《中华人民共和国社会保险法》等。

(6) 刑法。刑法是调整刑事关系的法律规范的总称，如《中华人民共和国刑法》(以下简称《刑法》)等。

(7) 诉讼与非诉讼程序法。诉讼与非诉讼程序法是调整因诉讼和非诉讼法律关系的法

律规范的总称，如《中华人民共和国刑事诉讼法》《中华人民共和国民事诉讼法》《中华人民共和国行政诉讼法》《中华人民共和国仲裁法》等。

任务实训

一、实训目标

深化学生对法的认识，使学生明确学习法律的意义，塑造遵法、学法、守法、用法的法治观念，锻炼学生的逻辑思维和法治思维。

二、实训内容

针对以下两方观点进行辩论。

正方观点：法律比道德重要。

反方观点：道德比法律重要。

三、实训要求

能够提出足够的论据支持论点。

四、实训环节

①学生自由选题、自由分组。②各组轮流开展辩论。③其余组评议和打分。④教师点评和打分。

五、实训考核

实训结束后，教师根据学生的表现确定考核成绩。

任务二　法律关系

导课

某10岁“熊孩子”一夜之间划了小区内所有的汽车，这个“熊孩子”需要对他的行为负法律责任吗？

考点归纳

1. 主要知识点

法律关系；法律事实。

2. 重难点

重点：法律关系；法律事件；法律行为。

难点：权利能力和行为能力。

法律讲堂

一、法律关系

法律关系，是指被法律规范所调整的权利与义务关系，由法律关系的主体、客体、内容三个要素组成,其中内容为核心要素。

(一) 法律关系的主体

法律关系的主体,是指参加法律关系,依法享有权利和承担义务的当事人。

1. 主体的种类

法律关系的主体包括自然人、组织和国家。其中,组织包括法人和非法人组织。法人,是指依法独立可以享有民事权利和承担民事义务的组织。非法人组织,是指能够依法以自己的名义从事民事活动却不能依法独立承担法律责任的组织。

法律关系主体的种类具体如表 1-2 所示。

表 1-2　法律关系主体的种类

主体	类型
自然人	中国公民、外国公民、无国籍人
组织	法人、非法人组织
国家	—

法律诊所

(1) 中国人民大学法学院是法人还是非法人组织?

(2) 江苏××有限公司连云港分公司是法人还是非法人组织?

2. 权利能力和行为能力

权利能力,是指法律关系主体能够依法享有民事权利和承担民事义务的法律资格。行为能力,是指法律关系主体能够通过自己的行为实际取得权利和履行义务的能力。

法人的权利能力和行为能力是一致的,始于成立、终于解散。

自然人的权利能力始于出生、终于死亡,但行为能力取决于其年龄和精神状况。依据年龄和精神状况的不同,自然人可以分为无民事行为能力人、限制民事行为能力人和完全民事行为能力人三类,具体内容如表 1-3 所示。

表 1-3　自然人民事行为能力的分类

行为能力类型	年龄	精神状况
无民事行为能力人	不满 8 周岁	完全不能辨认自己的行为
限制民事行为能力人	8 周岁以上不满 18 周岁	不能完全辨认自己的行为
完全民事行为能力人	18 周岁以上或者年满 16 周岁以上并且以自己的劳动收入为主要生活来源的	完全辨认自己的行为

知识驿站

(1)“不满”指的是不含。例如,不满 8 周岁,即不包含 8 周岁。

(2)“以上”指的是包含。例如,8 周岁以上,即包含 8 周岁。

课堂讨论

下列自然人分别属于哪种民事行为能力人？

①王某，10周岁，智商极高，已经成为大学生。②赵某，16周岁，初中毕业后做探店美食主播养活自己。③张某，还差一天满8周岁，读小学二年级。④李某，34周岁，完全沉浸在自己的内心世界，不能辨认自己的外在行为。⑤钱某，18周岁，间歇性精神病人，有时清醒有时糊涂。

（二）法律关系的客体

法律关系的客体，是指法律关系主体权利和义务所指向的对象，主要包括以下五类：①物，即有使用价值并为人们所控制和支配的物体；②行为；③智力成果，如发明、实用新型、外观设计、商标等；④人身、人格；⑤信息、数据、网络虚拟财产。

知识驿站

自然人作为一个整体只能是法律关系的主体，不能作为法律关系的客体。头发、血液、骨髓、精子和其他器官等人的一部分在法定情形下可以成为法律关系的客体。

（三）法律关系的内容

法律关系的内容，是指法律关系主体所享有的权利和履行的义务。

二、法律事实

法律事实，是指能够引起法律关系发生、变更或者消灭的原因。法律事实包括法律事件和法律行为两类。

（一）法律事件

法律事件，是指不以当事人的主观意志为转移的，能够引起法律关系发生、变更和消灭的法定情况或者现象。法律事件分为绝对事件和相对事件，具体情况如表1-4所示。

表1-4　法律事件

类型	具体情况
绝对事件	火山爆发、地震、海啸、洪水、火灾、泥石流等自然现象
相对事件	革命、罢工、战争、排放核污水等社会现象

（二）法律行为

法律行为，是指因为法律关系主体的意志导致法律关系发生、变更和消灭的活动。

任务实训

一、实训目标

深化学生对自然人民事权利能力与民事行为能力的关系的认识，使学生掌握不同类型自然人对应的民事行为能力及其行为的法律效力，锻炼学生的逻辑分析能力和法治思维。

二、实训内容

11 周岁的小学六年级女生周某，身高 1.72 米，长相成熟似大学生。以下是周某的 6 个行为：

(1) 周某上学前在校门口用零花钱买了 1 根棒棒糖。

(2) 周某在校期间承诺将自己饲养的宠物加菲猫赠送给同学吴某。

(3) 周某放学后去电脑城用零花钱按照市场价购买了一台苹果电脑，价值人民币 15 555 元，卖电脑的老板不知道周某为小学生。

(4) 周某为了对亲戚郑某每日接送自己上学表示感谢，写下书面的买卖合同，愿意以市场价的十分之一将自己名下的别墅卖给郑某，郑某表示接受，双方签字。

(5) 周某放烟花时不小心将邻居王某停放在小区内的汽车炸坏，修理费用约人民币 150 万元。

(6) 周某在家吃完水果后随手将果核扔出窗外，导致路过的邻居姜某某受伤，医药费 80 万元。

请运用民事行为能力的有关知识分析周某以上 6 个行为的法律效力和后果承担者。

三、实训要求

能够运用相关知识准确解答。

四、实训环节

①学生分组做题。②学生解说。③教师点评和打分。

五、实训考核

实训结束后，教师根据学生的表现确定考核成绩。

任务三　民事法律行为与代理

导课

周某正在上课，请求同学 A 替自己去校门口取外卖，这属于什么性质的行为？如果同学 A 不小心把外卖撒了，可否要求外卖店再送一份？

考点归纳

1. 主要知识点

民事法律行为；代理。

2. 重难点

重点：无效的民事法律行为；可撤销的民事法律行为；代理的类型；无权代理。

难点：无效的民事法律行为；可撤销的民事法律行为。

法律讲堂

一、民事法律行为

民事法律行为，是指民事主体设立、变更、终止民事法律关系的行为。

民事法律行为一般分为以下几类：

(1) 有偿行为和无偿行为，按照当事人的民事行为是否需要支付对价为标准进行的分类。有偿行为，是指当事人会获得利益的法律行为，如买卖。无偿行为，是指当事人一方可以纯获得利益而无需支付对价的法律行为，如赠与、继承等。

(2) 单方行为和多方行为，按照需要几方当事人的意思表示民事行为才能成立为标准进行的分类。单方行为，是指依据一方当事人的意思表示就可以成立的法律行为，如立遗嘱。多方行为，是指必须全体当事人一致同意才能成立的法律行为，如网购行为。

(3) 要式行为和非要式行为，按照当事人的民事行为是否需要特定形式才能成立为标准进行的分类。要式行为，是指依照法定或约定必须采取一定形式才能成立的法律行为，如购房合同。非要式行为，是指没有法定形式，由当事人自由选择形式即可成立的法律行为。

(4) 主行为和从行为，按照法律行为之间的依附关系为标准进行的分类。主行为，是指独立存在即可成立的法律行为。从行为，是指只能从属于主行为才能存在的法律行为。例如，借款是主行为，因借款进行抵押的行为就是从行为。

课堂练习

【判断题】“赠与”属于无偿行为。(　　)

答案：√

(一) 民事法律行为的要件

民事法律行为的要件，是指民事法律行为存在的条件，可以分为成立要件与生效要件。

1. 成立要件

成立要件，是指判断民事法律行为是否成立的条件。如果民事法律行为是当事人真实意思表示的结果，就可以判断法律行为成立。

2. 生效要件

生效要件，是指判断民事法律行为是否发生法律效力的条件。民事法律行为的成立是民事法律行为生效的前提，但是成立的民事法律行为不一定必然发生法律效力。

民事法律行为的生效要件包括：

(1) 行为人具有相应的民事行为能力。无民事行为能力人实施的法律行为无效，限制民事行为能力人只能独立实施纯获利益的法律行为及与其年龄、智力或精神健康状况相适应的法律行为，其他法律行为应由其法定代理人代理，或征得其法定代理人同意；完全民事行为能力人可以独立实施法律行为。

(2) 意思表示真实。法律行为以真实有效的意思表示为成立条件。意思表示真实，是指当事人的行为是其内心自主形成的真实想法的外在表现，即意思与表示一致。

(3) 不违反法律的强制性规定，不违背公序良俗。不违反法律强制性规定是指法律行为不得与法律的强制性规定相抵触；不违背公序良俗是指法律行为不得违背公共秩序与善良风俗。

（二）附条件和附期限的民事法律行为

1. 附条件的民事法律行为

附条件的民事法律行为，是指当事人事先约定一定的条件，并以该条件的未来成就或不成就作为民事法律行为生效的依据。如果当事人为自己的利益不正当地阻止条件成就的，视为条件已成就；不正当地促成条件成就的，视为条件不成就。

所附的条件必须具备以下要件：①是将来可能发生的事实；②是不确定的事实；③是合法的事实；④不与行为的内容矛盾。

2. 附期限的民事法律行为

附期限的民事法律行为，是指当事人事先约定一定期限，并以该期限的到来作为民事法律行为生效的条件。所附的期限必须是未来必然发生的。

（三）无效的民事法律行为

1. 无效民事法律行为的概念

无效民事法律行为，是指依法不发生法律效力的民事法律行为。民事法律行为部分无效，不影响其他部分效力的，其他部分仍然有效。

2. 无效民事法律行为的情形

根据规定，下列民事法律行为无效：①无民事行为能力人独立实施的；②当事人通谋以虚假的意思表示实施的，如虚假买卖；③恶意串通，损害他人合法权益的；④违反法律、行政法规的强制性规定的。

3. 无效民事法律行为的法律后果

无效的民事法律行为，自始没有法律效力，应恢复到无效民事法律行为发生之前的状态；无法恢复原状的，责任人应承担相应的民事责任，必要时依法追究其行政责任或刑事责任。

知识驿站

恶意串通和当事人通谋以虚假的意思表示实施之间的区别：恶意串通，强调恶意串通的目的是损害他人合法权益，而当事人通谋以虚假的意思表示实施未必损害他人合法权益。

（四）可撤销的民事法律行为

1. 可撤销的民事法律行为的概念

可撤销的民事法律行为，是指因符合撤销的条件，行为人可以选择是否行使撤销权，请求仲裁机关或法院予以撤销，使该行为失去法律效力的民事法律行为。

2. 可撤销的民事法律行为的情形

下列民事法律行为，一方有权请求人民法院或仲裁机关予以撤销：

（1）重大误解，是指行为人对行为的内容产生错误认识，使行为与自己的真实意思相违背的情形。

（2）欺诈，是指行为人因他人的欺骗而对行为的内容产生错误认识，使行为与自己的真实意思相违背的情形。

(3) 胁迫,是指行为人因他人的威胁、强迫而实施与自己的真实意思相违背的行为的情形。

(4) 乘人之危、显失公平,是指行为人因处于急切需要或危难境地而被对方强迫实施与自己的真实意思相违背的行为的情形。

3. 撤销权的消灭情形

有下列情形之一的,撤销权消灭:

(1) 当事人自知道或者应当知道撤销事由之日起1年内没有行使撤销权。

(2) 重大误解的当事人自知道或者应当知道撤销事由之日起90日内没有行使撤销权。

(3) 当事人受胁迫,自胁迫行为终止之日起1年内没有行使撤销权。

(4) 当事人知道撤销事由后明确表示或者以自己的行为表明放弃撤销权。

(5) 当事人自民事法律行为发生之日起5年内没有行使撤销权。

4. 可撤销的民事法律行为的法律后果

民事法律行为一经依法撤销,其效力溯及自行为开始时无效。如果撤销权人放弃行使撤销权或未在法定期间内行使撤销权的,可撤销的民事法律行为就有完全的法律效力。

法律诊所

为什么不直接规定可撤销民事法律行为为无效行为?

二、代理

代理,是指代理人以被代理人的名义,在法定或约定的代理权限内与第三人实施法律行为,由此产生的法律后果直接归被代理人承担的制度。

(一) 代理的适用范围

代理适用于民事主体之间设立、变更和终止义务的法律行为。依照法律规定、当事人约定或者行为性质,只能由本人实施的民事法律行为,不得代理,如结婚、收养、遗嘱等。

(二) 代理的类型

代理可分为法定代理和委托代理。

(1) 法定代理,是指法律根据一定的社会关系的存在而设定的代理,适用于被代理人是无行为能力人、限制行为能力人的情况,法定代理人是其监护人。

(2) 委托代理,是指基于被代理人的委托而设立的代理。

(三) 代理权的行使

代理人应该严格依照法定要求或被代理人的授权范围行使代理权,代理行为必须以维护被代理人的利益为根本出发点,不得与他人恶意串通损害被代理人利益,也不得利用代理权谋取私利,否则必须承担相应的法律责任。

(四) 无权代理

无权代理,是指没有代理权而实施所谓的“代理”行为。

无权代理包括三种类型:①没有代理权;②超越代理权;③代理权终止后仍然实施的代理。

被代理人如果不追认代理行为,由无权代理人承担无权代理的法律后果。但是,有几种例外情况,被代理人应当承担法律后果:①被代理人明明知道他人以本人名义实施代理行为而不否认的;②无权代理人的代理能够使相对人善意地相信其有代理权的,即“表见代理”。

课堂讨论

无权代理人的代理能够使相对人善意地相信其有代理权的情形有哪些?

(五)代理的终止

委托代理终止的法定情形有:①代理期限届满或者代理事务完成;②被代理人取消委托或者代理人辞去委托;③代理人丧失民事行为能力;④代理人或者被代理人死亡;⑤作为代理人或者被代理人的法人、非法人组织终止。

被代理人死亡后,有下列情形之一的,委托代理人实施的代理行为有效:①代理人不知道且不应当知道被代理人死亡;②被代理人的继承人予以承认;③授权中明确代理权在代理事务完成时终止;④被代理人死亡前已经实施,为了被代理人的继承人的利益继续代理。

法定代理终止的法定情形有:①被代理人取得或者恢复完全民事行为能力;②代理人丧失民事行为能力;③代理人或者被代理人死亡;④法律规定的其他情形。

任务实训

一、实训目标

深化学生对法律行为的认识,使学生明确学习法律行为的意义,塑造认真学习法律知识才能维护自身合法权益的法治观念,锻炼学生的权利意识、逻辑思维和法治思维。

二、实训内容

刘某和孙某私下约定:刘某以先买后卖的方式借用孙某荆州小区的住房一套。双方达成一致意见后,签订买卖合同,刘某按市场价向孙某支付了房款并完成了买卖登记,孙某将荆州小区住房交给了刘某。几年后,双方再次签订买卖合同,孙某向刘某支付了同样的价款并完成了买卖登记,刘某将荆州小区的住房交给了孙某。因刘某名下再无其他财产,刘某的债权人曹某得知实情后主张双方的买卖合同无效。请问:曹某的主张是否符合法律规定。

三、实训要求

能够找到正确的法律依据,根据事实提出正确的理由支持结论。

四、实训环节

①学生分析案例。②学生解答案例。③教师讲授答案。④教师点评和打分。

五、实训考核

实训结束后,教师根据学生的表现确定考核成绩。

任务四 法律责任

导课

小明在某饭店就餐,点了一盘辣味鸭脖,竟吃到老鼠头。小明可以追究饭店什么责任?

考点归纳

1. 主要知识点

法律责任的类型。

2. 重难点

重点：行政处罚和行政处分的适用范围；主刑和附加刑。

难点：主刑和附加刑。

法律讲堂

法律责任分为民事责任、行政责任和刑事责任。

一、民事责任

民事责任，是指法律关系主体违反了民事义务所应承担的不利后果。根据《民法典》规定，承担民事责任的方式主要有以下几种：停止侵害，排除妨碍，消除危险，返还财产，恢复原状，修理、重作、更换，继续履行，赔偿损失，支付违约金，消除影响、恢复名誉，赔礼道歉。

二、行政责任

行政责任，是指法律关系主体违反了行政法律规定所应承担的不利后果。行政责任包括行政处罚和行政处分，具体内容如表 1-5 所示。

表 1-5　　行政责任

行政处罚	行政处分
警告、通报批评	警告
罚款、没收违法所得、没收非法财物	记过
暂扣许可证件、降低资质等级、吊销许可证件	记大过
限制开展生产经营活动、责令停产停业、责令关闭、限制从业	降级
行政拘留	撤职
法律、行政法规规定的其他行政处罚	开除

课堂练习

【**单项选择题**】下列各项中，属于行政处分的是(　　)。

A. 罚款　　B. 拘留

C. 暂扣或吊销许可证　　D. 记过

答案：D

三、刑事责任

刑事责任，是指法律关系主体因实施犯罪所应承担的刑事制裁。刑事责任是最严厉的法律责任。刑事责任包括主刑和附加刑。主刑只能独立适用；附加刑可以附加于主刑适用，也可以独立适用，具体内容如表 1-6、表 1-7 所示。

表 1-6　　主刑

主刑	说明
管制	3 个月以上 2 年以下，最高 3 年
拘役	1 个月以上 6 个月以下，最高 1 年
有期徒刑	6 个月以上 15 年以下 数罪并罚：总和刑期不满 35 年的，最高不能超过 20 年；总和刑期在 35 年以上的，最高不能超过 25 年
无期徒刑	—
死刑	立即执行和缓期 2 年执行

表 1-7　　附加刑

附加刑	说明
剥夺政治权利	选举权和被选举权；言论、出版、集会、结社、游行、示威自由的权利；担任国家机关职务的权利；担任国有公司、企业、事业单位和人民团体领导职务的权利
罚金	—
没收财产	—
驱逐出境	适用于犯罪的外国人
注意：数罪中附加刑种类相同的，合并执行；种类不同的，分别执行	

知识驿站

承担刑事责任意味着会留下"案底"，对未来人生的影响很大。

课堂讨论

(1) 青年李某某嫖娼案中，李某某应承担什么法律责任？

(2) 外国青年吴某某性侵案中，吴某某应承担什么法律责任？

任务实训

一、实训目标

深化学生对法的认识，使学生明确学习法律责任的意义，塑造敬畏法律的法治观念，锻炼学生的逻辑思维和法治思维，学会运用法律武器处理纠纷。

二、实训内容

刘女士发现自己在某小区购买的车位被他人占用，于是她联系占用人唐女士挪车。没想到唐女士非但不挪车，还要求查看刘女士购买车位的证明，刘女士对此非常生气。双方在沟通中出现言语争执，矛盾激化后，唐女士更不愿意挪车了。刘女士一怒之下在自己的车位周围焊上铁栏杆，同时也找来媒体对此事进行报道。请问：此案中涉及哪些法律责任？

三、实训要求

能够找到正确的法律依据，根据事实提出正确的理由支持结论。

四、实训环节

①学生分析案例。②学生解答案例。③教师讲授答案。④教师点评和打分。

五、实训考核

实训结束后，教师根据学生的表现确定考核成绩。

任务五　经济纠纷的解决

导课

小明在路边小吃摊买羊肉串却吃到鸭肉，假如小吃摊摊主不愿意赔偿，应该如何处理？

考点归纳

1. 主要知识点

仲裁；民事诉讼；行政复议；行政诉讼。

2. 重难点

重点：仲裁、民事诉讼、行政复议、行政诉讼的概念；仲裁、民事诉讼、行政复议、行政诉讼的适用范围。

难点：仲裁与民事诉讼、行政复议与行政诉讼的区别。

法律讲堂

我国解决经济纠纷的途径主要有仲裁、民事诉讼、行政复议和行政诉讼。

一、仲裁

仲裁，是指当事人请求共同选定的仲裁机构对经济纠纷依法作出具有法律拘束力的裁决。

(一) 仲裁的适用范围

平等主体的公民、法人和其他组织之间发生的财产权益纠纷，可以申请仲裁。

知识驿站

不能申请仲裁的纠纷包括：①婚姻、收养、监护、扶养、继承等人身纠纷；②行政争议；③劳动争议；④农业集体经济组织内部的农业承包合同纠纷。

课堂练习

【判断题】李某因骑电动车未佩戴头盔而被罚款 20 元，李某不服，可以提起仲裁。（　　）

答案：×

(二) 仲裁的基本制度

当事人必须事先自愿达成仲裁协议才可以申请仲裁。没有仲裁协议申请仲裁的,仲裁委员会不予受理。当事人可以自愿选择仲裁机构。

仲裁机构依据事实和法律规定,公平合理地解决纠纷。

仲裁机关不依附于任何机关,仲裁依法独立进行,不受任何行政机关、社会团体和个人的干涉。

仲裁实行一裁终局,即仲裁裁决为终局裁决。仲裁裁决作出后,当事人就同一纠纷再申请仲裁或者向人民法院起诉的,仲裁委员会或者人民法院不予受理。

(三) 仲裁机构

仲裁机构即仲裁委员会,属于民间组织,不是国家机关,不按行政区划层层设立,仲裁机构之间也没有上下级隶属关系。

(四) 仲裁协议

1. 仲裁协议的概念

仲裁协议,是指当事人自愿把经济纠纷提交明确具体的仲裁机构申请裁决的书面协议。仲裁协议只能以书面形式订立,口头协议无效。

2. 仲裁协议的内容

仲裁协议可以是专门订立的协议,也可以是合同中约定的仲裁条款。仲裁协议应当包括以下内容:①请求仲裁的意思表示;②仲裁事项;③选定的仲裁委员会。

仲裁协议对仲裁事项或者仲裁委员会没有约定或者约定不明确的,当事人可以补充协议;达不成补充协议的,仲裁协议无效。

3. 仲裁协议的效力

仲裁协议独立存在,合同的变更、解除、终止或者无效,不影响仲裁协议的效力。

当事人对仲裁协议的效力有异议的,可以请求仲裁委员会作出决定或者请求人民法院作出裁定。一方请求仲裁委员会作出决定,另一方请求人民法院作出裁定的,由人民法院裁定。当事人对仲裁协议的效力有异议,应当在仲裁庭首次开庭前提出。

当事人达成仲裁协议,一方向人民法院起诉未声明有仲裁协议,人民法院受理后,另一方在首次开庭前提交仲裁协议的,人民法院应当驳回起诉,但仲裁协议无效的除外;另一方在首次开庭前未对人民法院受理该案提出异议的,视为放弃仲裁协议,人民法院应当继续审理。

课堂讨论

(1) 刘某与孙某因为荆州小区住房的归属发生纠纷。双方在纠纷发生前签订了仲裁协议,一致同意可以向徐州的仲裁机构申请仲裁。请问:仲裁协议是否有效?

(2) 刘某和孙某某因是否离婚发生纠纷。双方在纠纷发生前签订了仲裁协议,一致同意可以向成都市仲裁机构申请仲裁。请问:双方可否申请仲裁?成都市仲裁机构是否应该受理?

(五) 仲裁程序

1. 组成仲裁庭

仲裁庭可以由 3 名仲裁员或者 1 名仲裁员组成。

当事人约定由3名仲裁员组成仲裁庭的，设首席仲裁员。当事人应当各自选定或者各自委托仲裁委员会主任指定1名仲裁员，第三名仲裁员由当事人共同选定或者共同委托仲裁委员会主任指定。第三名仲裁员是首席仲裁员。

当事人约定由1名仲裁员成立仲裁庭的，应当由当事人共同选定或者共同委托仲裁委员会主任指定仲裁员。

当事人没有在仲裁规则规定的期限内约定仲裁庭的组成方式或者选定仲裁员的，由仲裁委员会主任指定。

仲裁员有下列情形之一的，必须回避：①是本案当事人或者当事人、代理人的近亲属；②与本案有利害关系；③与本案当事人、代理人有其他关系，可能影响公正仲裁的；④私自会见当事人、代理人，或者接受当事人、代理人的请客送礼的。

2. 开庭和裁决

仲裁应当开庭进行。当事人协议不开庭的，仲裁庭可以根据仲裁材料作出裁决。

仲裁一般不公开进行。当事人协议公开的，可以公开进行，但涉及国家秘密的除外。

当事人申请仲裁后，可以自行和解。达成和解协议的，可以请求仲裁庭根据和解协议作出裁决，也可以撤回仲裁申请。撤回仲裁申请的，可以再次申请仲裁。

仲裁庭在作出裁决前，可以先行调解。当事人自愿调解的，仲裁庭应当调解。调解不成的，仲裁庭应当及时作出裁决。调解达成协议的，仲裁庭应当制作调解书或者根据调解协议制作裁决书，调解书与裁决书具有同等法律效力。调解书经双方当事人签收后，即发生法律效力。

裁决应当按照多数仲裁员的意见作出，少数仲裁员的不同意见可以记入笔录。仲裁庭不能形成多数意见时，裁决应当按照首席仲裁员的意见作出。裁决书自作出之日起发生法律效力。

二、民事诉讼

民事诉讼，是指人民法院依据当事人的请求依法审理和裁判民事争议的法律制度。

(一) 民事诉讼的适用范围

公民之间、法人之间、其他组织之间及他们相互之间因财产关系和人身关系发生纠纷的，可以提起民事诉讼。

(二) 民事诉讼的审判制度

1. 合议制度

合议制度，是指由3名以上审判人员组成合议庭对案件进行审理并作出裁判的制度。与合议制度相对的是独任制度，是指由1名审判员对案件进行审理和裁判的制度。

第一审民事案件中除适用简易程序、特别程序(选民资格案件及重大、疑难的案件除外)、督促程序、公示催告程序审理的民事案件由1名审判员独任审理外，一律由审判员、人民陪审员共同组成或者由审判员组成合议庭。

知识驿站

审判人员不等于审判员。

2. 回避制度

审判人员、书记员、翻译人员、鉴定人、勘验人有下列情形之一的，应当回避：①是本案当事人或者当事人、诉讼代理人近亲属的；②与本案有利害关系的；③与本案当事人、诉讼代理人有其他关系，可能影响对案件公正审理的；④接受当事人、诉讼代理人请客送礼，或者违反规定会见当事人、诉讼代理人的。

3. 公开审判制度

公开审判制度，是指人民法院的审判活动依法向社会公开的制度。人民法院审理民事案件，除涉及国家秘密、个人隐私的案件，应当公开进行。离婚案件、涉及商业秘密的案件，当事人申请不公开审理的，可以不公开审理。不论案件是否公开审理，一律公开宣告判决。

4. 两审终审制度

两审终审制度，是指一个民事案件经过两级人民法院审判后即告终结的制度。也就是说，如果存在二审，二审人民法院的判决、裁定是最终的判决、裁定。如果有证据证明终审裁判确有错误，可以通过审判监督程序予以纠正。

（三）民事诉讼管辖

诉讼管辖，是指各级人民法院及不同地区的同级人民法院之间受理第一审民事案件的分工。

1. 级别管辖

级别管辖是确定不同级人民法院受理第一审案件的分工。我国人民法院分为四级：最高人民法院、高级人民法院、中级人民法院、基层人民法院。大多数民事案件归基层人民法院管辖。

2. 地域管辖

（1）一般地域管辖。民事诉讼通常实行“原告就被告”原则，即由被告住所地人民法院管辖。被告住所地与经常居住地不一致的，由经常居住地人民法院管辖。

（2）特殊地域管辖：①因合同纠纷提起的诉讼，由合同履行地或者被告住所地人民法院管辖；②因保险合同纠纷提起的诉讼，由保险标的物所在地或者被告住所地人民法院管辖；③因票据纠纷提起的诉讼，由票据支付地或者被告住所地人民法院管辖；④因公司设立、确认股东资格、分配利润、解散等纠纷提起的诉讼，由公司住所地人民法院管辖；⑤因侵权行为提起的诉讼，由侵权行为地（包括侵权行为实施地、侵权结果发生地）或者被告住所地人民法院管辖；⑥因铁路、公路、水上、航空运输和联合运输合同纠纷提起的诉讼，由运输始发地、目的地或者被告住所地人民法院管辖；⑦因铁路、公路、水上和航空事故请求损害赔偿提起的诉讼，由事故发生地或者车辆、船舶最先到达地，航空器最先降落地或者被告住所地人民法院管辖；⑧因船舶碰撞或者其他海事损害事故请求损害赔偿提起的诉讼，由碰撞发生地、碰撞船舶最先到达地、加害船舶被扣留地或者被告住所地人民法院管辖；⑨因海难救助费用提起的诉讼，由救助地或者被救助船舶最先到达地人民法院管辖；⑩因共同海损提起的诉讼，由船舶最先到达地、共同海损理算地或者航程终止地的人民法院管辖；⑪信息网络侵权行为实施地包括实施被诉侵权行为的计算机设备所在地，侵权结果地包括被侵权人住所地；⑫因产品、服务质量不合格造成他人财产、人身损害提起的诉讼，产品制造地、产品销售地、服务提供地、侵权行为地和被告住所地人民法院均有管辖权。

（3）专属管辖：①不动产纠纷，由不动产所在地人民法院管辖；②港口作业纠纷，由港口所在地人民法院管辖；③继承遗产纠纷，由被继承人死亡时住所地或者主要遗产所在地人民法院管辖。

(4) 管辖权冲突的解决。2 个以上人民法院都有管辖权时，原告可以向其中一个法院起诉；原告向 2 个以上有管辖权的法院起诉的，由最先立案的人民法院管辖。

课堂讨论

由甲城飞往乙城的民航客机在中途因玻璃破碎迫降在丙城机场，如果乘客向丁城的航空公司索赔的话，哪地的人民法院有管辖权？

(四) 诉讼时效

诉讼时效是指权利人在法定期间内不行使权利而失去胜诉权的制度。

1. 诉讼时效期间

一般诉讼时效期间为 3 年，自权利人知道或者应当知道权利受到损害及义务人之日起计算。自权利受到损害之日起超过 20 年的，人民法院不予保护。

法律诊所

刘某与孙某是关系很好的朋友。2023 年 12 月 22 日，刘某向孙某借 100 万元，并承诺过一个月就还，孙某毫不犹豫地借给了刘某。过了一个月，刘某没还，孙某心想刘某肯定遇到了困难，所以也未主动要求归还。2024 年 12 月 1 日，孙某因购买住房需要用钱，向刘某索要 100 万元。刘某表示要钱没有，要命一条，坚决不还。2024 年 12 月 23 日，孙某将刘某告上法庭。

思考：

(1) 本案是否超过诉讼时效？如果没有，为什么？诉讼时效何时到期？

(2) 如何防止案件超过诉讼时效？

课堂讨论

2000 年 1 月 1 日，小明在甲医院做手术时体内被遗留纱布。2019 年 1 月 1 日，小明在乙医院体检时方得知此事。请问：小明还剩下多长时间的诉讼时效？

知识驿站

诉讼时效期间届满，人民法院不得主动适用诉讼时效的规定。诉讼时效期间届满后，义务人同意履行义务后，不得以诉讼时效期间届满为由请求返还。

2. 诉讼时效的中止和中断

诉讼时效的中止，是指在诉讼时效期间的最后 6 个月内，因法定情形而暂停计算诉讼时效期间，待中止的原因消除后继续计算剩余的 6 个月。

诉讼时效的中断，是指发生法定中断情形后，已经发生的诉讼时效期间归零，从发生之日起重新计算。

诉讼时效中止与中断的具体内容如表 1-8 所示。

表 1-8　诉讼时效的中止与中断

项目	中止	中断
发生时间	诉讼时效期间的最后 6 个月内	诉讼时效期间内任何时段
适用情形	①不可抗力；②无民事行为能力人或者限制民事行为能力人没有法定代理人，或者法定代理人死亡、丧失民事行为能力、丧失代理权；③继承开始后未确定继承人或者遗产管理人；④权利人被义务人或者其他人控制；⑤其他导致权利人不能行使请求权的障碍	①权利人向义务人提出履行请求；②义务人同意履行义务；③权利人提起诉讼或者申请仲裁；④与提起诉讼或者申请仲裁具有同等效力的其他情形
法律效果	暂停计算，待原因消除后继续计算	归零，重新计算

法律诊所

2024 年 1 月 1 日，小强向小刚借的 1 万元到期未归还。2026 年 12 月 31 日，小刚决定起诉。请问：假设出现以下几种情形，其诉讼时效期间分别应如何计算？

(1) 2026 年 12 月 31 日，法院倒塌无法办公，到 2027 年 6 月 1 日修复重新开始受理案件。

(2) 2026 年 12 月 31 日，小刚到小强家要求还钱，被小强非法拘禁，直到 2027 年 3 月 1 日才被公安机关救出。

(3) 2026 年 12 月 31 日，小刚给小强发微信要求还钱，小强拒绝。

3. 诉讼时效的适用对象

诉讼时效主要适用于请求权，即权利人请求特定人为或不为特定行为的权利。

下列请求权不适用诉讼时效的规定：①请求停止侵害、排除妨碍、消除危险；②不动产物权和登记的动产物权的权利人请求返还财产；③请求支付抚养费、赡养费或者扶养费；④依法不适用诉讼时效的其他请求权。

（五）判决和执行

(1) 调解。人民法院审理民事案件，当事人自愿调解。当事人不愿调解的，应当及时裁判。人民法院审理离婚案件，应当进行调解。适用特别程序、督促程序、公示催告程序的案件，婚姻等身份关系确认案件，以及其他根据案件性质不能调解的案件，不得调解。

(2) 判决。当事人不服地方人民法院第一审判决的，有权在判决书送达之日起 15 日内向上一级法院提起上诉。

(3) 执行。一方拒绝履行发生法律效力的民事判决、裁定、调解书的，对方当事人可以向人民法院申请执行。

三、行政复议

（一）行政复议的概念

行政复议，是指行政相对人认为行政主体的具体行政行为侵犯其合法权益，依法申请行政复议机关审查该行为的合法性与合理性的行政监督活动。

（二）行政复议的适用范围

有下列情形之一的，公民、法人或者其他组织可以申请行政复议：

(1) 对行政机关作出的行政处罚决定不服。

(2) 对行政机关作出的行政强制措施、行政强制执行决定不服。

(3) 申请行政许可,行政机关拒绝或者在法定期限内不予答复,或者对行政机关作出的有关行政许可的其他决定不服。

(4) 对行政机关作出的确认自然资源的所有权或者使用权的决定不服。

(5) 对行政机关作出的征收征用决定及其补偿决定不服。

(6) 对行政机关作出的赔偿决定或者不予赔偿决定不服。

(7) 对行政机关作出的不予受理工伤认定申请的决定或者工伤认定结论不服。

(8) 认为行政机关侵犯其经营自主权或者农村土地承包经营权、农村土地经营权。

(9) 认为行政机关滥用行政权力排除或者限制竞争。

(10) 认为行政机关违法集资、摊派费用或者违法要求履行其他义务。

(11) 申请行政机关履行保护人身权利、财产权利、受教育权利等合法权益的法定职责,行政机关拒绝履行、未依法履行或者不予答复。

(12) 申请行政机关依法给付抚恤金、社会保险待遇或者最低生活保障等社会保障,行政机关没有依法给付。

(13) 认为行政机关不依法订立、不依法履行、未按照约定履行或者违法变更、解除政府特许经营协议、土地房屋征收补偿协议等行政协议。

(14) 认为行政机关在政府信息公开工作中侵犯其合法权益。

(15) 认为行政机关的其他行政行为侵犯其合法权益。

下列事项不能申请行政复议:

(1) 国防、外交等国家行为。

(2) 行政法规、规章或者行政机关制定、发布的具有普遍约束力的决定、命令等规范性文件。

(3) 行政机关对行政机关工作人员的奖惩、任免等决定。

(4) 行政机关对民事纠纷作出的调解。

(三) 行政复议的申请期限和方式

公民、法人或其他组织认为具体行政行为侵犯其合法权益的,可以自知道该具体行政行为之日起 60 日内提出行政复议申请,可以书面申请,也可以口头申请。行政复议机关受理行政复议申请,不得向申请人收取任何费用。

因不动产提出的行政复议申请自行政行为作出之日起超过 20 年,其他行政复议申请自行政行为作出之日起超过 5 年的,行政复议机关不予受理。

(四) 行政复议参加人和行政复议机关

1. 行政复议参加人

行政复议参加人包括申请人、被申请人和第三人。依法申请行政复议的公民、法人或者其他组织是申请人,作出具体行政行为的行政机关是被申请人。同申请行政复议的具体行政行为有利害关系的其他公民、法人或者其他组织,可以作为第三人参加行政复议。

2. 行政复议情形与对应的复议机关

行政复议情形与对应的复议机关,具体如表 1-9 所示。

表 1-9 行政复议情形与对应的复议机关

行政复议情形	行政复议机关
对县级以上地方各级人民政府工作部门的具体行政行为不服	该部门的本级人民政府或上一级主管部门
对海关、金融、外汇管理等实行垂直领导的行政机关和国家安全机关的具体行政行为不服	上一级主管部门
对地方各级人民政府的具体行政行为不服	上一级地方人民政府
对省、自治区人民政府依法设立的派出机关所属的县级地方人民政府的具体行政行为不服	该派出机关
对国务院部门或者省、自治区、直辖市人民政府的具体行政行为不服	作出该具体行政行为的国务院部门或者省、自治区、直辖市人民政府

知识驿站

国务院不是行政复议机关，但是当事人对国务院各部门或各省人民政府作出的行政复议决定不服的，可以向国务院申请裁决，国务院裁决为最终裁决。

课堂讨论

如果当事人对公安局作出的行政处罚决定不服，可以向哪些机关申请行政复议？

（五）行政复议审查和决定

行政复议原则上采取书面审查的方式，但是申请人提出要求或者行政复议机关认为有必要时，可以向当事人调查情况、听取意见。行政复议的举证责任，由被申请人承担。

行政复议决定应当自受理申请之日起 60 日内作出，情况复杂不能在规定期限内作出行政复议决定的，经行政复议机关负责人批准，可以适当延长，但延长期限最多不得超过 30 日。

行政复议决定书一经送达，即发生法律效力。

四、行政诉讼

（一）行政诉讼的概念

行政诉讼，是指人民法院依据当事人的请求依法审理和裁判行政争议的制度。

（二）行政诉讼的适用范围

法院受理公民、法人和其他组织提起的下列行政诉讼：

（1）对行政拘留、暂扣或者吊销许可证和执照、责令停产停业、没收违法所得、没收非法财物、罚款、警告等行政处罚不服的。

（2）对限制人身自由或者对财产的查封、扣押、冻结等行政强制措施和行政强制执行不服的。

（3）申请行政许可，行政机关拒绝或者在法定期限内不予答复，或者对行政机关作出的有关行政许可的其他决定不服的。

（4）对行政机关作出的关于确认土地、矿藏、水流、森林、山岭、草原、荒地、滩涂、海域等自然资源的所有权或者使用权的决定不服的。

（5）对征收、征用决定及其补偿决定不服的。

(6) 申请行政机关履行保护人身权、财产权等合法权益的法定职责，行政机关拒绝履行或者不予答复的。

(7) 认为行政机关侵犯其经营自主权或者农村土地承包经营权、农村土地经营权的。

(8) 认为行政机关滥用行政权力排除或者限制竞争的。

(9) 认为行政机关违法集资、摊派费用或者违法要求履行其他义务的。

(10) 认为行政机关没有依法支付抚恤金、最低生活保障待遇或者社会保险待遇的。

(11) 认为行政机关不依法履行、未按照约定履行或者违法变更、解除政府特许经营协议、土地房屋征收补偿协议等协议的。

(12) 认为行政机关侵犯其他人身权、财产权等合法权益的。

下列事项不能申请行政诉讼：

(1) 国防、外交等国家行为。

(2) 行政法规、规章或者行政机关制定、发布的具有普遍约束力的决定、命令。

(3) 行政机关对行政机关工作人员的奖惩、任免等决定。

(4) 法律规定由行政机关最终裁决的行政行为。

(三) 行政诉讼的管辖

1. 级别管辖

(1) 基层人民法院管辖大多数的第一审行政案件。

(2) 中级人民法院管辖下列第一审行政案件：①对国务院部门或者县级以上地方人民政府所作的行政行为提起诉讼的案件；②海关处理的案件；③本辖区内重大、复杂的案件；④其他法律规定由中级人民法院管辖的案件。

(3) 高级人民法院管辖本辖区内重大、复杂的第一审行政案件。

(4) 最高人民法院管辖全国范围内重大、复杂的第一审行政案件。

课堂讨论

现有的级别管辖规定是否存在问题？

2. 地域管辖

行政案件由最初作出行政行为的行政机关所在地人民法院管辖。经复议的案件，也可以由复议机关所在地人民法院管辖。对限制人身自由的行政强制措施不服提起的诉讼，由被告所在地或者原告所在地人民法院管辖。因不动产提起的行政诉讼，由不动产所在地人民法院管辖。

(四) 起诉

1. 起诉情形

申请人对税务机关作出的征税行为不服的，应当先向复议机关申请行政复议，对行政复议决定不服的，可以再向人民法院提起行政诉讼。这些征税行为包括：确认纳税主体、征税对象、征税范围、减税、免税、退税、抵扣税款、适用税率、计税依据、纳税环节、纳税期限、纳税地点和税款征收方式等具体行政行为，征收税款、加收滞纳金，扣缴义务人、受税务机关委托的单位和个人作出的代扣代缴、代收代缴、代征行为等。

其他的案件，公民、法人或者其他组织可以先申请复议，行政复议机关逾期不作答复的，可以自行政复议期满之日起15日内向人民法院提起行政诉讼；对复议决定不服的，也可以在收到复议决定书之日起15日内向人民法院提起诉讼；还可以直接向人民法院提起诉讼。

2. 诉讼时效

公民、法人或者其他组织直接向人民法院提起诉讼的，应当自知道或者应当知道作出行政行为之日起6个月内提出。因不动产提起诉讼的案件自行政行为作出之日起超过20年，其他案件自行政行为作出之日起超过5年提起诉讼的，人民法院不予受理。

（五）审理和判决

人民法院公开审理行政案件，但涉及国家秘密、个人隐私的除外；涉及商业秘密的案件，当事人申请不公开审理的，可以不公开审理。人民法院审理行政案件，不适用调解。但是，行政赔偿、补偿及行政机关行使法律、法规规定的自由裁量权的案件可以调解。

当事人不服人民法院第一审判决的，有权在判决书送达之日起15日内向上一级人民法院提起上诉。当事人不服人民法院第一审裁定的，有权在裁定书送达之日起10日内向上一级人民法院提起上诉。

任务实训

一、实训目标

使学生熟悉民事诉讼程序，帮助学生记忆民事诉讼的相关知识，感受司法机关的权威性，培养学生的逻辑思维和法治思维。

二、实训内容

学生通过角色扮演完成模拟审判。

三、实训要求

学生能够扮演好自己的角色，运用学习的法律知识完成模拟审判活动。

四、实训流程

①学生自由分组，确定各自角色。②学生完成审判准备。③各组进行案件审理。④其余组旁听庭审，并评议。⑤教师点评和总结。

五、实训考核

实训结束后，教师根据学生的表现确定考核成绩。

思政案例

项目测试

一、单项选择题

1. 下列各项中，属于行政法规的是（　　）。

A.《总会计师条例》　　B.《民法典》

C.《支付结算办法》　　D.《湖南省行政程序规定》

2. 下列各项中，法律效力最高的是（　　）。

A.《刑法》　　B.《广州市快递条例》

C.《总会计师条例》　　D.《宪法》

3. 我国的根本大法是(　　)。

A.《刑法》　　B.《民法典》

C.《中华人民共和国民事诉讼法》　　D.《宪法》

4. 下列各项中,属于法律事件的是(　　)。

A. 火山爆发　　B. 解除　　C. 撤销　　D. 赠与

5. 甲火锅店因卫生问题被罚款,属于(　　)。

A. 刑事责任　　B. 行政处分　　C. 民事责任　　D. 行政处罚

6. 民事诉讼两个法院都有管辖权的,由最先(　　)的法院管辖。

A. 受理　　B. 接受起诉状　　C. 立案　　D. 审判

7. 最长民事诉讼时效为(　　)。

A. 1 年　　B. 3 年　　C. 20 年　　D. 无限制

8. 刘某长期拖欠孙某借款不还,双方发生争议,之前没有约定纠纷的解决方式,孙某为了维护自己的合法权益可采取的纠纷解决方式是(　　)。

A. 仲裁　　B. 民事诉讼　　C. 行政复议　　D. 行政诉讼

9. 仲裁裁决书的生效时间是(　　)。

A. 作出之日　　B. 送达之日

C. 送达之日起 15 天后　　D. 当事人同意之日

10. 对因港口作业纠纷诉讼享有管辖权的法院是(　　)。

A. 双方当事人选定的法院　　B. 港口所在地法院

C. 合同订立地法院　　D. 被告住所地法院

11. 县政府为被告的第一审行政案件由(　　)人民法院审理。

A. 中级　　B. 基层　　C. 高级　　D. 最高

12. 下列关于仲裁委员会的表述中,正确的是(　　)。

A. 省仲裁委领导市仲裁委

B. 隶属于司法局

C. 可由当事人自主选定

D. 设立最高、高级、中级和基层四级仲裁委

13. 下列各项中,属于刑事责任的是(　　)。

A. 赔礼道歉　　B. 剥夺政治权利

C. 排除妨碍　　D. 消除危险

二、多项选择题

1. 下列各项中,属于法的特征的有(　　)。

A. 国家意志性　　B. 国家强制性

C. 规范性　　D. 明确公开性和普遍约束性

2. 下列各项中,属于法律关系构成要素的有(　　)。

A. 主体　　B. 内容　　C. 客体　　D. 责任

3. 下列自然人中,属于无民事行为能力人的有(　　)。

A. 赵某,40 周岁,不能辨认自己的行为

B. 钱某，1 周岁

C. 孙某，16 周岁，辍学打工

D. 黎某，21 周岁，研究生

4. 下列法律事实中，属于法律行为的有(　　)。

A. 泥石流　B. 殴打　C. 赠与　D. 买卖

5. 下列各项中，属于无效民事法律行为的有(　　)。

A. 无民事行为能力人独立实施的

B. 当事人通谋以虚假的意思表示实施的

C. 恶意串通，损害他人合法权益的

D. 违反法律、行政法规的强制性规定的

6. 下列各项中，属于可撤销民事法律行为的有(　　)。

A. 重大误解　B. 欺诈　C. 胁迫　D. 乘人之危

7. 下列各项中，属于无权代理的有(　　)。

A. 超越代理权　B. 没有代理权　C. 表见代理　D. 代理期限届满

8. 附条件的民事法律行为，其所附的条件必须具备的要件有(　　)。

A. 是将来可能发生的事实　B. 是不确定的事实

C. 是合法的事实　D. 不与行为的内容矛盾

9. 下列刑事责任形式中，属于主刑的有(　　)。

A. 管制　B. 拘役　C. 无期徒刑　D. 死刑

10. 下列各项中，属于民事责任的有(　　)。

A. 停止侵害　B. 排除妨碍　C. 消除危险　D. 返还财产

11. 人民法院应当公开审理行政案件，但涉及(　　)的除外。

A. 国家秘密　B. 个人隐私

C. 商业秘密　D. 当事人申请

12. 下列事项中，不能申请行政诉讼的有(　　)。

A. 在东南大岛边上进行军事演习　B. 与某岛国断交

C. 任命王某为院长　D. 国务院的终裁

13. 下列纠纷中，不可以申请仲裁的有(　　)。

A. 刘某与孙某的荆州小区借贷纠纷　B. 刘某与孙某某的离婚纠纷

C. 孙某死后的继承人纠纷　D. 孙某某与刘某关于刘小某的监护纠纷

14. 下列仲裁员中，必须回避的有(　　)。

A. 刘某，荆州小区案件的当事人

B. 诸葛某，荆州小区案件当事人的顾问

C. 马某，与荆州小区案件当事人进行了私下接触

D. 曹某，荆州小区案件当事人的仇敌

15. 下列各项中，属于诉讼时效中止情形的有(　　)。

A. 权利人被义务人控制

B. 继承开始后尚未确定继承人

C. 不可抗力

D. 无民事行为能力人没有法定代理人

16. 下列纠纷中，可以申请行政复议的有(　　)。

A. 甲对公安机关作出的罚款决定不服

B. 乙对税务机关核定的税款数额不服

C. 丙对自己未能被单位提拔不服

D. 丁与邻居发生争议报警后对派出所的调解不服

三、判断题

1. 行政诉讼的一般时效为 3 年。(　　)
2. 法是统治阶级每个成员个人意志的相加。(　　)
3. 16 周岁以上不包含 16 周岁。(　　)
4. 附期限的民事法律行为，所附的期限可以是过去发生的时间。(　　)
5. 如果张某因为抢劫罪被判处有期徒刑 10 年，因为投放危险物质罪被判处有期徒刑 15 年，因为放火罪被判处有期徒刑 10 年，那么张某应该被执行有期徒刑 35 年。(　　)
6. 行政复议的举证责任，由申请人承担。(　　)
7. 当仲裁庭意见产生分歧时，裁决只能少数服从多数。(　　)
8. 审理离婚案件，绝对不能公开审理。(　　)
9. 人民法院审理行政案件，必须先进行调解。(　　)

四、简答题

1. 法律关系的客体包括哪些种类？
2. 法律事件包括哪些种类？请举例说明。

五、案例分析题

丁某某，2006 年 2 月出生，甲市乙区人。2024 年 3 月，丁某某至甲市丙区购买某西式点心。丁某某向店主询问价格，店主回答 5 元。丁某某以为是每千克 5 元，遂要求买 1 千克。店主表示该点心要多少切多少，重量不好预估，并比划拟切的大小，征求丁某某的同意。丁某不熟悉该点心，认为差不多 1 千克遂点头同意。店主切下来一称，重 3 千克多，共 170 元。丁某某才知道该西式点心分量很沉，且其实是每一百克 5 元，不同意付款。双方发生争议后报警。当地派出所出警并进行了调解。经查，店主户籍在戊省己市庚县，目前居住在甲市辛区。

问题：

(1) 丁某某是否有权利独立地购买该西式点心？

(2) 如丁某某不服派出所的调解结果，可否提起行政诉讼？

(3) 如丁某某决定起诉店主，可以向哪个人民法院起诉？起诉的理由是什么？

项目二 市场经济细胞健康的法律保障

——企业法律制度

项目介绍

本项目为中级会计资格考试、注册会计师考试、税务师考试、银行从业资格考试、经济师考试的必考项目，主要对企业法律制度(以下简称企业法)最基础的内容进行阐述。

项目导入

什么是企业？企业具体表现有哪些形式？如何成立一个合法合规的企业来参与市场竞争？

课前导学

登录国家市场监督管理总局政务服务平台①查询资料，思考[项目导入]中的问题。

学习目标

(一) 知识目标

1. 了解个人独资企业的概念，个人独资企业的解散，合伙企业、普通合伙企业、特殊的普通合伙企业的解散与清算。

2. 熟悉个人独资企业的设立、有限合伙企业。

3. 掌握个人独资企业的事务执行、普通合伙企业。

(二) 能力目标

初步知法、懂法，能够运用企业法解决纠纷。

(三) 素养目标

正确认识企业法，准确掌握企业的类型与特征，培养认真、细心、严谨的工作作风。

---

① 网址：https://zwfw/samr.gov.cn/server。

任务一　个人独资企业法

导课

个人独资企业作为市场主体之一，是否具备特殊性？

考点归纳

1. 主要知识点

个人独资企业的概念；个人独资企业的设立；个人独资企业的事务执行；个人独资企业的解散。

2. 重难点

重点：个人独资企业的事务执行。

难点：个人独资企业的设立。

法律讲堂

一、个人独资企业的概念

个人独资企业，是指依法在中国境内设立，由一个自然人投资，财产为投资人个人所有，投资人以其个人财产对企业债务承担无限责任的经营实体。

二、个人独资企业的设立

（一）设立条件

个人独资企业的设立，应符合下列条件：

（1）投资人为一个自然人。

（2）有合法的企业名称。

（3）有投资人申报的出资。

（4）有固定的生产经营场所和必要的生产经营条件。

（5）有必要的从业人员。

（二）设立程序

（1）投资人或委托代理人向企业所在地的登记机关提交申请材料。

（2）登记机关应当在收到设立申请文件之日起15日内对符合条件的予以登记，并颁发营业执照。不符合条件的登记机关不予登记，并说明理由。

（3）营业执照签发日期为成立日期。

课堂练习

【单项选择题】 下列关于个人独资企业的设立条件的说法中，正确的是（　　）。

A. 投资人可以是法人　　B. 投资人人数至少为2人

C. 企业名称中必须包含“有限”字样　　D. 投资人为一个自然人

答案：D

三、个人独资企业的事务执行

（一）事务执行方式

（1）由投资人自行管理企业。

（2）委托或聘用其他具有民事行为能力的人管理。

（二）委托或聘用人员的禁止行为

（1）禁止利用职务上的便利，索取或收受贿赂。

（2）禁止利用职务或工作上的便利侵占企业财产。

（3）禁止挪用企业的资金归个人使用或借贷给他人。

（4）禁止擅自将企业资金以个人名义或以他人名义开立账户储存。

（5）禁止擅自以企业财产提供担保。

（6）禁止未经投资人同意，从事与本企业相竞争的业务。

（7）禁止未经投资人同意，同本企业订立合同或进行交易。

（8）禁止未经投资人同意，擅自将企业商标或其他知识产权转让给他人使用。

（9）禁止泄露本企业的商业秘密。

（10）法律、行政法规禁止的其他行为。

四、个人独资企业的解散

（1）解散事由：①投资人决定解散；②投资人死亡或被宣告死亡，无继承人或继承人放弃继承；③被依法吊销营业执照；④法律、行政法规规定的其他情形。

（2）债务清偿顺序：①职工工资和社会保险费用；②税款；③其他债务。

任务实训

一、实训目标

深化学生对个人独资企业的认识，使学生充分了解个人独资企业的设立程序，锻炼学生的实践能力。

二、实训内容

针对个人独资企业模拟起草设立登记申请书，并结合登记要求准备相应材料。

三、实训要求

参照个人独资企业登记规范准备材料。

四、实训环节

①学生自由分组并分工。②各组成员结合分工准备登记材料，并轮流展示。③其余

组评议和打分。④教师点评和打分。

五、实训考核

实训结束后,教师根据学生的表现确定考核成绩。

任务二 合伙企业法

导课

合伙企业与个人独资企业均为市场主体之一,两者是否存在不同?

考点归纳

1. 主要知识点

合伙企业;普通合伙企业;特殊的普通合伙企业;有限合伙企业;合伙企业的解散与清算。

2. 重难点

重点:普通合伙企业。

难点:有限合伙企业。

法律讲堂

一、合伙企业

合伙企业,是指由自然人、法人和其他组织依据《中华人民共和国合伙企业法》在中国境内设立的非法人组织。

合伙企业按合伙人的组成及责任承担形式分为普通合伙企业和有限合伙企业。

(1) 普通合伙企业由普通合伙人构成,全体合伙人对合伙企业债务承担无限连带责任。

(2) 有限合伙企业由普通合伙人与有限合伙人构成,普通合伙人对合伙企业债务承担无限连带责任,有限合伙人以其认缴的出资额为限对合伙企业债务承担有限责任。

二、普通合伙企业

(一) 设立条件

设立普通合伙企业,应当具备以下条件:

(1) 合伙人至少为2人:①合伙人可以是自然人、法人或非法人组织;②国有独资公司、国有企业、上市公司及公益性的事业单位、社会团体不得成为普通合伙人。

(2) 有书面合伙协议。除另有约定外,修改或补充合伙协议,应经全体合伙人一致同意。

(3) 有合伙企业的名称和生产经营场所。

(4) 有合伙人认缴或实缴的出资。普通合伙人可以使用货币、实物、知识产权、土地使用权、劳务或其他财产权利出资。

（二）合伙人财产份额转让规则

（1）合伙人向合伙人以外的人转让其在合伙企业中的全部或部分财产份额，除合伙协议另有约定外，须经其他合伙人一致同意。除合伙协议另有约定外，其他合伙人在同等条件下享有优先购买权。

（2）普通合伙人之间转让在合伙企业中的全部或部分财产份额，应当通知其他合伙人。

知识驿站

（1）合伙人以其财产份额出质，须经其他合伙人一致同意。

（2）未经其他合伙人一致同意，其行为无效，并对善意第三人承担赔偿责任。

（三）事务执行规则

（1）合伙人对执行合伙事务享有同等权利。

（2）执行方式：①全体合伙人共同执行；②合伙协议约定或经全体合伙人决定，可委托一个或数个合伙人对外代表企业，执行合伙事务，执行事务的合伙人对外代表合伙企业。对合伙人执行事务及对外代表企业的限制，不得对抗善意第三人。

（3）事务执行人的禁止行为：①禁止自营或同他人合营与合伙企业相竞争的业务；②除合伙协议另有约定或全体合伙人一致同意外，禁止同本企业交易；③禁止从事损害企业利益的活动。

（四）决议规则

（1）一般事项的决议规则由合伙协议约定。

（2）除合伙协议另有约定外，下列事项需经全体合伙人一致同意：①改变合伙企业的名称；②改变合伙企业的经营范围、主要经营场所的地点；③处分合伙企业的不动产；④转让或处分合伙企业的知识产权和其他财产权利；⑤以合伙企业名义为他人提供担保；⑥聘任合伙人以外的人担任合伙企业的经营管理人员。

（五）损益分配规则

（1）合伙企业的损益分配规则：①合伙企业的利润分配、亏损分担，按照合伙协议的约定办理；②合伙协议未约定或约定不明确的，由合伙人协商决定；③协商不成的，由合伙人按照实缴出资比例分配、分担；④无法确定出资比例的，由合伙人平均分配、分担。

（2）合伙协议不得约定将全部利润分配给部分合伙人或由部分合伙人承担全部亏损。

（六）债务清偿规则

（1）普通合伙企业的债务清偿规则：①合伙企业对其债务，应以其全部财产进行清偿；②企业财产不足清偿债务的，由普通合伙人承担无限连带责任；合伙人清偿数额超过亏损分担比例的，有权向其他合伙人追偿。

（2）普通合伙企业合伙人的债务清偿规则：①合伙人发生与合伙企业无关的债务，应以其自有财产进行清偿；②自有财产不足清偿的，应以其从企业中分取的收益进行清偿。

（七）入伙

（1）除合伙协议另有约定外，新合伙人入伙应经全体合伙人一致同意，并依法订立书面入伙协议。

（2）新入伙的普通合伙人对入伙前合伙企业的债务承担无限连带责任。

(八) 退伙

1. 自愿退伙

自愿退伙，是指合伙人基于自愿的意思表示而退伙，具体分为协议退伙和通知退伙。

(1) 协议退伙：①合伙协议约定的退伙事由出现；②经全体合伙人一致同意；③发生合伙人难以继续参加合伙的事由；④其他合伙人严重违反合伙协议约定的义务。

(2) 通知退伙：①合伙协议未约定合伙企业的经营期限；②合伙人退伙未给合伙企业造成不利影响；③提前30日通知其他合伙人。

2. 法定退伙

法定退伙，是指合伙人因出现法律规定的事由而退伙，具体分为当然退伙和除名退伙。

(1) 当然退伙：①作为合伙人的自然人死亡或被依法宣告死亡；②普通合伙人个人丧失偿债能力；③作为合伙人的法人或其他组织依法被吊销营业执照、责令关闭、撤销或被宣告破产；④法律规定或合伙协议约定合伙人必须具有相关资格而丧失该资格；⑤合伙人在合伙企业中的全部财产份额被人民法院强制执行。

(2) 除名退伙：①未履行出资义务；②因故意或重大过失给合伙企业造成损失；③执行合伙事务时有不正当行为；④发生合伙协议约定的事由。

知识驿站

普通合伙人被依法认定为无民事行为能力人或限制民事行为能力人，经其他合伙人一致同意，可依法转为有限合伙人，普通合伙企业依法转为有限合伙企业。

3. 退伙的效果

(1) 按照退伙时合伙企业财产状况进行结算。企业财产少于企业债务，退伙人应依法分担亏损。

(2) 退伙人对退伙前的企业债务，承担无限连带责任。

课堂练习

【单项选择题】 根据法律规定，下列属于普通合伙企业合伙人当然退伙情形的是(　　)。

A. 合伙人个人丧失偿债能力　　B. 合伙人在执行合伙事务时有不正当行为

C. 合伙人未履行出资义务　　D. 合伙人故意给合伙企业造成损失

答案：A

三、特殊的普通合伙企业

特殊的普通合伙企业，是指以专业知识和专门技能为客户提供有偿服务的普通合伙企业。

这里的“特殊”体现在：当一个或者数个合伙人因故意或重大过失给企业造成损失时，需承担无限连带责任，而其他合伙人以财产份额为限承担有限责任。

四、有限合伙企业

(一) 设立条件

设立有限合伙企业，应具备以下条件：

（1）合伙人为 2～50 人，至少应当有 1 个普通合伙人和 1 个有限合伙人。限制民事行为能力人、无民事行为能力人可以成为有限合伙人。国有独资公司、国有企业、上市公司及公益性的事业单位、社会团体不得成为普通合伙人，但可以成为有限合伙人。

（2）有书面合伙协议。

（3）有合伙企业的名称和生产经营场所。

（4）有合伙人认缴或实缴的出资。有限合伙人可使用货币、实物、知识产权、土地使用权或其他财产权利出资，但不得以劳务出资。

（二）事务执行规则

（1）有限合伙人不执行合伙事务，不对外代表企业。

（2）不视为有限合伙人执行合伙事务的行为：①参与决定普通合伙人入伙、退伙；②对企业的经营管理提出建议；③参与选择承办有限合伙企业审计业务的会计师事务所；④获取经审计的有限合伙企业财务会计报告；⑤对涉及自身利益的情况，查阅有限合伙企业财务会计账簿等财务资料；⑥在有限合伙企业中的利益受到侵害时，向有责任的合伙人主张权利或提起诉讼；⑦执行事务合伙人怠于行使权利时，督促其行使权利或为了本企业的利益以自己的名义提起诉讼；⑧依法为本企业提供担保。

（3）有限合伙人的禁止行为：①除另有约定外，有限合伙人可与本企业交易；②除另有约定外，有限合伙人可自营或合营与本企业相竞争的业务。

（三）损益分配规则

除另有约定外，有限合伙企业不得将全部利润分配给部分合伙人。不得约定由部分合伙人承担全部亏损。

（四）有限合伙人财产份额的出质与转让规则

（1）除另有约定外，有限合伙人可将财产份额出质。

（2）有限合伙人可依合伙协议向合伙人以外的人转让财产份额，但应提前 30 日通知其他合伙人，其他合伙人有优先购买权。

（五）有限合伙人入伙

新入伙的有限合伙人对入伙前有限合伙企业的债务，以其认缴的出资额为限承担责任。

（六）有限合伙人退伙

（1）有限合伙人退伙情形，如表 2-1 所示。

表 2-1　有限合伙人退伙情形

情形	有限合伙人
个人丧失偿债能力	不退伙
丧失民事行为能力	不退伙

（2）有限合伙人对退伙前发生的有限合伙企业债务，以其退伙时取回的财产为限承担责任。

五、合伙企业的解散与清算

（一）解散

合伙企业有下列情形之一的，应当解散：①合伙期限届满，合伙人决定不再经营；②合伙协议约定的解散事由出现；③全体合伙人决定解散；④合伙人已不具备法定人数满 30 天；⑤合伙协议约定的合伙目的已经实现或者无法实现；⑥依法被吊销营业执照、责令关闭或者被撤销；⑦法律、行政法规规定的其他原因。

（二）清算

1. 清算人选任

（1）自行清算：①清算人由全体合伙人担任；②经全体合伙人过半数同意，可以自合伙企业解散事由出现后 15 日内指定一个或数个合伙人，或委托第三人担任清算人。

（2）强制清算。自合伙企业解散事由出现之日起 15 日内未确定清算人的，合伙人或其他利害关系人可以申请人民法院指定清算人。

2. 债权申报

（1）清算人应自被确定之日起 10 日内将合伙企业解散事项通知债权人，并于 60 日内在报纸上公告。

（2）债权人应当自接到通知书之日起 30 日内，未接到通知书的自公告之日起 45 日内，向清算人申报债权。

清算期间，合伙企业不得开展与清算无关的经营活动。

3. 财产清偿顺序

（1）支付清算费用。

（2）清偿职工工资、社会保险费用和法定补偿金。

（3）缴纳所欠税款。

（4）清偿债务。

（5）分配剩余财产。

任务实训

一、实训目标

深化学生对合伙企业的认识，使学生充分了解合伙企业的设立程序，锻炼学生的实践能力。

二、实训内容

分别针对普通合伙企业与有限合伙企业模拟起草合伙协议。

三、实训要求

参照现行法律并结合具体企业类型准备素材。

四、实训环节

①学生自由分组，认领合伙企业类型。②各组成员结合各自认领的合伙企业类型起草合伙协议，并轮流展示。③其余组评议和打分。④教师点评和打分。

五、实训考核

实训结束后，教师根据学生的表现确定考核成绩。

思政案例

项 目 测 试

一、单项选择题

1. 下列关于普通合伙企业设立条件的表述中，正确的是(　　)。

A. 合伙人只能为自然人　　B. 合伙人不得用劳务出资

C. 合伙协议可以采取口头形式　　D. 合伙企业名称应当标有"普通合伙"字样

2. 下列主体中，可以成为普通合伙企业合伙人的是(　　)。

A. 国有独资公司　　B. 律师协会

C. 公立大学　　D. 个人独资企业

3. 下列关于合伙企业财产的说法中，正确的是(　　)。

A. 合伙企业的原始财产是全体合伙人实际缴纳的财产

B. 合伙人以土地使用权出资，需要评估作价的，不可由合伙人自行协商

C. 合伙人在合伙清算前擅自转让合伙财产的，合伙企业不得以此对抗善意第三人

D. 合伙企业清算的，合伙财产应先缴纳税款

4. 下列关于有限合伙人是否可与本有限合伙企业交易的表述中，正确的是(　　)。

A. 合伙协议不得禁止有限合伙人同本有限合伙企业进行交易

B. 有限合伙人可以同本有限合伙企业进行交易，合伙协议另有约定的除外

C. 有限合伙人不得同本有限合伙企业进行交易，法律另有规定的除外

D. 有限合伙人不得同本有限合伙企业进行交易，合伙协议另有约定的除外

5. 个人独资企业的投资人对企业债务承担(　　)。

A. 无限责任　　B. 无限连带责任　　C. 有限责任　　D. 连带责任

二、多项选择题

1. 下列各项中，属于个人独资企业的解散事由的有(　　)。

A. 投资人决定解散

B. 投资人死亡或被宣告死亡，无继承人或继承人放弃继承

C. 被依法吊销营业执照

D. 投资人出国留学

2. 下列关于普通合伙企业合伙人权利的表述中，正确的有(　　)。

A. 合伙人有权自营与本合伙企业相竞争的业务

B. 合伙人对执行合伙事务享有同等的权利

C. 合伙人有权查阅合伙企业会计账簿

D. 合伙人有权随意处置合伙企业财产

3. 根据法律规定，除合伙协议另有约定外，有限合伙人可以从事的行为有(　　)。

A. 同本企业进行交易　　B. 将其在合伙企业中的财产份额出质

C. 执行合伙企业事务　　D. 经营与本企业相竞争的业务

4. 下列关于普通合伙企业事务执行的表述中，符合法律规定的有(　　)。

A. 除合伙协议另有约定外，修改合伙协议须经全体合伙人一致同意
B. 除合伙协议另有约定外，合伙人不得自营与本企业相竞争的业务
C. 除合伙协议另有约定外，合伙人对外提供担保，须经全体合伙人一致同意
D. 除合伙协议另有约定或者经全体合伙人一致同意外，合伙人不得同本企业进行交易

5. 下列各项中，属于有限合伙人当然退伙的情形有（　　）。
A. 有限合伙人个人丧失偿债能力
B. 作为有限合伙人的公司被责令关闭
C. 有限合伙人的部分财产份额被人民法院强制执行
D. 有限合伙人丧失合伙人必须具备的资格

三、判断题

1. 有限合伙企业中，执行事务合伙人可以要求在合伙协议中确定执行事务的报酬。（　　）
2. 有限合伙企业不得约定将全部利润分配给部分合伙人。（　　）
3. 特殊的普通合伙企业应建立执业风险基金或办理职业保险。（　　）
4. 合伙企业应根据合伙人出资比例分配表决权。（　　）
5. 个人独资企业是由一个法人投资设立的。（　　）

四、简答题

1. 简述有限合伙企业的设立条件。
2. 简述合伙企业解散的事由。

五、案例分析题

甲、乙、丙、丁四人于2022年12月共同出资设立A有限合伙企业（以下简称A企业），合伙协议约定甲为普通合伙人，乙、丙、丁为有限合伙人，甲执行合伙企业事务，合伙协议无特别约定。2023年1月，乙未经其他合伙人同意，将其在A企业中的财产份额出质给银行，借款20万元。2023年3月，甲发现丙投资设立一人有限责任公司，从事与A企业同类的业务，挤占了A企业的市场份额。2023年4月，丁因个人原因退伙，从A企业取得退伙结算财产5万元。2023年8月，B公司要求A企业偿还2022年12月所欠的到期货款30万元，因无力清偿，A企业要求丁承担其中5万元的债务，丁以其已经退伙为由拒绝。

问题：

(1) 乙将其在A企业中的财产份额出质给银行是否合法？
(2) 甲要求丙不得从事与A企业相竞争的业务是否合法？
(3) 丁拒绝承担5万元债务是否合法？

项目三 公司合规的法律规制

——公司法律制度

项目介绍

本项目为中级会计资格考试、注册会计师考试、注册税务师考试、银行从业资格考试、经济师考试的必考项目，主要对公司法最基础的内容进行阐述。

项目导入

什么是公司？为什么要学习公司法律制度（以下简称公司法）？如何成立一个合法合规的公司参与市场经营？

课前导学

登录国家市场监督管理总局政务服务平台①查询资料，思考[项目导入]中的问题。

学习目标

（一）知识目标

1. 了解公司的概念和类型、股东权利、上市公司特别规定、公司债券、公司清算。

2. 熟悉公司董事、监事、高级管理人员的任职资格和禁止行为，股份发行，股份转让，公司的合并、分立和增资、减资，公司解散。

3. 掌握公司法人人格否认制度、有限责任公司的设立、有限责任公司的组织机构、股份有限公司的设立、股份有限公司的组织机构、股东代表诉讼、公积金、利润分配。

（二）能力目标

初步知法、懂法，能够运用公司法解决纠纷。

（三）素养目标

正确认识公司法，培养良好的法律职业道德，养成严谨务实的工作作风。

---

① 网址：https://zwfw/samr.gov.cn/server。

任务一　公司法概述

导课

公司与个人独资企业、合伙企业相比，有哪些不同？

考点归纳

1. 主要知识点

公司的概念和类型；公司法人人格否认制度；股东权利。

2. 重难点

重点：公司法人人格否认制度；股东权利。

难点：公司法人人格否认制度；股东权利。

法律讲堂

一、公司的概念和类型

公司，是指依法在中华人民共和国境内设立的有限责任公司和股份有限公司。

公司的类型如表 3-1 所示。

表 3-1　公司的类型

标准	类型
公司资本结构	有限责任公司、股份有限公司、无限公司、两合公司
公司的信用基础	资合公司、人合公司、人资兼合公司
公司组织关系	(1) 母公司、子公司 (2) 总公司、分公司

二、公司法人人格否认制度

法人人格否认制度，是指在特定情况下，对滥用公司法人独立地位和股东有限责任、逃避债务、严重损害公司债权人利益的股东，否定公司独立人格，要求股东与公司对公司债务承担连带责任的制度。

(一) 具体情形

1. 人格混同

(1) 股东无偿使用公司资金或者财产，不作财务记载的。

(2) 股东用公司的资金偿还股东的债务，或将公司的资金供关联公司无偿使用，不作财务记载的。

(3) 公司账簿与股东账簿不分，致使公司财产与股东财产无法区分的。

(4) 股东自身收益与公司盈利不加区分,致使双方利益不清的。

(5) 公司的财产记载于股东名下,由股东占有、使用的。

(6) 人格混同的其他情形。

2. 过度支配与控制

(1) 母、子公司之间或子公司之间进行利益输送。

(2) 母、子公司或子公司之间进行交易,收益归一方,损失却由另一方承担。

(3) 先从原公司抽走资金,再成立经营目的相同或类似的公司,逃避原公司债务。

(4) 先解散公司,再以原公司场所、设备、人员及相同或相似的经营目的另设公司,逃避原公司债务。

(5) 过度支配与控制的其他情形。

3. 资本显著不足

公司经营过程中,股东实际投入公司的资本数额与公司经营所隐含的风险相比明显不匹配。

(二) 法律后果

(1) 滥用法人独立地位和股东有限责任的股东对公司债务承担连带清偿责任。

(2) 股东利用其控制的 2 个以上公司实施前款规定行为的,各公司应对任一公司的债务承担连带责任。

(3) 只有 1 个股东的公司,股东不能证明公司财产独立于股东自己的财产的,应对公司债务承担连带责任。

三、股东权利

(一) 查阅权

(1) 股东有权查阅、复制公司章程、股东名册、股东会会议记录、董事会会议决议、监事会会议决议和财务会计报告。

(2) 股东可以要求查阅公司会计账簿、会计凭证。具体规定如下:①股东要求查阅公司会计账簿、会计凭证的,应向公司提出书面请求并说明目的;②公司有合理根据认为股东查阅会计账簿、会计凭证有不正当目的,可能损害公司合法利益的,可以拒绝提供查阅,并应自股东提出书面请求之日起 15 日内书面答复股东并说明理由;③公司拒绝提供查阅的,股东可以向人民法院提起诉讼。

(3) 股东查阅前款规定的材料,可以委托会计师事务所、律师事务所等中介机构进行。股东及其委托的会计师事务所、律师事务所等中介机构查阅、复制有关材料,应遵守有关保护国家秘密、商业秘密、个人隐私、个人信息等法律、行政法规的规定。

(二) 股权转让权

除公司章程另有规定外,有限责任公司的股东之间可以相互转让其全部或部分股权。

1. 股权对外转让规则

(1) 股东向股东以外的人转让股权的,应将股权转让的数量、价格、支付方式和期限等事项书面通知其他股东,其他股东在同等条件下有优先购买权。

(2) 股东自接到书面通知之日起 30 日内未答复的,视为放弃优先购买权。

(3) 2 个以上股东行使优先购买权的,协商确定各自的购买比例。协商不成的,按照转让时各自的出资比例行使优先购买权。

2. 法院强制执行股权的规则

(1) 人民法院依照法律规定的强制执行程序转让股东的股权时，应通知公司及全体股东，其他股东在同等条件下有优先购买权。

(2) 其他股东自人民法院通知之日起满20日不行使优先购买权的，视为放弃优先购买权。

3. 瑕疵股权转让规则

(1) 股东转让已认缴出资但未届出资期限的股权的，由受让人承担缴纳该出资的义务。受让人未按期足额缴纳出资的，转让人对受让人未按期缴纳的出资承担补充责任。

(2) 未按照公司章程规定的出资日期缴纳出资或作为出资的非货币财产的实际价额显著低于所认缴的出资额的股东转让股权的，转让人与受让人在出资不足的范围内承担连带责任。受让人不知道且不应当知道存在上述情形的，由转让人承担责任。

(三) 股权回购请求权

1. 行使股权回购请求权的事由

(1) 公司连续5年不向股东分配利润，而公司该5年连续盈利，并且符合《中华人民共和国公司法》(以下简称《公司法》)规定的分配利润条件。

(2) 公司合并、分立、转让主要财产。

(3) 公司章程规定的营业期限届满或者章程规定的其他解散事由出现，股东会通过决议修改章程使公司存续。

2. 行使股权回购请求权的规则

(1) 对股东会上述决议投反对票的股东可以请求公司按照合理的价格收购其股权。

(2) 自股东会决议作出之日起60日内，股东与公司不能达成股权收购协议的，股东可以自股东会决议作出之日起90日内向人民法院提起诉讼。

公司的控股股东滥用股东权利，严重损害公司或其他股东利益的，其他股东有权请求公司按照合理的价格收购其股权。

任务实训

一、实训目标

深化学生对公司的初步认识，使学生明确学习公司法的意义，在实训中帮助学生塑造法治信仰，继而提升其动手操作能力。

二、实训内容

甲公司因买卖合同对乙公司负担100万元货款债务，到期无力偿还。现查明丙公司、丁公司与甲公司存在人员混同、业务混同、财务混同等情况。请围绕基本案情起草起诉状。

三、实训要求

事实与理论要充分，论据能有效支撑观点。

四、实训环节

①学生自由分组。②各组讨论并起草起诉状。③其余组评议和打分。④教师点评和打分。

五、实训考核

实训结束后，教师根据学生的表现确定考核成绩。

任务二　有限责任公司

导课

有限责任公司的“有限”二字指的是什么？

考点归纳

1. 主要知识点

有限责任公司的设立；有限责任公司的组织机构。

2. 重难点

重点：有限责任公司的设立；有限责任公司的组织机构。

难点：有限责任公司的设立；有限责任公司的组织机构。

法律讲堂

一、有限责任公司的设立

(一) 设立条件

设立有限责任公司，应具备下列条件：

(1) 股东符合法定人数：①由 1 个以上 50 个以下股东出资设立，股东可以是自然人、法人或非法人组织；②法律禁止从事营利活动的人，不得成为公司股东。

(2) 有符合公司章程规定的全体股东认缴的出资额。

(3) 股东共同制定公司章程。

(4) 有公司名称，建立符合有限责任公司要求的组织机构。

(5) 有公司住所。

(二) 股东出资

1. 出资期限

股东认缴的出资额由股东按照公司章程的规定自公司成立之日起 5 年内缴足，法律、行政法规及国务院决定另有规定的，从其规定。

2. 出资形式

股东可以用货币出资，也可以用实物、知识产权、土地使用权、股权、债权等可以用货币估价并可以依法转让的非货币财产作价出资，但法律、行政法规规定不得作为出资的财产除外。

3. 出资要求

(1) 股东应按期足额缴纳公司章程规定的各自所认缴的出资额。

(2) 对作为出资的非货币财产应评估作价，核实财产，不得高估或低估。

(3) 以货币出资的，应将货币出资足额存入有限责任公司在银行开设的账户。

(4) 以非货币财产出资的，应依法办理其财产权的转移手续。

4. 未尽出资义务

(1) 股东未按期足额缴纳出资，除应向公司足额缴纳外，还应对给公司造成的损失承担赔偿责任。

(2) 有限责任公司设立时，股东未按照公司章程规定实际缴纳出资或实际出资的非货币财产的实际价额显著低于所认缴的出资额的，设立时的其他股东与该股东在出资不足的范围内承担连带责任。

(3) 有限责任公司成立后，董事会对股东出资情况进行核查，发现股东未按期足额缴纳公司章程规定的出资的，应由公司向该股东发出书面催缴书，未及时履行给公司造成损失的，负有责任的董事应承担赔偿责任。

知识驿站

(1) 催缴书可载明缴纳出资的宽限期，宽限期自催缴书发出之日起不得少于60日。

(2) 宽限期届满，股东未履行出资义务的，公司经董事会决议可以向该股东发出失权通知，通知应以书面形式发出。

(3) 自发出之日起，该股东丧失其未缴纳出资的股权。

(4) 股东对失权有异议的，应自接到通知之日起30日内向法院诉讼。

5. 抽逃出资

公司成立后，股东不得抽逃出资。违反规定的，股东应返还抽逃的出资，给公司造成损失的，负有责任的董事、监事、高级管理人员应与该股东承担连带赔偿责任。

课堂练习

【单项选择题】甲、乙、丙共同出资设立有限责任公司。甲在章程规定的时间内缴纳了认缴出资额的一半。乙以房产出资，但未办理房屋所有权转移手续。丙如期足额缴纳出资。下列关于甲出资的表述中，正确的是(　　)。

A. 甲应向公司足额缴纳出资，但无需向乙、丙承担违约责任

B. 甲可将出资抽回

C. 甲应向公司足额缴纳出资，并向丙承担违约责任

D. 甲应向公司足额缴纳出资，并向乙、丙承担违约责任

答案：C

二、有限责任公司的组织机构

(一) 股东会

有限责任公司股东会由全体股东组成，股东会是公司的权力机构。

1. 股东会的职权

股东会的职权包括：①选举和更换董事、监事，决定有关董事、监事的报酬事项；②审议批准董事会的报告；③审议批准监事会的报告；④审议批准公司的利润分配方案和弥补亏损方案；⑤对公司增加或减少注册资本作出决议；⑥对发行公司债券作出决议；⑦对公司合并、

分立、解散、清算或变更公司形式作出决议；⑧修改公司章程；⑨公司章程规定的其他职权。

知识驿站

(1) 只有1个股东的有限责任公司不设股东会，股东作出决定时应采用书面形式，并由股东签名或盖章后置备于公司。

(2) 股东会可以授权董事会对发行公司债券作出决议。

2. 股东会的会议制度

(1) 首次股东会会议由出资最多的股东召集和主持。

(2) 定期会议应按照公司章程的规定按时召开。

(3) 临时会议由代表1/10以上表决权的股东、1/3以上的董事或监事会提议召开。

(4) 召集与主持制度：①股东会会议由董事会召集，董事长主持；董事长不能履行职务或不履行职务的，由副董事长主持；副董事长不能履行职务或不履行职务的，由过半数的董事共同推举一名董事主持；②董事会不能履行或不履行召集股东会会议职责的，由监事会召集和主持；③监事会不召集和主持的，代表1/10以上表决权的股东可以自行召集和主持。

(5) 决议规则：①股东会会议由股东按照出资比例行使表决权，但公司章程另有规定的除外，股东会的议事方式和表决程序，除《公司法》另有规定的外，由公司章程规定；②股东会作出决议，应当经代表过半数表决权的股东通过；③股东会作出修改公司章程、增加或减少注册资本的决议，以及公司合并、分立、解散或变更公司形式的决议，应当经代表2/3以上表决权的股东通过。

(二) 董事会

1. 董事会的组成

(1) 董事会成员为3人以上，其成员中可以有公司职工代表。规模较小或股东人数较少的有限责任公司，可以不设董事会，可设1名董事行使董事会职权。

(2) 董事会设董事长1人，可以设副董事长。董事长、副董事长的产生办法由公司章程规定。

(3) 董事任期由公司章程规定，但每届任期不得超过3年。董事任期届满，连选可以连任。

(4) 董事辞任与解任制度：①董事辞任的，应以书面形式通知公司，公司收到通知之日辞任生效；②股东会可以决议解任董事，决议作出之日解任生效，无正当理由，在任期届满前解任董事的，该董事可以要求公司予以赔偿；③董事任期届满未及时改选或董事在任期内辞任导致董事会成员低于法定人数的，在改选出的董事就任前，原董事仍应依照法律、行政法规和公司章程的规定，履行董事职务。

知识驿站

(1) 职工人数在300人以上的有限责任公司，除依法设监事会并有公司职工代表外，其董事会成员中应有公司职工代表。董事会中的职工代表由公司职工通过职工代表大会、职工大会或其他形式民主选举产生。

(2) 有限责任公司可按照公司章程规定，在董事会中设置由董事组成的审计委员会，行使监事会职权，不设监事会或监事。公司董事会成员中的职工代表可成为审计委员会成员。

2. 董事会的职权

(1) 召集股东会会议,并向股东会报告工作。

(2) 执行股东会的决议。

(3) 决定公司的经营计划和投资方案。

(4) 制订公司的利润分配方案和弥补亏损方案。

(5) 制订公司增加或减少注册资本及发行公司债券的方案。

(6) 制订公司合并、分立、解散或变更公司形式的方案。

(7) 决定公司内部管理机构的设置。

(8) 决定聘任或解聘公司经理及其报酬事项,并根据经理的提名决定聘任或解聘公司副经理、财务负责人及其报酬事项。

(9) 制定公司的基本管理制度。

(10) 公司章程规定或股东会授予的其他职权。

知识驿站

公司章程对董事会职权的限制不得对抗善意相对人。

3. 董事会的会议制度

(1) 召集与主持制度:①董事会会议由董事长召集和主持;②董事长不能履行职务或不履行职务的,由副董事长召集和主持;③副董事长不能履行职务或不履行职务的,由过半数以上董事共同推举1名董事召集和主持。

(2) 决议规则:①董事会的议事方式和表决程序,除《公司法》另有规定外,由公司章程规定;②董事会决议的表决,应1人1票,有过半数董事出席,并经全体董事过半数通过;③董事会应对所议事项的决定作成会议记录,出席会议的董事应在会议记录上签名。

(三) 决议瑕疵

1. 决议瑕疵的表现形式

1) 决议无效与可撤销

(1) 决议无效与可撤销的事由如表3-2所示。

表3-2　决议无效与可撤销的事由

事由	决议内容	决议程序
违反法律、行政法规	无效	可撤销
违反公司章程	可撤销	可撤销

(2) 撤销权行使规则:①股东自决议作出之日起60日内,可以请求人民法院撤销,但股东会、董事会的会议召集程序或表决方式仅有轻微瑕疵,对决议未产生实质影响的除外;②未被通知参加股东会会议的股东自知道或应当知道股东会决议作出之日起60日内,可请求人民法院撤销;③自决议作出之日起1年内没有行使撤销权的,撤销权消灭。

2) 决议不成立

决议不成立的事由具体如下:

(1) 未召开股东会、董事会会议作出决议。

（2）股东会、董事会会议未对决议事项进行表决。

（3）出席会议的人数或所持表决权数未达到《公司法》或公司章程规定的人数或所持表决权数。

（4）同意决议事项的人数或所持表决权数未达到《公司法》或公司章程规定的人数或所持表决权数。

2. 决议瑕疵的法律后果

（1）公司股东会、董事会决议被人民法院宣告无效、撤销或确认不成立的，公司应向公司登记机关申请撤销根据该决议已办理的登记。

（2）股东会、董事会决议被人民法院宣告无效、撤销或确认不成立的，公司根据该决议与善意相对人形成的民事法律关系不受影响。

课堂练习

【单项选择题】有限责任公司的股东甲认为公司决议内容违反公司章程，向人民法院请求撤销该项决议，王某提起诉讼的被告应当是（　　）。

A. 董事长　　B. 总经理　　C. 董事会　　D. 有限责任公司

答案：D

（四）经理

有限责任公司可设经理，由董事会决定聘任或解聘。经理对董事会负责，根据公司章程规定或董事会授权行使职权，并列席董事会会议。

（五）监事会

1. 监事会的组成

（1）监事会成员为3人以上，其成员应包括股东代表和适当比例的公司职工代表。其中，职工代表的比例不得低于1/3，具体由公司章程规定。规模较小或股东人数较少的有限责任公司，可设1名监事行使监事会职权或经全体股东一致同意不设监事。

（2）监事会设主席1人，由全体监事过半数选举产生。

（3）董事、高级管理人员不得兼任监事。

（4）监事的任期每届为3年，任期届满可连选连任。监事任期届满未及时改选或监事在任期内辞任导致监事会成员低于法定人数的，在改选出的监事就任前，原监事仍应依法履行职务。

2. 监事会的职权

（1）检查公司财务。

（2）对董事、高级管理人员执行职务的行为进行监督，对违反法律、行政法规、公司章程或股东会决议的董事、高级管理人员提出解任的建议。

（3）当董事、高级管理人员的行为损害公司的利益时，要求董事、高级管理人员予以纠正。

（4）提议召开临时股东会会议，在董事会不履行《公司法》规定的召集和主持股东会会议职责时召集和主持股东会会议。

（5）向股东会会议提出提案。

（6）依照《公司法》的规定，对董事、高级管理人员提起诉讼。

（7）公司章程规定的其他职权。

知识驿站

(1) 监事可列席董事会会议,并对董事会决议事项提出质询或建议。

(2) 监事会发现公司经营情况异常,可进行调查。必要时,可聘请会计师事务所等协助其工作,费用由公司承担。

(3) 监事会可要求董事、高级管理人员提交执行职务的报告。董事、高级管理人员应如实向监事会提供有关情况和资料,不得妨碍监事会或监事行使职权。

3. 监事会的会议制度

(1) 召集与主持制度:①监事会主席召集和主持监事会会议;②监事会主席不能履行职务或不履行职务的,由过半数的监事共同推举1名监事召集和主持监事会会议。

(2) 决议规则:①监事会决议的表决,应1人1票,并经全体监事过半数通过;②监事会应对所议事项的决定作成会议记录,出席会议的监事应在会议记录上签名。

任务实训

一、实训目标

深化学生对有限责任公司的认识,使学生明确学习公司法的意义,帮助学生塑造法治信仰,继而提升其动手操作能力。

二、实训内容

针对有限责任公司起草公司章程。

三、实训要求

参照有限责任公司公司章程的相关规定进行。

四、实训环节

①学生自由分组并分工。②各组成员结合分工编制公司章程。③其余组评议和打分。④教师点评和打分。

五、实训考核

实训结束后,教师根据学生的表现确定考核成绩。

任务三 股份有限公司

导课

股份有限公司与有限责任公司的区别是什么?

考点归纳

1. 主要知识点

股份有限公司的设立;股份有限公司的组织机构;上市公司特别规定。

2. 重难点

重点：股份有限公司的设立；股份有限公司的组织机构。

难点：上市公司特别规定。

法律讲堂

一、股份有限公司的设立

（一）设立方式

股份有限公司可以采用发起或募集的方式设立。

（1）发起设立，是指由发起人认购设立公司时应发行的全部股份而设立公司。

（2）募集设立，是指由发起人认购设立公司时应发行股份的一部分，其余股份向特定对象募集或向社会公开募集而设立公司。

知识驿站

募集设立的特殊规定：

（1）以募集设立方式设立股份有限公司的，发起人认购的股份不得少于公司章程规定的公司设立时应发行股份总数的35%，但法律、行政法规另有规定的除外。

（2）发起人向社会公开募集股份，应公告招股说明书，并制作认股书。

（3）向社会公开募集股份的股款缴足后，应经依法设立的验资机构验资并出具证明。

（二）设立条件

设立股份有限公司，应当具备下列条件：

（1）有1人以上200人以下为发起人，其中应当有半数以上的发起人在中华人民共和国境内有住所。

（2）有符合公司章程规定的全体发起人认购的股本总额或募集的实收股本总额。

（3）设立股份有限公司，应由发起人共同制订公司章程。

（4）有公司名称，建立符合股份有限公司要求的组织机构。

（5）有公司住所。

（三）成立大会

（1）召集程序：①募集设立股份有限公司的发起人应自发行股份的股款缴足之日起30日内召开公司成立大会；②发起人应在成立大会召开15日前将会议日期通知各认股人或予以公告；③成立大会应有持表决权过半数的认股人出席；④发起设立股份有限公司的，成立大会召开和表决程序由公司章程或发起人协议规定。

（2）成立大会职权如下：①审议发起人关于公司筹办情况的报告；②通过公司章程；③选举董事、监事；④对公司的设立费用进行审核；⑤对发起人非货币财产出资的作价进行审核；⑥发生不可抗力或经营条件发生重大变化直接影响公司设立的，可作出不设立公司的决议。

（3）成立大会行使上述职权应经出席会议的认股人所持表决权过半数通过。

（4）公司设立时应发行股份未募足或股款缴足后发起人于30日内未召开成立大会的，认股人可按所缴股款并加算银行同期存款利息要求发起人返还。

二、股份有限公司的组织机构

(一) 股东会

股份有限公司股东会由全体股东组成,其职权同有限责任公司。

股份有限公司股东会会议制度如下:

(1) 股东会应当每年召开 1 次年会。

(2) 有下列情形之一的,应在 2 个月内召开临时股东会会议:①董事人数不足本法规定人数或公司章程所定人数的 2/3 时;②公司未弥补的亏损达股本总额 1/3 时;③单独或合计持有公司 10%以上股份的股东请求时;④董事会认为必要时;⑤监事会提议召开时;⑥公司章程规定的其他情形。

知识驿站

单独或合计持有公司 10%以上股份的股东请求召开临时股东会会议的,董事会、监事会应在收到请求之日起 10 日内作出是否召开临时股东会会议的决定,并书面答复股东。

(3) 召集与主持制度:①股东会会议由董事会召集,董事长主持;董事长不能履行职务或不履行职务的,由副董事长主持;副董事长不能履行职务或不履行职务的,由过半数的董事共同推举一名董事主持;②董事会不能履行或不履行召集股东会会议职责的,监事会应及时召集和主持;③监事会不召集和主持的,连续 90 日以上单独或合计持有公司 10%以上股份的股东可以自行召集和主持。

(4) 通知规则:①召开股东会会议,应将会议召开的时间、地点和审议的事项于会议召开 20 日前通知各股东,临时股东会会议应于会议召开 15 日前通知各股东,公开发行股份的公司应以公告方式作出通知;②单独或合计持有公司 1%以上股份的股东,可在股东会会议召开 10 日前提出临时提案并书面提交董事会,董事会应在收到提案后 2 日内通知其他股东,并将该临时提案提交股东会审议,但临时提案违反法律、行政法规或者公司章程的规定或不属于股东会职权范围的除外。

(5) 决议规则:①股东出席股东会会议,所持每一股份有一表决权,类别股股东除外;②股东会作出决议,应经出席会议的股东所持表决权过半数通过;③股东会作出修改公司章程、增加或减少注册资本的决议,以及公司合并、分立、解散或变更公司形式的决议,应经出席会议的股东所持表决权的 2/3 以上通过。

知识驿站

(1) 股东会选举董事、监事,可按公司章程规定或股东会决议,实行累积投票制。

(2) 累积投票制下,股东会选举董事或监事时,每一股份拥有与应选董事或监事人数相同的表决权,股东拥有的表决权可集中使用。

(二) 董事会

股份有限公司设董事会,其职权、组成、任期等同有限责任公司。

1. 审计委员会

(1) 股份有限公司可按公司章程规定在董事会中设置由董事组成的审计委员会,行使

《公司法》规定的监事会职权，不设监事会或监事。

(2) 审计委员会成员为3名以上，过半数成员不得在公司担任除董事以外的其他职务，且不得与公司存在任何可能影响其独立客观判断的关系。

(3) 审计委员会决议的表决，应一人一票，经成员过半数通过。

2. 董事会会议制度

(1) 董事会每年度至少召开2次会议，每次会议应于会议召开10日前通知全体董事和监事。

(2) 代表1/10以上表决权的股东、1/3以上董事或监事会，可提议召开临时董事会会议。

(3) 决议规则：①董事会决议的表决，应一人一票，有过半数董事出席，并经全体董事过半数通过；②董事会应对所议事项的决定做会议记录，出席会议的董事应在会议记录上签名；③董事会会议，应由董事本人出席。董事因故不能出席，可书面委托其他董事代为出席。

(4) 董事应对董事会的决议承担责任，经证明在表决时曾表明异议并记载于会议记录的，该董事可以免除责任。

(三) 经理

(1) 股份有限公司设经理，由董事会决定聘任或解聘。

(2) 经理对董事会负责，根据公司章程规定或董事会授权行使职权，并列席董事会会议。

(3) 公司董事会可以决定由董事会成员兼任经理。

(四) 监事会

监事会成员为3人以上，包括股东代表和适当比例的公司职工代表。其中，职工代表的比例不得低于1/3，具体比例由公司章程规定。

1. 监事会会议制度

(1) 监事会每6个月至少召开1次会议。

(2) 监事可提议召开临时监事会会议。

(3) 召集与主持制度：①监事会主席召集和主持监事会会议；②监事会主席不能履行职务或不履行职务的，由监事会副主席召集和主持监事会会议；③监事会副主席不能履行职务或不履行职务的，由过半数的监事共同推举1名监事召集和主持监事会会议。

2. 决议规则

(1) 监事会决议的表决，应一人一票，经全体监事过半数通过。

(2) 监事会应对所议事项的决定做会议记录，出席会议的监事应在会议记录上签名。

课堂练习

【单项选择题】根据法律规定，股份有限公司董事长和副董事长的产生方式是(　　)。

A. 董事长由全体董事一致同意选举产生，副董事长由全体董事的2/3以上选举产生

B. 董事长由全体董事的2/3以上选举产生，副董事长由全体董事的过半数选举产生

C. 董事长和副董事长均由全体董事的过半数选举产生

D. 董事长和副董事长均由全体董事的2/3以上选举产生

答案：C

三、上市公司特别规定

(一) 概述

(1) 上市公司,是指其股票在证券交易所上市交易的股份有限公司。

(2) 上市公司在1年内购买、出售重大资产或向他人提供担保的金额超过公司资产总额30%的,应由股东会作出决议,并经出席会议的股东所持表决权的2/3以上通过。

(二) 独立董事

独立董事,是指不在公司担任除董事外的其他职务,并与其所受聘的上市公司及其主要股东不存在可能影响其独立判断的关系的董事。

1. 独立董事的任职条件

(1) 根据法律、行政法规及其他有关规定,具备担任上市公司董事的资格。

(2) 具有5年以上法律、经济或其他履行独立董事职责所必需的工作经验。

2. 独立董事特别职权

(1) 对公司关联交易进行审核并发表独立意见。

(2) 对聘用或解聘会计师事务所进行审核并发表独立意见。

(3) 就上市公司董事、高级管理人员的提名、任免、报酬、考核事项发表独立意见。

(4) 就独立董事认为可能损害中小股东权益的事项发表独立意见。

(三) 董事会秘书

上市公司设董事会秘书,负责公司股东会和董事会会议的筹备、文件保管及公司股东资料的管理,办理信息披露事务等事宜。董事会秘书是上市公司高级管理人员。

(四) 关联董事表决权排除规则

(1) 上市公司董事与董事会会议决议事项所涉及的企业或个人有关联关系的,该董事应及时向董事会书面报告。

(2) 有关联关系的董事不得对该项决议行使表决权,也不得代理其他董事行使表决权。该董事会会议应由过半数无关联关系董事出席,并经无关联关系董事过半数通过。出席董事会会议的无关联关系董事人数不足3人的,应将该事项提交上市公司股东会审议。

任务实训

一、实训目标

深化学生对股份有限公司的认识,使学生明确学习公司法的意义,帮助学生塑造法治信仰,继而提升其动手操作能力。

二、实训内容

针对股份有限公司起草公司章程。

三、实训要求

参照股份有限公司公司章程的相关规定进行。

四、实训环节

①学生自由分组并分工。②各组成员结合分工编制公司章程。③其余组评议和打分。④教师点评和打分。

五、实训考核

实训结束后，教师根据学生的表现确定考核成绩。

任务四　董事、监事、高级管理人员

导课

公司的高级管理岗位包括哪些类型？

考点归纳

1. 主要知识点

公司董事、监事、高级管理人员的任职资格和禁止行为；股东代表诉讼。

2. 重难点

重点：公司董事、监事、高级管理人员的任职资格和禁止行为。

难点：股东代表诉讼。

法律讲堂

一、公司董事、监事、高级管理人员的任职资格和禁止行为

（一）公司董事、监事、高级管理人员的任职资格

有下列情形之一的，不得担任公司董事、监事、高级管理人员：

（1）无民事行为能力或限制民事行为能力。

（2）因贪污、贿赂、侵占财产、挪用财产或破坏社会主义市场经济秩序，被判处刑罚，或因犯罪被剥夺政治权利，执行期满未逾5年，被宣告缓刑的，自缓刑考验期满之日起未逾2年。

（3）担任破产清算的公司、企业的董事或厂长、经理，对该公司、企业的破产负有个人责任的，自该公司、企业破产清算完结之日起未逾3年。

（4）担任因违法被吊销营业执照、责令关闭的公司、企业的法定代表人，并负有个人责任的，自该公司、企业被吊销营业执照、责令关闭之日起未逾3年。

（5）个人因所负数额较大债务到期未清偿被人民法院列为失信被执行人。

违反上述规定选举、委派董事、监事或聘任高级管理人员的，该选举、委派或聘任无效，任职期间出现上述情形的，公司应解除其职务。

（二）公司董事、监事、高级管理人员的禁止行为

1. 绝对禁止行为

（1）侵占公司财产、挪用公司资金。

（2）将公司资金以其个人名义或以其他个人名义开立账户存储。

(3) 利用职权贿赂或收受其他非法收入。

(4) 接受他人与公司交易的佣金归为己有。

(5) 擅自披露公司秘密。

(6) 违反对公司忠实义务的其他行为。

2. 相对禁止行为

(1) 董事、监事、高级管理人员，直接或间接与本公司订立合同或进行交易，应就与订立合同或进行交易有关的事项向董事会或股东会报告，并按照公司章程的规定经董事会或股东会决议通过。

(2) 董事、监事、高级管理人员，不得利用职务便利为自己或他人谋取属于公司的商业机会。但向董事会或股东会报告，并按照公司章程的规定经董事会或股东会决议通过，及根据法律、行政法规或公司章程的规定，公司不能利用该商业机会的除外。

(3) 董事、监事、高级管理人员，未向董事会或股东会报告，并按照公司章程的规定经董事会或股东会决议通过，不得自营或为他人经营与其任职公司同类的业务。

课堂练习

【多项选择题】甲公司董事张某拟自营与所任职公司同类的业务。根据法律规定，张某自营该类业务须满足的条件有(　　)。

A. 经股东会同意　　B. 经董事会同意

C. 经监事会同意　　D. 经总经理同意

答案：AB

二、股东代表诉讼

(一) 股东代表诉讼的原因

(1) 公司董事、高级管理人员执行公司职务时违反法律、行政法规或公司章程的规定。

(2) 监事执行公司职务时违反法律、行政法规或公司章程的规定。

(3) 其他人的行为给公司造成损失，公司董事、高级管理人员怠于履行职责。

(二) 股东代表诉讼的请求顺序

(1) 董事、高级管理人员执行公司职务时违反法律、行政法规或公司章程规定，股东可书面请求监事会提起诉讼。

(2) 监事执行公司职务时违反法律、行政法规或公司章程规定，股东可书面请求董事会提起诉讼。

(3) 其他人的行为给公司造成损失，股东可通过监事会或董事会向人民法院提起诉讼。

监事会或董事会收到股东书面请求后拒绝提起诉讼，或自收到请求之日起 30 日内未提起诉讼，或情况紧急、不立即提起诉讼将会使公司利益受到难以弥补的损害的，股东有权为公司利益以自己的名义直接向人民法院提起诉讼。

(三) 股东代表诉讼的当事人

(1) 原告：①有限责任公司的，为任一股东；②股份有限公司的，为连续 180 日以上单独或合计持有 1%以上股份的股东。

(2) 被告为损害公司利益的董事、监事、高级管理人员或其他人员。

(3) 第三人为公司。胜诉利益归属于公司,公司应承担股东因参加诉讼支付的合理费用。

任务实训

一、实训目标

深化学生对公司董事、监事、高级管理人员的认识,使学生明确学习公司法的意义,帮助学生塑造法治信仰,继而提升其动手操作能力。

二、实训内容

针对以下两方观点进行辩论。

正方观点:董事比监事重要。

反方观点:监事比董事重要。

三、实训要求

能够提出足够的论据支持论点。

四、实训环节

①学生自由选题、自由分组。②各组轮流开展辩论。③其余组评议和打分。④教师点评和打分。

五、实训考核

实训结束后,教师根据学生的表现确定考核成绩。

任务五 股份与债券

导课

股票和股份的区别是什么?

考点归纳

1. 主要知识点

股份发行;股份转让;公司债券。

2. 重难点

重点:股份发行;股份转让。

难点:股份发行。

法律讲堂

一、股份发行

(一) 股份和股票的概述

(1) 公司股份根据公司章程规定可采用面额股或无面额股。其中:①采用面额股的,每一股的金额相等；②采用无面额股的，应将发行股份所得股款的 1/2 以上计入注册资本。

（2）股份发行实行公平、公正原则，同类别的每一股份应具有同等权利。同次发行的同类别股份，每股发行条件和价格应当相同。

（3）股票采用纸面形式或国务院证券监督管理机构规定的其他形式。

（4）股份公司成立后应向股东正式交付股票，公司成立前不得向股东交付股票。

（二）类别股

1. 具体类型

（1）优先或劣后分配利润或者剩余财产的股份。

（2）每一股的表决权数多于或少于普通股的股份。

（3）转让须经公司同意等转让受限的股份。

（4）国务院规定的其他类别股。

2. 公司章程载明的特殊事项

（1）类别股分配利润或剩余财产的顺序。

（2）类别股的表决权数。

（3）类别股的转让限制。

（4）保护中小股东权益的措施。

（5）股东会认为需要规定的其他事项。

3. 决议规则

（1）股东会作出修改公司章程，增加或减少注册资本，公司合并、分立、解散或变更公司形式的决议，可能影响类别股股东权利的，除依法经股东会决议外，还应经出席类别股股东会议的股东所持表决权的 2/3 以上通过。

（2）公司章程可对需经类别股股东会议决议的其他事项作出规定。

（三）股份的公开募集

（1）公司向社会公开募集股份，应经国务院证券监督管理机构注册，公告招股说明书。

（2）招股说明书载明事项：①发行的股份总数；②面额股的票面金额和发行价格或无面额股的发行价格；③募集资金的用途；④认股人的权利和义务；⑤股份种类及其权利和义务；⑥本次募股的起止日期及逾期未募足时认股人可以撤回所认股份的说明。

（3）公司向社会公开募集股份，应由依法设立的证券公司承销，签订承销协议。公司向社会公开募集股份，应同银行签订代收股款协议。

课堂练习

【多项选择题】下列各项中，属于类别股的具体类型的有（　　）。

A. 优先或者劣后分配利润或者剩余财产的股份

B. 每一股的表决权数多于或者少于普通股的股份

C. 转让须经公司同意等转让受限的股份

D. 国务院规定的其他类别股

答案：ABCD

二、股份转让

(一) 转让地点、方式

(1) 股份公司的股东持有的股份可向其他股东转让,也可向股东以外的人转让,公司章程另有规定的除外。

(2) 股东转让其股份,应在依法设立的证券交易场所或按照国务院规定的其他方式进行。

(3) 股票的转让由股东以背书方式或法律、行政法规规定的其他方式进行。

(二) 转让限制

(1) 股东会会议召开前20日内或公司决定分配股利的基准日前5日内,不得变更股东名册,法律另有规定的除外。

(2) 公司公开发行股份前已发行的股份,自公司股票在证券交易所上市交易之日起1年内不得转让,法律另有规定的除外。

(3) 公司董事、监事、高级管理人员的转让限制:①应向公司申报所持有的本公司的股份及其变动情况,在就任时确定的任职期间每年转让的股份不得超过其所持有本公司股份总数的25%;②所持本公司股份自公司股票上市交易之日起1年内不得转让;③上述人员离职后半年内,不得转让其所持有的本公司股份;④公司章程可对作出其他限制性规定。

(三) 股份收购

公司不得收购本公司股份,以下情形例外:①减少公司注册资本;②与持有本公司股份的其他公司合并;③将股份用于员工持股计划或者股权激励;④股东因对股东会作出的公司合并、分立决议持异议,要求公司收购其股份;⑤将股份用于转换公司发行的可转换为股票的公司债券;⑥上市公司为维护公司价值及股东权益所必需。

公司因上述①②规定的情形收购本公司股份的,应经股东会决议。公司因上述③⑤⑥规定的情形收购本公司股份的,可按照公司章程或股东会的授权,经2/3以上董事出席的董事会会议决议。

公司收购本公司股份后,属于上述①规定情形的,应自收购之日起10日内注销;属于上述②④规定情形的,应在6个月内转让或注销;属于上述③⑤⑥规定情形的,公司合计持有的本公司股份数不得超过本公司已发行股份总数的10%,并应在3年内转让或注销。

知识驿站

(1) 股东可以要求股份公司回购股份的事由包括:①公司连续5年不向股东分配利润,而公司该5年连续盈利,并符合《公司法》规定的分配利润条件;②公司转让主要财产;③公司章程规定的营业期限届满或章程规定的其他解散事由出现,股东会通过决议修改章程使公司存续。有上述情形之一的,对股东会该项决议投反对票的股东可以请求公司按照合理的价格收购其股份,公开发行股份的公司除外。

(2) 自股东会决议作出之日起60日内,股东与公司不能达成股份收购协议的,股东可自股东会决议作出之日起90日内向人民法院提起诉讼。

课堂练习

【多项选择题】下列情形中，上市公司可收购本公司股份的有(　　)。

A. 减少公司注册资本

B. 与持有本公司股份的其他公司合并

C. 上市公司为维护公司价值及股东权益所必需

D. 将股份用于转换上市公司发行的可转换为股票的公司债券

答案:ABCD

三、公司债券

公司债券，是指公司发行的约定按期还本付息的有价证券。

(一) 债券发行

(1) 公司债券可公开发行，也可非公开发行。公开发行应经国务院证券监督管理机构注册，公告公司债券募集办法。

(2) 公司以纸面形式发行公司债券的，应在债券上载明公司名称、债券票面金额、利率、偿还期限等事项，并由法定代表人签名及公司盖章。

(3) 公司发行公司债券应置备公司债券持有人名册。

(二) 债券转让

(1) 公司债券可以转让，转让价格由转让人与受让人约定。

(2) 公司债券由债券持有人以背书方式或法律、行政法规规定的其他方式转让。转让后由公司将受让人的姓名或名称及住所记载于公司债券持有人名册。

(三) 可转换公司债券

(1) 股份有限公司经股东会决议，或经公司章程、股东会授权由董事会决议，可以发行可转换为股票的公司债券，并规定具体的转换办法。上市公司发行可转换为股票的公司债券，应经国务院证券监督管理机构注册。

(2) 发行可转换为股票的公司债券，应在债券上标明“可转换公司债券”字样，并在公司债券持有人名册上载明可转换公司债券的数额。

(3) 发行可转换为股票的公司债券的，公司应按照其转换办法向债券持有人换发股票，但债券持有人对转换股票或不转换股票有选择权，法律另有规定的除外。

(四) 债券持有人会议

(1) 公开发行公司债券的，应为同期债券持有人设立债券持有人会议，并在债券募集办法中对债券持有人会议的召集程序、会议规则和其他重要事项作出规定。

(2) 除公司债券募集办法另有约定外，债券持有人会议决议对同期全体债券持有人发生效力。

(3) 公开发行公司债券的，发行人应为债券持有人聘请债券受托管理人，由其为债券持有人办理受领清偿、债权保全、与债券相关的诉讼及参与债务人破产程序等事项。

任务实训

一、实训目标

深化学生对优先股发行的认识，使学生明确学习公司法的意义，帮助学生塑造法治信仰，继而提升其动手操作能力。

二、实训内容

自行选取任一上市公司，围绕优先股发行编制优先股募集说明书。

三、实训要求

符合优先股募集说明书的有关规定。

四、实训环节

①学生自由选取公司、自由分组。②各组围绕选取的公司编制优先股募集说明书。③其余组评议和打分。④教师点评和打分。

五、实训考核

实训结束后，教师根据学生的表现确定考核成绩。

任务六　公司财务与会计

导课

在会计核算上，如何处理公积金？

考点归纳

1. 主要知识点

公积金；利润分配。

2. 重难点

重点：公积金；利润分配。

难点：利润分配。

法律讲堂

一、公积金

(一) 公积金的提取规则

(1) 公司分配当年税后利润时，应提取利润的10%列入法定公积金。法定公积金累计额为公司注册资本的50%以上的，可不再提取。

(2) 公司从税后利润中提取法定公积金后，经股东会决议，还可以从税后利润中提取任意公积金。

（3）公司以超过股票票面金额的发行价格发行股份所得的溢价款、发行无面额股所得股款未计入注册资本的金额及国务院财政部门规定列入资本公积金的其他项目，应列为资本公积金。

（二）公积金用途

（1）公司的公积金用于弥补亏损、扩大生产经营或转增注册资本。

（2）公积金弥补公司亏损，应先使用任意公积金和法定公积金。仍不能弥补的，可按照规定使用资本公积金。

（3）法定公积金转增注册资本时，所留存的公积金不得少于转增前注册资本的25%。

二、利润分配

（一）分配规则

（1）法定公积金不足以弥补以前年度亏损的，在提取法定公积金前，应先用当年利润弥补亏损。

（2）公司弥补亏损和提取公积金后所余税后利润，有限责任公司按照股东实缴的出资比例分配利润，全体股东约定不按照出资比例分配利润的除外。股份公司按照股东所持有的股份比例分配利润，公司章程另有规定的除外。

（3）公司持有的本公司股份不得分配利润。

（二）分配时间

股东会作出分配利润决议的，董事会应在股东会决议作出之日起6个月内进行分配。

（三）违规分配的法律后果

（1）公司违规向股东分配利润的，股东应将违规分配的利润退还公司。

（2）违规分配利润给公司造成损失的，股东及负有责任的董事、监事、高级管理人员应承担赔偿责任。

任务实训

一、实训目标

深化学生对公司财务会计报告的认识，使学生明确学习公司法的意义，帮助学生塑造法治信仰，继而提升其动手操作能力。

二、实训内容

自行选取任一上市公司，围绕其公开发布的财务会计报告，总结编纂经验并分享。

三、实训要求

能够充分总结财务会计报告的编纂经验。

四、实训环节

①学生自由选取公司、自由分组。②各组围绕选取的公司总结其财务会计报告编纂经验并分享。③其余组评议和打分。④教师点评和打分。

五、实训考核

实训结束后，教师根据学生的表现确定考核成绩。

任务七 公司的合并、分立和增资、减资

导课

公司合并是否需要编制财务报表?

考点归纳

1. 主要知识点

公司合并、分立和增资、减资。

2. 重难点

重点:公司合并、分立和增资、减资。

难点:公司合并、分立。

法律讲堂

一、公司合并、分立

(一) 公司合并

公司合并可以采取吸收合并或新设合并。

1. 公司合并的决议要求

(1) 公司与其持股90%以上的公司合并,被合并的公司无需经股东会决议,但应通知其他股东,其他股东有权请求公司按照合理价格收购其股权或股份。

(2) 公司合并支付的价款不超过本公司净资产10%的,可不经股东会决议,但公司章程另有规定的除外。

(3) 公司合并不经股东会决议的,应经董事会决议。

2. 公司合并的通知与公告要求

(1) 公司合并应由合并各方签订合并协议,并编制资产负债表及财产清单。

(2) 公司应自作出合并决议之日起10日内通知债权人,并于30日内在报纸上或国家企业信用信息公示系统公告。

(3) 债权人自接到通知之日起30日内,未接到通知的自公告之日起45日内,可以要求公司清偿债务或提供相应的担保。

公司合并时,合并各方的债权、债务,应由合并后存续的公司或新设的公司承继。

(二) 公司分立

公司分立,其财产应作相应的分割。公司分立的通知与公告要求如下:

(1) 公司分立应编制资产负债表和财产清单。

(2) 公司应自作出分立决议之日起10日内通知债权人,并于30日内在报纸上或国家企业信用信息公示系统公告。

公司分立前的债务由分立后的公司承担连带责任，但公司在分立前与债权人就债务清偿达成的书面协议另有约定的除外。

二、公司增资、减资

（一）公司增资

1. 优先认购权

（1）有限责任公司增加注册资本时，股东在同等条件下有权优先按照实缴的出资比例认缴出资，但全体股东约定不按照出资比例优先认缴出资的除外。

（2）股份有限公司为增加注册资本发行新股时，股东不享有优先认购权，公司章程另有规定或股东会决议决定股东享有优先认购权的除外。

2. 出资义务

（1）有限责任公司增加注册资本时，股东认缴新增资本的出资，依照《公司法》设立有限责任公司缴纳出资的有关规定执行。

（2）股份有限公司为增加注册资本发行新股时，股东认购新股，依照《公司法》设立股份有限公司缴纳股款的有关规定执行。

（二）公司减资

公司减少注册资本，应编制资产负债表及财产清单。公司减少注册资本的通知与公告要求如下：

（1）公司应自股东会作出减少注册资本决议之日起10日内通知债权人，并于30日内在报纸上或国家企业信用信息公示系统公告。

（2）债权人自接到通知之日起30日内，未接到通知的自公告之日起45日内，有权要求公司清偿债务或提供相应的担保。

公司减少注册资本，应按照股东出资或持有股份的比例相应减少出资额或股份，法律另有规定、有限责任公司全体股东另有约定或股份有限公司章程另有规定的除外。

违法减少注册资本的，股东应退还其收到的资金，减免股东出资的应恢复原状，给公司造成损失的，股东及负有责任的董事、监事、高级管理人员应承担赔偿责任。

任务实训

一、实训目标

深化学生对公司合并的认识，使学生明确学习公司法的意义，帮助学生塑造法治信仰，继而提升其动手操作能力。

二、实训内容

检索中国南车与中国北车合并案，深度分析该案的合并流程，总结企业合并成功的关键。

三、实训要求

能够提出足够的论据支持论点。

四、实训环节

①学生自由分组。②各组围绕中国南车与中国北车合并案轮流发言。③其余组评

议和打分。④教师点评和打分。

五、实训考核

实训结束后,教师根据学生的表现确定考核成绩。

任务八　公司的解散和清算

导课

清算是不是破产清算的简称?

考点归纳

1. 主要知识点

公司解散;公司清算

2. 重难点

重点:公司解散。

难点:公司清算。

法律讲堂

一、公司解散

(一) 公司解散事由

(1) 公司章程规定的营业期限届满或公司章程规定的其他解散事由出现。

(2) 股东会决议解散。

(3) 因公司合并或分立需要解散。

(4) 依法被吊销营业执照、责令关闭或被撤销。

(5) 人民法院依法予以解散。

(二) 公司司法解散

公司经营管理发生严重困难,继续存续会使股东利益受到重大损失,通过其他途径不能解决的,持有公司10%以上表决权的股东可请求法院解散公司。

二、公司清算

(一) 清算组

1. 自行清算

(1) 董事为公司清算义务人,应在解散事由出现之日起15日内组成清算组进行清算。

(2) 清算组由董事组成,但公司章程另有规定或股东会决议另选他人的除外。

(3) 清算义务人未及时履行清算义务,给公司或债权人造成损失应承担赔偿责任。

2. 强制清算

(1) 公司逾期不成立清算组进行清算或成立清算组后不清算的，利害关系人可以申请法院指定有关人员组成清算组进行清算。

(2) 公司因法律规定被吊销营业执照、责令关闭或被撤销而解散的，作出吊销营业执照、责令关闭或撤销决定的部门或公司登记机关，可申请法院指定清算。

3. 清算组的职权

清算组在清算期间行使下列职权：

(1) 清理公司财产，分别编制资产负债表和财产清单。

(2) 通知、公告债权人。

(3) 处理与清算有关的公司未了结的业务。

(4) 清缴所欠税款及清算过程中产生的税款。

(5) 清理债权、债务。

(6) 分配公司清偿债务后的剩余财产。

(7) 代表公司参与民事诉讼活动。

(二) 公司清算的程序

(1) 清算组应自成立之日起10日内通知债权人，并于60日内在报纸上或国家企业信用信息公示系统公告。

(2) 债权人应自接到通知之日起30日内，未接到通知的自公告之日起45日内，向清算组申报其债权。

(3) 债权人申报债权，应说明债权的有关事项，并提供证明材料。清算组应对债权进行登记。在申报债权期间，清算组不得对债权人进行清偿。

(4) 清算组在清理公司财产、编制资产负债表和财产清单后，应制订清算方案，并报股东会或法院确认。清算期间，公司存续，但不得开展与清算无关的经营活动。

(5) 公司财产在分别支付清算费用、职工的工资、社会保险费用和法定补偿金，缴纳所欠税款，清偿公司债务后的剩余财产，有限公司按照股东的出资比例分配，股份公司按照股东持有的股份比例分配。

(6) 公司清算结束后，清算组应当制作清算报告，报股东会或法院确认，并报送公司登记机关，申请注销公司登记。

任务实训

一、实训目标

深化学生对公司解散的认识，使学生明确学习公司法的意义，帮助学生塑造法治信仰，提升学生动手操作能力。

二、实训内容

针对以下两方观点进行辩论。

正方观点：公司解散需要通知公司职工。

反方观点：公司解散不需要通知公司职工。

三、实训要求

能够提出足够的论据支持论点。

四、实训环节

①学生自由选题、自由分组。②各组轮流开展辩论。③其余组评议和打分。④教师点评和打分。

五、实训考核

实训结束后,教师根据学生的表现确定考核成绩。

思政案例

项目测试

一、单项选择题

1. 下列情形中,允许担任公司董事、监事、高级管理人员的是(　　)。
   A. 无民事行为能力或限制民事行为能力
   B. 因贪污被判处刑罚,执行期满1年
   C. 担任破产清算的公司的董事,对该公司破产负有个人责任,自该公司破产清算完结之日满5年
   D. 担任因违法被吊销营业执照的公司的法定代表人,并负有个人责任的,自该公司被吊销营业执照之日起满1年
2. 下列关于股份有限公司成立大会职权的说法中,错误的是(　　)。
   A. 审议发起人关于公司筹办情况的报告
   B. 通过公司章程
   C. 选举股东
   D. 对公司的设立费用进行审核
3. 下列关于有限责任公司设立条件的说法中,错误的是(　　)。
   A. 由1个以上50个以下股东出资设立
   B. 股东可以是自然人、法人或非法人组织
   C. 法律禁止从事营利活动的人,可以成为股东
   D. 有符合公司章程规定的全体股东认缴的出资额
4. 下列各项中,不属于公司董事禁止行为的是(　　)。
   A. 侵占公司财产、挪用公司资金
   B. 将公司资金以公司名义开立账户存储
   C. 利用职权贿赂或收受其他非法收入
   D. 接受他人与公司交易的佣金归为己有
5. 下列关于有限责任公司监事会的表述中,正确的是(　　)。
   A. 规模较小的公司可以不设监事会
   B. 监事会主席由股东会选举产生

C. 高级管理人员可以兼任监事

D. 公司章程可以规定监事的任期为每届 5 年

6. 下列各项中，属于有限责任公司董事会职权的是(　　)。

A. 选举和更换董事、监事，决定有关董事、监事的报酬事项

B. 审议批准董事会的报告

C. 审议批准监事会的报告

D. 决定公司内部管理机构的设置

7. 下列各项中，不属于股份有限公司临时股东会召开事由的是(　　)。

A. 董事人数不足本法规定人数或公司章程所定人数的 2/3

B. 公司未弥补的亏损达股本总额 1/3

C. 单独或合计持有公司 5%股份的股东请求

D. 董事会认为必要

8. 下列关于上市公司董事会秘书的表述中，正确的是(　　)。

A. 董事会秘书不属于公司的高级管理人员

B. 董事会秘书属于公司的高级管理人员

C. 董事会秘书可以代表董事长

D. 董事会秘书可以代表董事会

9. 根据法律规定，甲公司董事长刘某的下列行为中，不违反公司董事义务规定的是(　　)。

A. 向其好友透露甲公司的重要客户信息

B. 将乙公司支付的 2 万元佣金据为己有

C. 未经公司股东会同意，以甲公司财产为本公司股东提供担保

D. 经股东会同意与甲公司订立合同

10. 下列事项中，符合《公司法》关于股份公司规定的是(　　)。

A. 将公司的资本划分为股份

B. 同次发行的同类别股份，每股的发行条件和价格可以不同

C. 股票不允许采用纸面形式

D. 股份公司成立前允许向股东交付股票

11. 下列关于公司利润分配的表述中，正确的是(　　)。

A. 股东会可决议在弥补亏损前向股东分配利润

B. 有限责任公司股东可以约定不按出资比例分配利润

C. 公司持有的本公司股份可以分配利润

D. 股份有限公司章程不得规定不按持股比例分配利润

12. 下列关于公司合并的说法中，错误的是(　　)。

A. 公司应自作出决议之日起 10 日内通知债权人，并 30 日内在报纸上公告

B. 公司合并的，合并前的债务由合并后的公司承担

C. 债权人自接到通知书之日起 30 日内，未接到通知书的自公告之日起 45 日内要求清偿债务或提供担保

D. 公司与其持股 90%以上的公司合并，被合并的公司不需经股东会决议，也不需通知其他股东

二、多项选择题

1. 下列各项中，属于公司减少注册资本时应执行的程序有（　　）。

A. 办理变更登记　　B. 通知债权人并公告

C. 编制资产负债表　　D. 编制财产清单

2. 下列关于公积金用途的表述中，符合法律规定的有（　　）。

A. 资本公积金不得用于弥补公司亏损

B. 法定公积金不得转增公司资本

C. 任意公积金可以转增公司资本

D. 盈余公积金可以用于扩大公司生产经营

3. 滥用公司法人独立地位的常见情形有（　　）。

A. 人格混同　　B. 过度支配　　C. 资本显著不足　　D. 自我交易

4. 下列各项中，属于董事、高级管理人员的禁止行为的有（　　）。

A. 挪用公司资金

B. 将公司资金以其个人名义或以其他个人名义开立账户存储

C. 接受他人与公司交易的佣金归为己有

D. 擅自披露公司秘密

5. 下列选项中，属于股份有限公司不得收购本公司股份的例外情形的有（　　）。

A. 减少公司注册资本

B. 与持有本公司股份的其他公司合并

C. 将股份用于员工持股计划或者股权激励

D. 股东因对股东会作出的公司合并、分立决议持异议，要求公司收购其股份

6. 下列情形中，应在 2 个月内召开临时股东会会议的有（　　）。

A. 董事人数不足本法规定人数或公司章程所定人数的 2/3 时

B. 公司未弥补的亏损达股本总额 1/3 时

C. 单独或合计持有公司 10%以上股份的股东请求时

D. 董事会认为必要时

7. 下列各项中，属于股东会职权的有（　　）。

A. 选举和更换董事、监事，决定有关董事、监事的报酬事项

B. 审议批准董事会的报告

C. 审议批准监事会的报告

D. 审议批准公司的利润分配方案和弥补亏损方案

8. 下列关于有限责任公司股东出资的表述中，正确的有（　　）。

A. 股东应按期足额缴纳公司章程规定的各自所认缴的出资额

B. 股东以货币出资的，应将货币出资足额存入为设立有限责任公司而在银行设立的账户

C. 股东不按照规定缴纳出资的，应向公司足额缴纳

D. 股东以非货币财产出资的，应依法办理其财产权转移手续

9. 下列关于发起人的表述中，正确的有（　　）。

A. 发起人只能是自然人

B. 发起人不得超过200人

C. 发起人半数以上应当在中国境内有住所

D. 发起人只能是中国公民

10. 根据法律规定，股东会在对某些事项决议时投反对票的股东，可以请求公司按照合理的价格收购其股权，该事项有(　　)。

A. 公司章程规定的营业期限届满，股东会会议通过决议修改章程使公司存续的

B. 公司连续3年不向股东分配利润，而公司该3年连续盈利，并且符合公司法规定的分配利润条件的

C. 公司合并、分立的

D. 公司转让主要财产的

11. 下列各项中，属于清算组的职权的有(　　)。

A. 清理公司财产，分别编制资产负债表和财产清单

B. 通知、公告债权人

C. 处理与清算有关的公司未了结的业务

D. 清缴所欠税款及清算过程中产生的税款

三、判断题

1. 公司股东滥用公司法人独立地位和股东有限责任，逃避债务，严重损害公司债权人利益的，应当对公司债务承担连带责任。(　　)

2. 法定代表人辞任的，公司应于辞任之日起35日内确定新的法定代表人。(　　)

3. 有限责任公司的经理由股东会决定聘任或者解聘。(　　)

4. 股份有限公司监事会职权与有限责任公司监事会职权一致。(　　)

5. 股东代表诉讼胜诉利益归该名提起诉讼的股东。(　　)

6. 公司发行股票时，对于同一种类的股票可规定不同的发行条件和发行价格。(　　)

四、简答题

1. 简述股东代表诉讼的原因。

2. 简述公司解散的事由。

五、案例分析题

2021年7月，甲、乙、丙、丁拟设立A有限责任公司(以下简称A公司)，四人认缴的出资分别是40万元、30万元、20万元和5万元，股东会决议按照认缴的出资比例行使表决权。2021年7月5日，鉴于丙组织能力比较强，由丙召集和主持首次股东会会议。2022年7月，A公司召开股东会会议，决定公司不设董事会、监事会，由甲担任执行董事，由丁担任监事。根据公司章程规定，由甲任免乙为经理，任免丙为财务负责人。2023年3月，A公司出现经营亏损，丁提议召开临时股东会，甲予以拒绝，认为丁持股比例未达1/10，不符合召开临时股东会的条件。2023年7月，甲召开年度股东会，丁认为4位股东均未实缴出资额，造成公司经营困难，提出修改公司章程、提高股东实缴的出资比例，乙和丙表示同意，甲拒绝。

问题：

(1) 2021年7月5日，丙召集和主持首次股东会会议是否符合法律规定？

(2) 2023年3月，丁提议召开临时股东会是否符合法律规定？

(3) 2023年7月，丁提议修改公司章程是否能通过？

项目四 法制化的契约精神
——合同法律制度

项目介绍

本项目为中级会计资格考试、注册会计师考试、税务师考试、银行从业资格考试、经济师考试的必考项目，主要对合同法最基础的内容进行阐述。

项目导入

什么是合同？为什么要学习合同法律制度（以下简称合同法）？如何在交易过程中正确地订立与使用合同？

课前导学

搜索《民法典》合同编的相关规定，结合相关条款思考[项目导入]中的问题。

学习目标

（一）知识目标

1. 了解要约邀请，合同成立的形式、时间和地点，合同成立与生效，无效合同，合同履行的一般要求，合同约定不明时的履行规则。

2. 熟悉合同的概念和分类、格式条款、缔约过失责任、效力待定合同、可撤销合同、合同变更、合同权利义务的一并转移、清偿、免除、混同、合同解除、免责事由、赠与合同、借款合同、保证合同、租赁合同。

3. 掌握《民法典》合同编的调整范围、基本原则，要约，承诺，双务合同中的履行抗辩权，代位权，撤销权，合同转让，抵销，提存，违约责任的承担形式，买卖合同。

（二）能力目标

初步知法、懂法，能够运用合同法解决纠纷。

（三）素养目标

正确认识合同法，能够系统地、准确地理解和掌握与合同有关的法律制度，并能够在实践过程中灵活地运用上述知识分析与处理各类实务问题。

任务一 合同概述

导课

在日常生活中,你是否接触过合同?合同有哪些特征?

考点归纳

1. 主要知识点

合同的概念和分类、《民法典》合同编的调整范围;《民法典》合同编的基本原则。

2. 重难点

重点:《民法典》合同编的调整范围。

难点:《民法典》合同编的调整范围。

法律讲堂

一、合同的概念和分类

合同是指民事主体之间设立、变更、终止民事法律关系的协议。合同的分类如下:

(1) 按照法律是否赋予其名称,可分为有名合同、无名合同。

(2) 按照合同成立是否需交付标的物,可分为诺成合同、实践合同。

(3) 按照合同是否具备特定形式和手续,可分为要式合同、不要式合同。

(4) 按照合同双方是否互负给付义务,可分为双务合同、单务合同。

(5) 按照合同相互间的主从关系,可分为主合同、从合同。

(6) 按照合同订立是否以订立另一合同为内容,可分为预约合同、本约合同。

二、《民法典》合同编的调整范围

《民法典》合同编主要调整作为平等主体的自然人、法人、非法人组织之间的经济合同关系。

婚姻、收养、监护等身份关系的协议,不属于《民法典》合同编的调整范围,上述协议在法律没有规定时,可根据其性质参照适用合同编的规定。

三、《民法典》合同编的基本原则

(一) 基本原则概述

《民法典》合同编的基本原则是《民法典》合同编立法的基本准则,具体制度及规范应以基本原则为依据。其价值在于:

(1) 基本原则是解释和补充《民法典》合同编的依据,当规范用语模糊或存在漏洞时,要以基本原则为最高准则加以补充。

(2) 基本原则是解释、评价和补充合同的依据,在无具体规范或适用具体规范违反立法目的时，基本原则可以作为填补合同漏洞的依据。

(3) 基本原则本身具有规范作用，其指导人们正确行使权利、适当履行义务，当事人应当予以遵守。

(二) 基本原则的内容

(1) 合同自由原则。该原则是指当事人在法律允许的范畴内，就与合同有关的事项享有选择和决定的自由。具体包括：①缔约自由；②选择相对人的自由；③决定合同内容的自由；④变更或解除合同的自由；⑤选择合同形式的自由。

(2) 合同正义原则。合同正义系平均正义，是指对任何人都同等看待，不因其身份与地位不同而存在差异。具体表现为：①给付与对待给付之间具有等值性；②合同所涉风险的合理分配。

(3) 鼓励交易原则。该原则为促进市场发展，提高市场交易效率，增加社会财富积累所必需。当然，鼓励交易应鼓励合法、正当、自主自愿的交易。

任务实训

一、实训目标

深化学生对合同的认识，使学生明确学习合同法的意义，塑造学生敬畏法律的法治观念，锻炼学生的逻辑思维和法治思维。

二、实训内容

大学生小张欲出国留学，现将其使用过的二手电脑出售给同学小刘，请为他们起草一份二手电脑买卖合同。

三、实训要求

合同内容合理、合法，符合合同的基本规范。

四、实训环节

①学生自由分组。②各组分别起草合同，轮流上台展示。③其余组评议和打分。④教师点评和打分。

五、实训考核

实训结束后，教师根据学生的表现确定考核成绩。

任务二　合同的订立

导课

在网络购物时，选好商品并下单的行为如何进行法律定性？

考点归纳

1. 主要知识点

要约邀请；要约；承诺；合同成立的形式、时间和地点；格式条款；缔约过失责任。

2. 重难点

重点：要约；承诺。

难点：缔约过失责任。

法律讲堂

一、要约邀请

要约邀请是希望他人向自己发出要约的意思表示。

要约邀请的常见情形包括拍卖公告、招标公告、招股说明书、债券募集办法、基金招募说明书、商业广告和宣传、寄送的价目表等。

知识驿站

商业广告和宣传的内容符合要约条件的，构成要约。

二、要约

要约是希望与他人订立合同的意思表示。

(1) 要约的构成条件：①内容具体确定；②表明经受要约人承诺，要约人即受该意思表示约束。

(2) 要约的生效时间：①以对话方式作出的要约，相对人知道其内容时生效；②以非对话方式作出的要约，到达相对人时生效。

知识驿站

以非对话方式作出的采用数据电文形式的要约，相对人指定特定系统接收数据电文的，该数据电文进入该特定系统时生效。未指定特定系统的，相对人知道或者应当知道该数据电文进入其系统时生效。

(3) 要约撤回的要求：①未生效的要约可以撤回；②撤回要约的通知应当在要约到达受要约人前或与要约同时到达受要约人。

(4) 要约撤销的要求：①生效的要约可以撤销；②要约人以确定承诺期限或其他形式明示要约不可撤销的，要约不可撤销；③受要约人有理由认为要约不可撤销，并已经为履行合同做了合理准备工作的，要约不可撤销。

(5) 要约失效的情形：①要约被拒绝；②要约被依法撤销；③承诺期限届满，受要约人未作出承诺；④受要约人对要约的内容作出实质性变更。

课堂练习

【单项选择题】根据法律规定，下列情形中，不属于要约失效原因的是(　　)。

A. 在受要约人作出承诺后，要约人表示撤销要约

B. 承诺期限届满，受要约人未作出承诺

C. 受要约人对要约的内容作出实质性变更

D. 受要约人拒绝要约的通知到达要约人

答案:A

三、承诺

承诺是受要约人同意要约的意思表示。

(1) 承诺的构成条件:①承诺必须由受要约人向要约人作出;②承诺内容必须与要约内容一致;③承诺必须在承诺期限内作出并到达要约人。

(2) 承诺期限规定:①承诺应当在要约确定的期限内到达要约人;②要约未确定承诺期限的,以对话方式作出的,即时作出承诺;以非对话方式作出的,承诺应当在合理期限内到达。

(3) 承诺生效的规定:①承诺通知到达要约人时生效;②不需要通知的,根据交易习惯或要约要求作出承诺时生效。

(4) 承诺撤回的规定:①未生效的承诺可以撤回;②撤回承诺的通知应在承诺通知到达要约人之前或与承诺通知同时到达要约人。

课堂练习

【多项选择题】下列关于承诺构成条件的表述中,正确的有(　　)。

A. 承诺必须由受要约人或其代理人作出

B. 承诺必须向要约人或其代理人作出

C. 承诺的内容必须与要约的内容完全一致,承诺不得对要约的内容作出任何变更

D. 承诺必须在要约存续期间内作出并到达要约人

答案:ABD

四、合同成立的形式、时间和地点

(一) 合同形式

(1) 书面形式。书面形式是合同书、信件、电报、电传、传真等可以有形地表现所载内容的形式。以电子数据交换、电子邮件等方式能够有形地表现所载内容,并可以随时调取查用的数据电文,视为书面形式。

(2) 口头形式。

(3) 其他形式。

(二) 成立时间

一般情况下,承诺生效时间就是合同成立的时间。特别情况如下:

(1) 当事人采用合同书形式订立合同的,自当事人均签名、盖章或按指印时合同成立。在签名、盖章或者按指印之前,当事人一方已经履行主要义务,对方接受时,该合同成立。

(2) 法律、行政法规规定或当事人约定合同应当采用书面形式订立,当事人未采用书面形式但是一方已经履行主要义务,对方接受时,该合同成立。

(3) 当事人一方通过互联网等信息网络发布的商品或服务信息符合要约条件的,对方选择该商品或者服务并提交订单成功时合同成立,但另有约定的除外。

（三）成立地点

当事人对合同的成立地点有约定的，按照其约定，未约定的，按以下规定：

（1）承诺生效的地点为合同的成立地点。

（2）采用数据电文形式订立合同的，收件人的主营业地为合同成立的地点。没有主营业地的，其住所地为合同成立的地点。当事人另有约定的，按照其约定。

（3）当事人采用合同书形式订立合同的，除另有约定外，最后签名、盖章或按指印的地点为合同成立的地点。

五、格式条款

格式条款是当事人为了重复使用而预先拟定，在合同订立时未与对方协商的条款。

1. 提示、说明义务

采用格式条款订立合同的，提供格式条款的一方应当遵循公平原则确定当事人之间的权利和义务，并采取合理的方式提示对方注意免除或减轻其责任等与对方有重大利害关系的条款。

2. 格式条款无效的情形

（1）提供格式条款的一方不合理地免除或减轻其责任，加重对方责任，限制对方主要权利。

（2）提供格式条款的一方排除对方主要权利。

3. 格式条款的解释

（1）按照通常理解予以解释。

（2）有两种以上解释的，应作出不利于格式条款提供方的解释。

（3）格式条款和非格式条款不一致的，应当采用非格式条款。

六、缔约过失责任

缔约过失责任，是指当事人在订立合同过程中，因故意或过失致使合同未成立、未生效、被撤销或无效，给他人造成损失应承担的损害赔偿责任。

缔约过失责任的具体类型如下：

（1）假借订立合同，恶意进行磋商。

（2）故意隐瞒与订立合同有关的重要事实或提供虚假情况。

（3）当事人泄露、不正当地使用在订立合同过程中知悉的商业秘密或其他应当保密的信息。

（4）有其他违背诚实信用原则的行为。

任务实训

一、实训目标

深化学生对合同订立过程的认识，使学生明确学习合同法的意义，塑造学生敬畏法律的法治观念，锻炼学生的逻辑思维和法治思维。

二、实训内容

小张毕业后入职一家食品公司，代表公司采购食品原材料。为降低采购成本，小张分别向甲、乙、丙三家公司发去订购食品原材料的要约。请模拟上述过程，并就三家公司的回复进行预测。

三、实训要求

符合合同订立的基本流程。

四、实训环节

①学生自由选取角色。②学生依照角色开展模拟。③其余同学评议和打分。④教师点评和打分。

五、实训考核

实训结束后,教师根据学生的表现确定考核成绩。

任务三　合同的效力

导课

未成年人能否订立合同?订立的合同是否存在效力差异?

考点归纳

1. 主要知识点

合同的成立与生效;无效合同;效力待定合同;可撤销合同。

2. 重难点

重点:效力待定合同;可撤销合同。

难点:可撤销合同。

法律讲堂

一、合同成立与生效

合同成立与生效条件,如表4-1所示。

表4-1　合同成立与生效条件

合同成立	合同生效
有当事人	当事人具有相应的行为能力
有意思表示	意思表示真实
有标的	标的合法

二、无效合同

(一)具体情形

(1)无行为能力人订立的合同。

(2)以虚假意思表示订立的合同。

（3）违反法律、行政法规效力性、强制性规定的合同。

（4）违背公序良俗的合同。

（5）行为人与相对人恶意串通，损害他人合法权益的合同。

知识驿站

以虚假意思表示订立的合同无效，但以虚假意思表示隐藏的合同的效力，依照相关法律规定处理。

（二）法律后果

（1）无效的合同自始不发生效力。

（2）行为人因无效合同取得的财产，应当予以返还。不能返还或没有必要返还的，应折价补偿。

（3）有过错的一方应赔偿对方由此遭受的损失。各方均有过错的，应各自承担相应责任。

三、效力待定合同

（一）具体情形

（1）限制民事行为能力人超越行为能力与他人订立的合同。

（2）行为人没有代理权、超越代理权或代理权终止后以被代理人名义订立的合同。

（3）行为人没有处分权限而与他人订立的合同。

（二）法律后果

（1）效力待定的合同经法定代理人、被代理人或处分权人同意或追认后有效。

（2）相对人可催告法定代理人、被代理人或处分权人自收到通知之日起 30 日内予以追认。

（3）效力待定的合同被追认前，善意相对人有撤销权，撤销应以通知方式作出。

四、可撤销合同

（一）具体情形

（1）基于重大误解订立的合同。

（2）一方以欺诈手段，使对方违背真实意思订立的合同。

（3）第三人实施欺诈行为，使一方违背真实意思订立合同，对方知道或应当知道该欺诈行为的。

（4）一方或第三人以胁迫手段，使对方违背真实意思订立的合同。

（5）一方利用对方处于危困状态等情形，致使合同成立显失公平。

（二）撤销权行使期间

（1）重大误解自知道或应当知道撤销事由之日起 90 日内行使撤销权。

（2）欺诈、第三人欺诈自知道或应当知道撤销事由之日起 1 年内行使撤销权。

（3）胁迫、第三人胁迫自胁迫行为终止之日起 1 年内行使撤销权。

（4）显失公平自知道或应当知道撤销事由之日起 1 年内行使撤销权。

任务实训

一、实训目标

深化学生对可撤销合同的认识，使学生明确学习合同法的意义，塑造学生敬畏法律的法治观念，锻炼学生的逻辑思维和法治思维。

二、实训内容

2023 年 3 月 11 日，甲实施欺诈手段利用草根、树皮等冒充灵药卖给乙，签订买卖合同，获得收入 3 万元整。乙回家后经邻居(某医院中医师)提醒发现受骗，拟于近日向法院起诉撤销该合同。请围绕基本案情起草起诉状。

三、实训要求

事实与理论要充分，论据能有效支撑观点。

四、实训环节

①学生自由分组。②各组讨论并书写起诉状。③其余组评议和打分。④教师点评和打分。

五、实训考核

实训结束后，教师根据学生的表现确定考核成绩。

任务四　合同的履行

导课

合同的义务人是谁？

考点归纳

1. 主要知识点

合同履行的一般要求；合同约定不明时的履行规则；双务合同中的履行抗辩权。

2. 重难点

重点：双务合同中的履行抗辩权。

难点：双务合同中的履行抗辩权。

法律讲堂

一、合同履行的一般要求

(一) 履行原则

(1) 全面履行原则要求当事人按照合同约定的标的、数量、质量、履行期限、履行地点、履行方式，全面完成合同义务。

(2) 诚实信用原则要求当事人应本着诚实、守信、善意的态度履行合同义务,不得滥用权利或故意规避义务。

(3) 绿色原则要求当事人在履行合同过程中,应当避免浪费资源、污染环境和破坏生态。

(二) 提前履行与部分履行

1. 提前履行

(1) 债权人可以拒绝债务人提前履行债务,但提前履行不损害债权人利益的除外。

(2) 债务人提前履行债务给债权人增加的费用,由债务人负担。

2. 部分履行

(1) 债权人可以拒绝债务人部分履行债务,但部分履行不损害债权人利益的除外。

(2) 债务人部分履行债务给债权人增加的费用,由债务人负担。

课堂练习

【判断题】对于债务人部分履行合同债务的,债权人均可拒绝。( )

答案:×

二、合同约定不明时的履行规则

(一) 总原则

合同生效后,当事人就质量、价款或者报酬、履行地点等内容没有约定或约定不明确的可以协议补充。不能达成补充协议的,按照合同有关条款或交易习惯确定。仍不能确定的,适用法律规定。

(二) 法律规定

(1) 有关质量的规定:①强制国标、推荐国标准、行业标准;②通常标准或符合合同目的的标准。

(2) 有关价款或报酬的规定:①按照《中华人民共和国价格法》确定;②执行政府定价或政府指导价;③按照合同订立时履行地的市场价。

(3) 有关履行地点的规定:①给付货币的,在接受货币一方所在地履行;②交付不动产的,在不动产所在地履行;③其他标的,在履行义务一方所在地履行。

(4) 有关履行期限的规定:债务人随时履行,债权人也可随时请求履行,但需给对方必要的准备时间。

(5) 有关履行方式的规定:按照有利于实现合同目的的方式履行。

(6) 有关履行费用的规定:①履行义务一方负担;②因债权人原因增加的履行费用,由债权人负担。

课堂练习

【单项选择题】根据法律规定,当事人就有关合同内容约定不明确的,可以协议补充,不能达成补充协议的,按照合同有关条款或交易习惯确定,仍不能确定的,适用法律规定。下列关于法律规定的表述中,正确的是( )。

A. 履行费用的负担不明确的,由接受履行一方承担

B. 履行方式不明确的,按照有利于实现合同目的的方式履行

C. 履行地点不明确,给付货币的,在支付货币一方所在地履行

D. 价款或者报酬不明确的,按照履行合同履行地的市场价格履行

答案:B

三、双务合同中的履行抗辩权

(一) 同时履行抗辩权

(1) 双务合同的当事人在没有约定履行顺序或约定应同时履行的情况下,一方当事人在对方未履行之前,可拒绝履行自己债务的权利。

(2) 同时履行抗辩权的构成要件:①当事人就同一双务合同互负债务;②双方互负的债务均届清偿期;③对方未履行债务或履行债务不符合约定;④对方的债务是可能履行的。

(二) 后履行抗辩权

(1) 当事人互负债务且有先后履行顺序,负有先履行义务的一方未履行债务或履行债务不符合约定,后履行一方拒绝其履行要求的权利。

(2) 后履行抗辩权的构成要件:①当事人基于同一双务合同互负债务;②双方债务均已届清偿期;③一方当事人有先履行义务;④先履行一方未履行债务或履行债务不符合约定。

(三) 不安抗辩权

(1) 先履行一方有证据证明后履行一方有丧失或可能丧失履行债务能力的情况下,可暂时中止履行的权利。

(2) 不安抗辩权的构成要件:①当事人基于同一双务合同互负债务;②主张不安抗辩权的一方负有先履行义务;③先履行一方有证据证明对方履行能力明显降低,有不能为对待给付的现实危险。

知识驿站

履行能力明显降低的主要情形如下:

(1) 经营状况严重恶化。

(2) 转移资产、抽逃资金,以逃避债务。

(3) 丧失商业信誉。

(4) 有丧失或可能丧失履行债务能力的其他情形。

(3) 中止履行的恢复与解除情形:①主张不安抗辩权的一方依上述规定中止履行的,应及时通知对方,对方提供适当担保的,应恢复履行;②中止履行后,对方在合理期限内未恢复履行能力且未提供适当担保的,视为以自己的行为表明不履行主要债务,主张不安抗辩权的一方可以解除并要求其承担违约责任。

任务实训

一、实训目标

深化学生对合同履行绿色原则的认识,使学生明确学习合同法的意义,塑造学生敬畏

法律的法治观念，锻炼学生的逻辑思维和法治思维。

二、实训内容

针对现有外卖行业食品包装是否过度进行论证，并提出自己的观点与依据。

三、实训要求

能够提出足够的论据支持论点。

四、实训环节

①学生自由选题、自由分组。②各组开展论证，轮流展示成果。③其余组评议和打分。④教师点评和打分。

五、实训考核

实训结束后，教师根据学生的表现确定考核成绩。

任务五 合同的保全

导课

什么是合同的保全？与民事诉讼法上的财产保全有什么区别？

考点归纳

1. 主要知识点

代位权；撤销权。

2. 重难点

重点：代位权；撤销权。

难点：代位权；撤销权。

法律讲堂

一、代位权

代位权，是指债务人怠于行使其对第三人享有的到期债权或与该债权相关的从权利，影响债权人到期债权的实现，债权人为了保障自己的债权，向人民法院请求以自己的名义代位行使债务人对次债务人债权的权利。

(1) 代位权的构成要件：①债务人对第三人享有合法债权；②债务人怠于行使债权；③债务人的债务、债权均已到期；④债务人的债权不是专属于债务人自身的债权。

(2) 代位权的行使方式：①代位权必须通过诉讼方式行使；②代位权的行使范围以债权人到期债权为限；③债权人行使代位权的必要费用由债务人负担；④相对人对债务人的抗辩可向债权人主张。

(3) 代位权成立的由次债务人向债权人履行清偿义务，债权人接受履行后，债权人与债务人、债务人与次债务人之间相应的债权、债务关系消灭。

课堂练习

【单项选择题】下列权利中，可以作为代位权行使对象的是(　　)。

A. 劳动报酬请求权

B. 住房租金请求权

C. 人寿保险金请求权

D. 退休金请求权

答案:B

二、撤销权

撤销权，是指债务人实施了减少财产或增加财产负担的行为并危及债权人债权实现，债权人为保障自己的债权，请求人民法院撤销债务人行为的权利。

(1) 撤销权的构成要件:①债权人对债务人享有有效的债权;②债务人实施了财产处分行为;③债务人的行为有害于债权人债权的实现。

(2) 撤销权的行使方式:①撤销权必须通过诉讼方式行使;②撤销权的行使范围以债权人的债权为限;③自债权人知道或者应当知道撤销事由之日起 1 年内行使。自债务人的行为发生之日起 5 年内没有行使撤销权的，该撤销权消灭。

(3) 债务人、第三人的行为被撤销的，其行为自始无效。第三人应向债务人返还财产或折价补偿。第三人返还或折价补偿的财产构成债务人全部财产的一部分，债权人对于撤销权行使的结果并无优先受偿的权利。

任务实训

一、实训目标

深化学生对合同的保全的认识，使学生明确学习合同法的意义，塑造学生敬畏法律的法治观念，锻炼学生的逻辑思维和法治思维。

二、实训内容

甲公司向乙银行借款 20 万元，借款期限为 2 年。借款期满后，甲公司无力偿还借款本息。此时甲公司对丙公司享有到期债权 10 万元，却不积极主张。乙银行拟行使代位权。现围绕上述案件事实起草起诉状。

三、实训要求

事实与理论要充分，论据能有效支撑观点。

四、实训环节

①学生自由分组。②各组讨论并起草起诉状。③其余组评议和打分。④教师点评和打分。

五、实训考核

实训结束后，教师根据学生的表现确定考核成绩。

任务六 合同的变更和转让

导课

合同项下的权利与义务能否转移?

考点归纳

1. 主要知识点

合同变更;合同转让;合同权利义务的一并转移。

2. 重难点

重点:合同转让。

难点:债权转让的条件与法律后果;债务承担的条件与法律后果。

法律讲堂

一、合同变更

合同变更仅指合同内容的变更,除法律另有规定或当事人另有约定外,合同变更仅对未履行部分有效,对已履行部分没有溯及力。

二、合同转让

(一) 债权转让

1. 债权转让的条件

(1) 存在有效、可转让的债权。

(2) 债权转让应通知债务人。

2. 禁转债权

下列情形的合同权利,债权人不得转让:

(1) 合同性质不得转让的合同权利。

(2) 当事人约定不得转让的合同权利。

(3) 法律规定不得转让的合同权利。

3. 债权转让的法律后果

(1) 债权人转让债权的,受让人取得与合同权利有关的从权利,但该从权利专属于债权人自身的除外。

(2) 债务人接到转让通知后,债务人对让与人的抗辩,可向受让人主张。

(3) 债务人接到转让通知时,债务人对让与人享有债权,债务人的债权先于转让的债权到期或同时到期,且债务人的债权与转让的债权是基于同一合同产生,债务人可以向受让人主张抵销。

（二）债务承担

1. 债务承担的条件

（1）存在有效、可转移的债务。

（2）债务转移须经债权人同意。

2. 禁转债务

下列情形的合同义务，不具有转移性：

（1）性质上不得移转的合同义务。

（2）当事人约定不得移转的合同义务。

（3）法律规定不得移转的合同义务。

3. 债务承担的法律后果

（1）债务全部移转的，受让人成为新债务人。

（2）债务人转移义务的，新债务人可以主张原债务人对债权人的抗辩。

（3）债务人转移义务的，原债务人对债权人享有债权的，新债务人不得向债权人主张抵销。

课堂练习

【单项选择题】 下列关于债权转让的表述中，正确的是（　　）。

A. 受让人取得债权时，一并取得与债权相关的专属于让与人的从权利

B. 当事人约定非金钱债权不得转让的，不得对抗第三人

C. 债务人接到债权转让通知后，不得向受让人主张债务人对让与人的抗辩

D. 当事人约定金钱债权不得转让的，不得对抗第三人

答案：D

三、合同权利义务的一并转移

当事人一方经对方同意，可以将自己在合同中的权利和义务一并转移给第三人。

任务实训

一、实训目标

深化学生对合同转让的认识，使学生明确学习合同法的意义，塑造学生敬畏法律的法治观念，锻炼学生的逻辑思维和法治思维。

二、实训内容

陈某向李某购买一批水泥，价款为 10 万元。合同履行前，李某未经陈某的同意，将交付水泥的义务完全转让给王某。因王某所交付的水泥完全不符合质量要求，陈某损失 4 万元，陈某拟向法院提起诉讼主张权利。现围绕上述案件事实起草起诉状。

三、实训要求

事实与理论要充分，论据能有效支撑观点。

四、实训环节

①学生自由分组。②各组讨论并起草起诉状。③其余组评议和打分。④教师点评和打分。

五、实训考核

实训结束后，教师根据学生的表现确定考核成绩。

任务七　合同效力的消灭

导课

无效与消灭均直接影响合同效力，两者之间是否存在差异？

考点归纳

1. 主要知识点

清偿；抵销；提存；免除；混同；合同解除。

2. 重难点

重点：抵销；提存。

难点：抵销。

法律讲堂

一、清偿

清偿，是指债务人按照合同约定的标的、质量、数量、价款或报酬、履行期限、履行地点和方式全面履行债务，使得债权债务关系消灭的行为。

（一）清偿范围及顺序

（1）清偿范围：①主债务；②利息；③实现债权有关的费用。

（2）清偿顺序：①实现债权的有关费用；②利息；③主债务。

（二）清偿冲抵

清偿冲抵，是指债务人对同一债权人负担的数项债务种类相同，债务人的给付不足以清偿全部债务时，决定依照何种顺序清偿上述债务的行为。

清偿冲抵的顺序如下：

（1）除另有约定外，清偿冲抵的顺序由债务人在清偿时指定。债务人未作指定的，应当优先履行已经到期的债务。

（2）数项债务均到期的，优先履行对债权人缺乏担保或担保最少的债务。

（3）均无担保或担保相等的，优先履行债务人负担较重的债务。

（4）负担相同的，按照债务到期的先后顺序履行。

（5）到期时间相同的，按照债务比例履行。

二、抵销

抵销，是指双方当事人互负债务时，一方通知或双方协商以其债权充当债务，使双方债务在对等额度内消灭的行为。

（一）法定抵销

1. 法定抵销的要件

（1）当事人互负债务，该债务的标的物种类、品质相同的。

（2）主动债权已届清偿期。

（3）不属于禁止抵销的债务。

2. 法定抵销的方法

当事人主张抵销的，应当通知对方，通知自到达对方时生效。抵销不得附条件或附期限。

3. 禁止抵销的债务

禁止抵销的债务，主要包括以下几种：

（1）按债务性质不能抵销。

（2）按照约定应当向第三人给付的债务。

（3）当事人约定不得抵销的债务。

（4）因故意实施侵权行为产生的债务。

（5）法律规定不得抵销的其他情形。

4. 法定抵销的效力

（1）双方债务在对等数额内因抵销而消灭。

（2）抵销后剩余债权的诉讼时效应重新起算。

（二）约定抵销

当事人互负债务，标的物种类、品质不相同的，经协商一致可以抵销。

课堂练习

【多项选择题】下列关于法定抵销的表述中，正确的有（　　）。

A. 双方抵销的债务，对方的债务应已届清偿期

B. 双方抵销的债务，标的物种类、品质应相同

C. 故意侵权产生的债务，债务人不得主张抵销

D. 抵销可以附条件或者附期限

答案：ABC

三、提存

提存，是指由于债权人的原因，债务人无法向其交付合同标的物，而将该标的物交给提存机关从而消灭债务的制度。

（一）提存原因

有下列情形之一，难以履行债务的，债务人可以将标的物提存：

（1）债权人无正当理由拒绝受领。

（2）债权人下落不明。

（3）债权人死亡未确定继承人、遗产管理人或丧失民事行为能力未确定监护人。

（4）法律规定的其他情形。

(二) 提存规则

(1) 标的物提存后,债务人应及时通知债权人或债权人的继承人、遗产管理人、监护人、财产代管人。

(2) 标的物不适于提存或提存费用过高的,债务人可依法将标的物拍卖、变卖所得的价款提存。

(3) 债权人可随时领取提存物,但债权人对债务人负有到期债务,在债权人未履行债务或提供担保之前,提存部门根据债务人要求应拒绝其领取。债权人领取提存物的权利,自提存之日起 5 年内不行使而消灭,提存物扣除提存费用后归国家所有。

(4) 债权人未履行对债务人的到期债务,或债权人向提存部门书面表示放弃领取的,债务人负担提存费用后有权取回提存物。

课堂练习

【单项选择题】 根据法律规定,债权人领取提存物的权利,自提存之日起特定期间不行使而消灭。该期间为( )。

A. 6 个月　　B. 5 年　　C. 3 年　　D. 1 年

答案:B

四、免除

免除,是指当事人为消灭债的关系而抛弃债权的单方法律行为。

(一) 免除的要件

(1) 免除应向债务人或其代理人作出。

(2) 免除人须具备相应的民事行为能力。

(3) 免除不得损害第三人利益。

(二) 免除的效力

(1) 债权人免除债务人部分或全部债务的,债权债务部分或全部终止,但债务人在合理期限内拒绝的除外。

(2) 债权人免除连带债务人之一的债务的,其余连带债务人在扣除该连带债务人应分担的份额后,仍就剩余债务承担连带责任。

五、混同

债权和债务同归于一人的,债权债务终止,但是损害第三人利益的除外。

六、合同解除

(一) 解除类型

1. 法定解除

法定解除的情形如下:①因不可抗力致使合同目的不能实现;②在履行期限届满前,当事人一方明确表示或以自己的行为表明不履行主要债务;③当事人一方延迟履行主要债务,经催告后在合理期限内仍未履行;④当事人一方迟延履行债务或有其他违约行为致使合同目的不能实现;⑤法律规定的其他情形。

2. 约定解除

约定解除是指合同成立以后，在履行或完全履行之前，当事人双方通过协商解除合同，使合同效力消灭的行为。

（二）解除权的行使

1. 解除权的行使主体

（1）守约方享有解除权。

（2）因不可抗力不能实现合同目的，双方均享有解除权。

2. 解除权的行使方式

（1）享有解除权的一方依法主张解除合同的，应当通知对方，合同自通知到达对方时解除。

（2）当事人一方未通知对方，直接以提起诉讼或申请仲裁的方式依法主张解除合同，人民法院或仲裁机构确认该主张的，合同自起诉状副本或仲裁申请书副本送达对方时解除。

3. 解除权的行使期限

法律规定或当事人约定解除权行使期限，期限届满当事人不行使的，该权利消灭。法律没有规定或当事人没有约定的，自解除权人知道或应当知道解除事由之日起 1 年内行使。

（三）合同解除的效力

合同解除后，尚未履行的，终止履行。已经履行的，根据履行情况和合同性质，当事人可以请求恢复原状或采取其他补救措施，并有权请求赔偿损失。除另有约定外，合同因违约解除的，解除权人可请求违约方承担违约责任。

任务实训

一、实训目标

深化学生对合同解除的认识，使学生明确学习合同法的意义，塑造学生敬畏法律的法治观念，锻炼学生的逻辑思维和法治思维。

二、实训内容

2023 年 3 月，甲高校与乙企业签订一份设备改造的技术服务合同，约定自 2023 年 7 月 1 日至 12 月 1 日，甲高校负责对乙企业的自动生产线进行技术改造。合同签订后，乙企业为履行合同做了相关准备工作。5 月，因高校人员流动导致该项目技术人员辞职，甲高校欲通知乙企业解除合同。现围绕上述事实为甲高校起草合同解除通知书。

三、实训要求

合同解除通知书的内容符合现行规范。

四、实训环节

①学生自由分组。②各组分别起草合同解除通知书，轮流上台展示。③其余组评议和打分。④教师点评和打分。

五、实训考核

实训结束后，教师根据学生的表现确定考核成绩。

任务八　违约责任

导课

什么是违约责任？违约责任存在哪些承担方式？

考点归纳

1. 主要知识点

违约形态；免责事由；违约责任的承担形式。

2. 重难点

重点：违约责任的承担形式。

难点：违约责任的承担形式。

法律讲堂

一、违约形态

（一）实际违约

当事人一方不履行合同义务或履行合同义务不符合约定的，应当承担继续履行、采取补救措施或赔偿损失等违约责任。

（二）预期违约

当事人一方明确表示或以自己的行为表明不履行合同义务的，对方可以在履行期限届满前请求其承担违约责任。

课堂练习

【判断题】当事人一方明确表示或以自己的行为表明不履行合同义务的，对方可以在履行期限届满后请求其承担违约责任。（　　）

答案：×

二、免责事由

（一）不可抗力

（1）除法律另有规定外，因不可抗力不能履行合同的，当事人可根据不可抗力的影响部分或全部免除责任。

（2）因不可抗力不能履行合同的，应及时通知对方，以减轻可能给对方造成的损失，并应当在合理期限内提供证明。

（3）当事人迟延履行后发生不可抗力的，不免除其违约责任。

（二）受害人过错

当事人一方违约造成对方损失，对方对损失的发生有过错的，可以减少相应的损失赔偿额。

（三）免责条款

免责条款是当事人以协议排除或限制其未来责任的合同条款。具体而言：①免责条款是合同的组成部分，必须经当事人双方同意，具有约定性；②免责条款必须以明示方式作出；③免责条款的价值在于排除或限制未来的民事责任。

课堂练习

【多项选择题】根据法律规定，违约责任的免责事由主要有（　　）。

A. 不可抗力　　B. 受害人过错　　C. 免责条款　　D. 法律特别规定

答案：ABCD

三、违约责任的承担形式

（一）继续履行

（1）当事人一方未支付价款、报酬、租金、利息，或者不履行其他金钱债务的，对方可以请求其支付。

（2）除法律上或事实上不能履行、债务的标的不适于强制履行或履行费用过高、债权人在合理期限内未请求履行外，不履行或履行非金钱债务不符合约定的，对方可以要求履行。

（二）采取补救措施

对违约责任没有约定或约定不明，受损害方可根据标的性质及损失大小合理选择请求对方承担修理、重作、更换、退货、减少价款或报酬等违约责任。

（三）赔偿损失

（1）当事人一方不履行合同义务或履行合同义务不符合约定的，在履行义务或采取补救措施后，对方还有其他损失的，应赔偿损失。

（2）当事人一方不履行合同义务或履行合同义务不符合约定，造成对方损失的，损失赔偿额应当相当于因违约所造成的损失。

（四）违约金

（1）当事人可约定一方违约时应根据违约情况向对方支付一定数额的违约金，也可约定因违约产生的损失赔偿额的计算方法。

（2）违约金数额的调整：①约定的违约金低于造成的损失的，人民法院或仲裁机构可根据当事人的请求予以增加；②约定的违约金过分高于造成的损失的，人民法院或仲裁机构可根据当事人的请求予以适当减少。

（3）当事人就迟延履行约定违约金的，违约方支付违约金后，还应履行债务。

（五）定金

（1）当事人可约定一方向对方给付定金作为债权的担保。

（2）定金数额的相关规定：①定金数额由当事人约定，但不得超过主合同标的额的20%，超过部分不产生定金效力；②实际交付的定金数额多于或少于约定数额的，视为变更约定的定金数额。

(3) 定金罚则:①给付定金的一方不履行债务或履行债务不符合约定,致使合同目的不能实现的,无权请求返还定金;②收受定金的一方不履行债务或履行债务不符合约定,致使合同目的不能实现的,应双倍返还定金。

(4) 当事人既约定违约金,又约定定金的,一方违约时,对方可以选择适用违约金或定金条款。定金不足以弥补一方违约造成的损失的,对方可以请求赔偿超过定金数额的损失。

任务实训

一、实训目标

深化学生对违约责任的认识,使学生明确学习合同法的意义,塑造学生敬畏法律的法治观念,锻炼学生的逻辑思维和法治思维。

二、实训内容

王某向张某购买一台电脑,与张某约定一个月后由李某支付电脑价款,李某表示同意。一个月后,李某未支付电脑价款,张某决定向法院提起诉讼主张违约责任。现围绕上述案件事实起草起诉状。

三、实训要求

事实与理论充分,论据能有效支撑观点。

四、实训环节

①学生自由分组。②各组讨论并起草起诉状。③其余组评议和打分。④教师点评和打分。

五、实训考核

实训结束后,教师根据学生的表现确定考核成绩。

任务九 常用的合同

导课

在日常生活中,常见的合同有哪些?

考点归纳

1. 主要知识点

买卖合同;赠与合同;借款合同;保证合同;租赁合同。

2. 重难点

重点:买卖合同。

难点:保证合同。

法律讲堂

一、买卖合同

买卖合同是诺成、双务、有偿合同，可以是要式的，也可以是不要式的。

（一）与标的物有关的规则

1. 标的物所有权转移规则

（1）动产的所有权自交付之日起转移。

（2）不动产的所有权自登记之日起转移。

（3）无须以有形载体交付的电子信息产品。①当事人对交付方式约定不明确，当事人可以协议补充；②不能达成补充协议的，按照合同相关条款或交易习惯确定；③仍不能确定的，买受人收到约定的电子信息产品或权利凭证即为交付。

2. 标的物风险负担规则

（1）标的物毁损、灭失的风险，在标的物交付之前由出卖人承担，交付之后由买受人承担，但是法律另有规定或当事人另有约定的除外。

（2）因买受人的原因致使标的物未按照约定的期限交付的，买受人应当自违反约定时起承担标的物毁损、灭失的风险。

（3）出卖人根据合同约定将标的物运送至买受人指定地点并交付给承运人后，标的物毁损、灭失的风险由买受人承担，但当事人另有约定的除外。

（4）当事人没有约定交付地点或约定不明确，标的物需要运输的，出卖人将标的物交付给第一承运人后，标的物毁损、灭失的风险由买受人承担。

（5）出卖人按照约定或依据法律规定将标的物置于交付地点，买受人违反约定没有收取的，标的物毁损、灭失的风险自违反约定时起由买受人承担。

（6）出卖人出卖交由承运人运输的在途标的物，除当事人另有约定外，毁损、灭失的风险自合同成立时起由买受人承担。

3. 标的物瑕疵检验规则

1）检验标准

出卖人依照买受人指示向第三人交付标的物，出卖人和买受人之间约定的检验标准与买受人和第三人之间约定的检验标准不一致的，应当以出卖人和买受人之间约定的检验标准为标的物的检验标准。

2）约定检验期间

（1）当事人约定检验期间的，买受人应当在检验期间内将标的物的数量或质量不符合约定的情形通知出卖人；买受人怠于通知的，视为标的物的数量或质量符合约定。

（2）当事人约定的检验期限过短，根据标的物的性质和交易习惯，买受人在检验期限内难以完成全面检验的，该期限仅视为买受人对标的物的外观瑕疵提出异议的期限。

（3）约定的检验期限或质量保证期短于法律、行政法规规定期限的，应当以法律、行政法规规定的期限为准。

3）未约定检验期间

（1）当事人对标的物的检验期间未作约定，买受人签收的送货单、确认单等载明标的物数量、型号、规格的，推定买受人已对数量和外观瑕疵进行了检验，但有相反证据足以推翻的除外。

(2) 当事人没有约定检验期间的，买受人应当在发现或应当发现标的物的数量或质量不符合约定的合理期间内通知出卖人。

(3) 买受人在合理期间内未通知或自标的物收到之日起 2 年内未通知出卖人的，视为标的物的数量或质量符合约定。

(4) 出卖人知道或应当知道提供的标的物不符合约定的，买受人不受上述期间通知时间的限制。

4) 出卖人的抗辩

(1) 出卖人自愿承担违约责任后，不得以上述期间经过为由反悔。

(2) 买受人在合理期限内提出异议，出卖人不得以买受人已经支付价款、确认欠款数额、使用标的物等为由，主张买受人放弃异议的，但当事人另有约定的除外。

课堂练习

【多项选择题】在当事人未作特别约定的情况下，下列关于买卖合同标的物毁损、灭失风险承担的表述中，正确的有(　　)。

A. 出卖人根据合同约定将标的物运送至买受人指定地点并交付给承运人后，标的物毁损、灭失的风险由买受人承担

B. 出卖人按照约定将标的物置于交付地点，买受人违反约定没有收取的，标的物毁损、灭失的风险自违反约定时起由买受人承担

C. 出卖人按照约定未交付有关标的物的单证和资料的，不影响标的物毁损、灭失风险的转移

D. 因买受人的原因致使标的物未按照约定的期限交付的，买受人应当自违反约定时起承担标的物毁损、灭失的风险

答案：ABCD

二、赠与合同

赠与合同是单务合同、无偿合同、诺成合同。

(一) 赠与人的特殊责任

因赠与人故意或重大过失，致使应当交付的赠与财产毁损、灭失，赠与人应承担损害赔偿责任。

(1) 赠与财产有瑕疵的，赠与人不承担责任。

(2) 附义务赠与中，赠与的财产有瑕疵的，赠与人在附义务的限度内承担与出卖人相同的责任。

(3) 赠与人故意不告知瑕疵或保证无瑕疵，造成受赠人损失的，应当承担损害赔偿责任。

(二) 赠与人的抗辩权

赠与人的经济状况显著恶化，严重影响其生产经营或者家庭生活的，可以不再履行赠与义务。

（三）赠与合同的撤销

1. 任意撤销

（1）赠与人在赠与财产的权利转移之前，可以任意撤销赠与。

（2）限制条款：①赠与合同经公证机关公证；②赠与的财产权利已转移至受赠人；③具有救灾、扶贫、助残等公益、道德义务性质的赠与。

2. 法定撤销

（1）赠与人的撤销权：①受赠人严重侵害赠与人或赠与人近亲属的合法权益；②受赠人对赠与人有扶养义务而不履行；③受赠人不履行赠与合同约定的义务。

（2）因受赠人的违法行为致使赠与人死亡或丧失民事行为能力的，赠与人的继承人或法定代理人可以行使撤销权。

课堂练习

【判断题】赠与人故意不告知赠与财产的瑕疵、造成受赠人损失的，应当承担赔偿责任。（　　）

答案：×

三、借款合同

（一）概述

借款合同是借款人向贷款人借款，到期返还借款并支付利息的合同。借款合同应采用书面形式，但自然人之间借款另有约定的除外。借款合同是诺成性合同，但自然人之间的借款合同为实践合同。

（二）利息规则

1. 借期利息

（1）借款的利息不得预先在本金中扣除，利息预先在本金中扣除的，应按照实际借款数额返还借款并计算利息。

（2）借款利息未约定或约定不明的处理：①借款合同对支付利息没有约定的，视为没有利息；②借款合同对支付利息约定不明确，当事人不能达成补充协议的，按照当地或当事人的交易方式、交易习惯、市场利率等因素确定利息。其中，自然人之间的借款视为没有利息。

（3）合同约定的利率不得超过合同成立时 1 年期贷款市场报价利率的 4 倍。

（4）关于复利的规定：①借贷双方对前期借款本息结算后将利息计入后期借款本金并重新出具债权凭证，如果前期利率没有超过合同成立时 1 年期贷款市场报价利率 4 倍，重新出具的债权凭证载明的金额可认定为后期借款本金；②借款人在借款期间届满后应当支付的本息之和，不得超过以最初借款本金为基数、以合同成立时 1 年期贷款市场报价利率 4 倍计算的整个借款期间的利息之和。

2. 逾期利率

（1）借贷双方对逾期利率有约定的，从其约定，但不超过合同成立时 1 年期贷款市场报价利率的 4 倍。

（2）逾期利率未约定或约定不明的处理：①既未约定借期内利率，也未约定逾期利率，出借人可主张自逾期还款之日起以当时 1 年期贷款市场报价利率为标准计算逾期利息；

②约定了借期内利率，但未约定逾期利率，出借人可主张自逾期还款之日起按照借期内利率计算逾期利息。

课堂练习

【多项选择题】下列关于借款利息的表述中，正确的有（　　）。

A. 借款利息预先在本金中扣除的，应当按照实际借款数额返还借款并计算利息

B. 借贷双方对逾期利率的约定以不超过合同成立时 1 年期贷款市场报价利率 4 倍为限

C. 借款合同约定的利率超过合同成立时 1 年期贷款市场报价利率 4 倍的，人民法院不予支持

D. 自然人借款合同对支付利息没有约定的，应按照合同成立时 1 年期贷款市场报价利率支付利息

答案：ABC

四、保证合同

（一）概述

保证合同是为保障债权的实现，保证人和债权人约定，当债务人不履行到期债务或发生当事人约定的情形时，保证人履行债务或承担责任的合同。

保证合同是从合同，相关规定如下：

（1）除法律另有规定外，主合同无效的，保证合同无效。

（2）保证合同被确认无效后，债务人、保证人、债权人有过错的，应当根据其过错各自承担相应的民事责任。

保证合同的形式如下：

（1）保证合同可以是单独订立的书面合同，也可以是主债权债务合同中的保证条款。

（2）第三人单方以书面形式向债权人作出保证，债权人接收且未提出异议的，保证合同成立。

（二）保证人

（1）机关法人不得为保证人，但经国务院批准为使用外国政府或国际经济组织贷款进行转贷的除外。

（2）居民委员会、村民委员会提供担保的，人民法院应当认定担保合同无效，但依法代行村集体经济组织职能的村民委员会，依照村民委员会组织法规定的讨论决定程序对外提供担保的除外。

（3）以公益为目的的非营利法人、非法人组织不得为保证人。

（三）保证方式

1. 一般保证

（1）当事人在保证合同中约定，在债务人不能履行债务时，由保证人承担保证责任的为一般保证。

（2）在主合同纠纷未经审判或仲裁，并就债务人财产依法强制执行仍不能履行债务前，一般保证人对债权人可以拒绝承担保证责任（先诉抗辩权）。

2. 连带责任保证

连带责任保证的债务人不履行到期债务或发生当事人约定的情形时，债权人可以要求债务人履行债务，也可以要求保证人在其保证范围内承担保证责任。

课堂练习

【多项选择题】根据法律规定，下列各项中，不得担任保证人的有(　　)。

A. 有限责任公司　　B. 消费者协会

C. 私营企业　　D. 公立大学

答案：BD

五、租赁合同

(一) 租赁期限

(1) 租赁期限不得超过20年。

(2) 租赁期限届满，当事人可以续订租赁合同，但约定的租赁期限自续订之日起不得超过20年。

(二) 合同形式

(1) 租赁期限6个月以上的，应当采用书面形式。

(2) 当事人未采用书面形式，无法确定租赁期限的视为不定期租赁。

(三) 当事人的权利义务

1. 租赁物的维修

(1) 除另有约定外，出租人应当履行租赁物的维修义务。

(2) 承租人在租赁物需要维修时可请求出租人在合理期限内维修。

(3) 出租人未履行维修义务的，承租人可以自行维修，维修费用由出租人负担。

(4) 因维修租赁物影响承租人使用的，应当相应减少租金或延长租期。

(5) 因承租人的过错致使租赁物需要维修的，出租人不承担上述规定的维修义务。

2. 转租

(1) 承租人经出租人同意，可将租赁物转租给第三人。

(2) 承租人转租的，承租人与出租人之间的租赁合同继续有效。第三人造成租赁物损失的，承租人应当承担赔偿责任。

(3) 承租人未经出租人同意转租的，出租人可以解除合同，但出租人知道或应当知道承租人转租后6个月内未提出异议的，视为同意转租。

租赁物在承租人按照租赁合同占有期限内发生所有权变动的，不影响租赁合同的效力。

任务实训

一、实训目标

深化学生对租赁合同的认识，使学生明确学习合同法的意义，塑造学生敬畏法律的法治观念，锻炼学生的逻辑思维和法治思维。

二、实训内容

大学生小张毕业后欲留在甲市工作。为工作方便小张与房东达成合意，租赁位于甲市乙区A楼6单元的房屋，租金为每月900元，按月支付，请为他们起草一份房屋租赁合同。

三、实训要求

合同内容合理、合法，符合合同的基本规范。

四、实训环节

①学生自由分组。②各组分别起草合同，轮流上台展示。③其余组评议和打分。④教师点评和打分。

五、实训考核

实训结束后，教师根据学生的表现确定考核成绩。

思政案例

项目测试

一、单项选择题

1. 下列各项中，属于《民法典》合同编调整范围的是（　　）。

A. 劳动合同　　B. 收养协议　　C. 租赁合同　　D. 子女监护权协议

2. 甲与乙签订一份设备租赁合同，5月18日，甲在租赁合同上签字盖章。5月20日，甲将设备交付乙，乙将设备存入库房。5月25日，乙将签字盖章后的合同邮寄给甲。5月27日，乙公司收到上述合同。该租赁合同的成立时间为（　　）。

A. 5月27日　　B. 5月20日　　C. 5月25日　　D. 5月18日

3. 甲、乙签订买卖合同，约定甲先向乙支付货款，乙再向甲交付货物。后来乙经营状况严重恶化，甲拟对乙提出的给付请求行使不安抗辩权。下列表述错误的是（　　）。

A. 甲行使不安抗辩权，必须有确切证据证明乙经营状况严重恶化

B. 乙提供相应担保的，甲应当恢复合同的履行

C. 甲可以通过行使不安抗辩权直接解除合同

D. 甲行使不安抗辩权而中止履行的，应当及时通知乙

4. 王某与张某在甲地谈妥合同条款，王某于乙地签字，随后张某于丙地在合同上签字，合同在丁地履行，当事人对合同成立地点未作特别约定，该买卖合同的成立地点为（　　）。

A. 丙地　　B. 甲地　　C. 乙地　　D. 丁地

5. 甲与乙签订设备融资租赁合同，甲根据乙的选择向丙订购一台设备，出租给乙使用，乙向甲支付租金。下列表述正确的是（　　）。

A. 该设备在租赁期间造成第三人人身伤害的，甲承担责任

B. 甲要求丙变更订购的机械设备型号，无须经乙同意

C. 甲在租赁期间履行该机械设备的维修义务

D. 甲在租赁期间内享有该机械设备的所有权

6. 甲公司与乙公司签订一份书面合同,约定:"合同履行地点为P市。"甲公司在M市签字、盖章后邮寄给乙公司,乙公司在N市签字、盖章后将合同邮寄回甲公司。该合同的成立地点为(　　)。

A. N市　　B. P市　　C. M市　　D. Q市

7. 甲在路上遇见丁,询问丁是否愿意购买其房产,价格200万元,丁未当场答复。次日,丁找到甲表示同意以200万元的价格购买,甲表示房屋已经出售,丁表示同意以200万元的价格购买的意思表示是(　　)。

A. 要约　　B. 承诺　　C. 要约邀请　　D. 单方法律行为

8. 甲与12岁的孙女乙约定,若乙考上重点中学便赠与其现金100万。下列关于甲、乙两者之间赠与合同效力的表述中,符合法律规定的是(　　)。

A. 合同无效,因为乙为限制民事行为能力人

B. 合同效力待定,因为甲可以随时撤销赠与

C. 合同有效,因为限制民事行为能力人乙可以签订纯获利益的合同

D. 合同效力待定,乙的法定代理人有权在一个月内追认

9. 下列关于效力待定合同的表述中,错误的是(　　)。

A. 效力待定的合同经法定代理人、被代理人或处分权人同意或追认后有效

B. 相对人可催告法定代理人、被代理人或处分权人自收到通知之日起30日内予以追认

C. 效力待定的合同被追认前,善意相对人有撤销权,撤销应以通知方式作出

D. 效力待定的合同自始不发生效力

10. 甲与乙签订买卖合同,约定甲先交货。交货前,甲有确切证据证明乙负债严重,不能按时支付货款。甲可行使的抗辩权为(　　)。

A. 违约行为　　B. 行使先诉抗辩权的行为

C. 行使同时履行抗辩权的行为　　D. 行使不安抗辩权的行为

11. 下列关于合同保全中撤销权行使的表述中,错误的是(　　)。

A. 债权人应以自己的名义行使撤销权

B. 撤销权的行使范围以债权人的债权为限

C. 债权人行使撤销权所支付的律师费,由债权人负担

D. 自债务人的行为发生之日起5年内没有行使撤销权的,撤销权消灭

12. 甲对乙享有20万元的到期债权,乙对丙享有30万元的到期债权却怠于行使,危及甲债权的实现。甲为了保障自己的债权,拟向法院提起代位权诉讼,下列选项符合法律规定的是(　　)。

A. 以自己的名义请求丙清偿300万元　　B. 以乙的名义请求丙清偿200万元

C. 以乙的名义请求丙清偿300万元　　D. 以自己的名义请求丙清偿200万元

13. 下列关于债务承担效力的说法中,错误的是(　　)。

A. 债务全部移转的,受让人成为新债务人

B. 债务人转移义务的,新债务人可以主张原债务人对债权人的抗辩

C. 债务人转移义务的,原债务人对债权人享有债权的,新债务人不得向债权人主

张抵销

D. 债务转移的应通知债权人

14. 根据法律规定，下列债务可适用法定抵销的是(　　)。

A. 不开展竞争性营业活动　　B. 支付人身损害赔偿金

C. 提供劳务　　D. 支付租金

15. 甲与乙签订买卖合同约定付款后1个月发货，在支付完货款后乙下落不明，甲遂将货物提存，在提存期间标的物毁损，下列说法正确的是(　　)。

A. 货物毁损风险由乙承担　　B. 货物毁损风险由甲承担

C. 货物毁损风险由提存机关承担　　D. 货物毁损风险由甲、乙共同承担

16. 根据法律规定，违约方承担违约责任的形式不包括(　　)。

A. 继续履行　　B. 赔偿损失　　C. 支付违约金　　D. 行使撤销权

17. 自然人甲向自然人乙借款15万元，未约定借期利息，还款时二者就利息支付产生纠纷，下列表述正确的是(　　)。

A. 可以不支付借款利息

B. 应当按照当地市场利率支付借款利息

C. 应当按照当地民间借贷交易习惯支付借款利息

D. 应当按照同期贷款市场报价利率支付借款利息

二、多项选择题

1. 赵某5月2日向李某发出邮件欲以2 000元出售其二手电脑，5月3日李某回函称若降价至1 500元则愿意购买，5月6日赵某复函称价格最低为1 800元。5月8日李某复函表示同意。根据法律规定，下列各项中，属于要约的有(　　)。

A. 赵某的第一次发函　　B. 李某的第一次回函

C. 赵某的第二次发函　　D. 李某的第二次回函

2. 甲公司以快递信件的方式向乙公司发出了一份购买100台冰箱的书面要约，下列情形中，甲公司不得撤销要约的有(　　)。

A. 要约中明示要约不可撤销

B. 要约已经到达乙公司法定地址

C. 乙公司有理由认为要约不可撤销的，且已经为履行合同做了合理准备工作

D. 甲公司在要约中确定了承诺期限

3. 根据法律规定，下列必须采用书面形式订立的合同有(　　)。

A. 自然人之间的借款合同　　B. 技术开发合同

C. 保证合同　　D. 融资租赁合同

4. 根据法律规定，在订立合同过程中，当事人应当承担缔约过失责任的情形有(　　)。

A. 假借订立合同，恶意进行磋商

B. 一方当事人泄露订立合同过程中知悉的商业秘密

C. 故意隐瞒与订立合同有关的重要事实

D. 恶意串通，损害他人合法权益

5. 根据法律规定，应当先履行债务的当事人有确切证据证明对方当事人发生了特定情形的，可以行使不安抗辩权。该特定情形包括(　　)。

A. 转移财产以逃避债务　　B. 丧失商业信誉
C. 变更经营方式　　D. 经营状况严重恶化

6. 下列关于撤销权构成要件的表述中，正确的有(　　)。
A. 债权人对债务人享有有效的债权
B. 债务人实施了财产处分行为
C. 债务人的行为有害于债权人债权的实现
D. 债务人的债权不是专属于债务人自身的债权

7. 下列债权，债权人不得转让的有(　　)。
A. 基于请求支付抚恤金产生的债权　　B. 基于当事人之间信任关系产生的债权
C. 基于房屋租赁合同产生的债权　　D. 基于竞业限制协议产生的权利

8. 根据法律规定，下列属于提存原因的有(　　)。
A. 债权人无正当理由拒绝受领
B. 债权人下落不明
C. 债权人死亡未确定继承人、遗产管理人
D. 债权人丧失民事行为能力未确定监护人

9. 下列关于违约金与定金的说法中，正确的有(　　)。
A. 合同约定定金的，发生违约情况后守约方不得要求违约方赔偿损失
B. 当事人就同一合同的履行既约定定金、又约定违约金的，一方违约时，对方可以同时适用违约金和定金条款
C. 当事人就迟延履行约定违约金的，违约方支付违约金后，还应当履行债务
D. 给付定金的一方不履行债务或履行债务不符合约定，致使合同目的不能实现的，无权请求返还定金

10. 下列情形中，赠与人不得主张撤销赠与的有(　　)。
A. 赠与标的已交付
B. 具有道德性质的赠与合同
C. 公证的赠与合同
D. 附义务赠与中，受赠人未履行合同约定的义务

三、判断题

1. 附义务的赠与合同为双务合同。(　　)
2. 受要约人对要约的内容作出实质性变更的，视为新要约。(　　)
3. 行为人没有代理权、超越代理权或代理权终止后以被代理人名义订立的合同无效。(　　)
4. 除另有约定外，第三人向债权人履行债务增加的费用，由债务人承担。(　　)
5. 债权转让应取得债务人同意。(　　)
6. 自然人之间的借款合同，未约定利息的可按银行同期贷款利率主张支付利息。(　　)

四、简答题

1. 简述可撤销合同的类型。
2. 简述合同法定解除的情形。

五、案例分析题

2023年2月1日，甲从乙处购买一套二手房，双方签订合同约定作出如下约定：第一，房屋总价款200万元；第二，合同签订当日，甲须向乙交付定金40万元；第三，合同签订后15日内，甲交付购房款30万元，余下款项于2023年3月31日前付清，并于房款付清的当日办理房屋过户手续。合同签订当日，甲将30万元作为定金交付给乙。2023年3月20日，甲向乙交付购房款30万元。2023年3月26日，乙告知甲，其3日前和丙签订该房屋的买卖合同，并完成过户登记。甲于2023年4月1日向法院提起诉讼，请求解除与乙签订的房屋买卖合同，要求乙返还30万元购房款，双倍返还80万元定金并同时支付40万元违约金。

问题：

(1) 甲是否可以要求乙双倍返还80万元定金？

(2) 甲是否可以同时主张定金和违约金责任？

项目五 劳动者权益的守护者

——劳动与社会保险法律制度

项目介绍

本项目为初级会计资格考试、税务师考试、经济师考试的必考项目，主要对劳动和社会保险法律制度的内容进行阐述。

项目导入

目前，劳动力市场是买方市场，用人单位在劳动者面前处于强势地位，作为未来的劳动者，青年学子如何才能在未来的工作生涯中保护好自己的合法权益？

课前导学

搜索社会上发生的劳资纠纷典型案例，反思发生的原因，结合案例思考[项目导入]中的问题。

学习目标

（一）知识目标

1. 掌握劳动法律制度的基本规定。
2. 掌握劳动合同法律制度的基本规定。
3. 熟悉社会保险法律制度的基本规定。

（二）能力目标

初步知法、懂法，能够在工作中守法和用法，防止用人单位对自己合法权益的不法侵害。

（三）素养目标

正确认识国家制定劳动和社会保险法律制度的根本原因，理解党和政府对劳动者的关爱，形成法治意识，升华爱国爱党情怀，深刻理解劳动和社会保险法律制度对个人乃至整个社会的公平正义的重要意义。

任务一 劳动法律制度

导课

为了突破求职门槛，某大专毕业生张某某伪造初级会计资格证和学士学位证书，最终被甲公司录用。试用期内，甲公司发现张某某所持证书均为伪造，提出解除劳动合同。然而，张某某以自己怀孕为由拒绝。请问应该如何依法处理？

考点归纳

1. 主要知识点

劳动法律制度；劳动合同法律制度。

2. 重难点

重点：劳动争议的解决。

难点：试用期；劳务派遣。

法律讲堂

一、劳动合同概述

劳动合同，是指劳动者与用人单位之间通过平等协商订立的明确双方权利义务的书面协议。

中国境内的企业、个体经济组织、民办非企业单位等组织，国家机关，事业单位，社会团体与劳动者建立劳动关系，订立、履行、变更、解除或者终止劳动合同，均适用《中华人民共和国劳动合同法》。

二、劳动合同的订立

（一）劳动合同订立的基本原则

劳动者就业，不因民族、种族、性别、宗教信仰不同而受歧视，妇女享有与男子平等的就业权利。订立劳动合同，应当遵循合法、公平、平等自愿、协商一致、诚实信用的原则。

（二）劳动合同订立的主体

1. 劳动合同订立主体的资格要求

依法取得营业执照或者登记证书的用人单位可以与劳动者订立劳动合同。劳动者必须年满16周岁才可以订立劳动合同，文艺、体育、特种工艺单位招收劳动者可以例外，但用人单位必须保障其接受义务教育的权利。

2. 劳动合同订立主体的义务

用人单位有权了解劳动者与劳动合同直接相关的基本情况，劳动者应当如实说明。用人单位不得以任何名义扣押劳动者的证件、向劳动者收取财物或要求劳动者提供担保。

(三) 劳动关系建立的时间

用人单位自用工之日起即与劳动者建立劳动关系。

课堂讨论

劳动关系建立的时间为什么不是劳动合同订立之日?

(四) 劳动合同订立的形式

用人单位应当自用工之日起 1 个月内以书面形式与劳动者订立劳动合同,否则按规定处理,具体内容如表 5-1 所示。

表 5-1　　未订立劳动合同的处理

自用工之日起未订立合同的时间	处理规定
1 个月内	用人单位应当与劳动者订立书面劳动合同。如果劳动者不愿意与用人单位订立书面劳动合同,用人单位应当书面通知劳动者终止劳动关系,向劳动者支付其实际工作时间的劳动报酬,但无须支付经济补偿
超过 1 个月不满 1 年	用人单位应当补订书面劳动合同,自满 1 个月的次日起至补订的前一日还应当向劳动者支付 2 倍的工资。如果劳动者不愿意与用人单位订立书面劳动合同,用人单位应当书面通知劳动者终止劳动关系,并支付其经济补偿
满 1 年	用人单位自用工之日起满 1 个月的次日起至满 1 年的前一日(共 11 个月)应当向劳动者支付 2 倍的工资,并视为自用工之日起满 1 年的当日已经与劳动者订立无固定期限劳动合同,应立即与劳动者补订书面劳动合同

课堂练习

【单项选择题】2024 年 7 月 1 日,大学生郭某毕业后到 A 公司工作,月薪 2 500 元。直到 2025 年 3 月 1 日公司才与郭某签订书面劳动合同。A 公司应向郭某补偿工资(　　)元。

A. 2 500　　B. 27 500　　C. 17 500　　D. 35 000

答案:C

(五) 劳动合同的效力

当事人双方在劳动合同上签字或者盖章,合同即生效。

无效劳动合同的情形如下:①以欺诈、胁迫等手段,使对方在违背真实意思的情况下订立或者变更劳动合同的;②用人单位免除自己的法定责任、排除劳动者权利的合同;③违反法律、行政法规的强制性规定的合同。

三、劳动合同的主要内容

(一) 劳动合同的必备条款

劳动合同必备条款包括:①用人单位的名称、住所和法定代表人或者主要负责人;②劳动者的姓名、住址和居民身份证或者其他有效身份证件号码;③劳动合同期限;④工作内容和工作地点;⑤工作时间和休息、休假;⑥劳动报酬;⑦社会保险;⑧劳动保护、劳动条件和职业危害防护;⑨法律、法规规定应当纳入劳动合同的其他事项。

1. 劳动合同的期限

劳动合同分为固定期限劳动合同、无固定期限劳动合同和以完成一定工作任务为期限的劳动合同。

1）无固定期限劳动合同的订立条件

有下列情形之一，劳动者提出或者同意续订、订立劳动合同的，除劳动者提出订立固定期限劳动合同外，应当订立无固定期限劳动合同：

(1) 建立劳动关系后1年内没有与劳动者订立劳动合同的。

(2) 劳动者在同一个用人单位连续工作满10年的。

(3) 用人单位初次实行劳动合同制度或者国有企业改制重新订立合同时，劳动者在该用人单位连续工作满10年且距法定退休年龄不足10年的。

(4) 连续订立2次固定期限劳动合同，且劳动者没有下述情形，续订劳动合同的：①严重违反用人单位的规章制度的；②严重失职，营私舞弊，给用人单位造成重大损害的；③劳动者同时与其他用人单位建立劳动关系，对完成本单位的工作任务造成严重影响，或者经用人单位提出，拒不改正的；④劳动者以欺诈、胁迫的手段或者乘人之危，使用人单位在违背真实意思的情况下订立或者变更劳动合同，致使劳动合同无效的；⑤被依法追究刑事责任的；⑥劳动者患病或者非因工负伤，在规定的医疗期满后不能从事原工作，也不能从事由用人单位另行安排的工作的；⑦劳动者不能胜任工作，经过培训或者调整工作岗位，仍不能胜任工作的。

2）以完成一定工作任务为期限的劳动合同的订立条件

有下列情形之一，用人单位与劳动者可以签订以完成一定工作任务为期限的劳动合同：

(1) 以完成单项工作任务为期限的劳动合同。

(2) 因季节性原因季节性用工的劳动合同。

(3) 以项目承包方式完成承包任务的劳动合同。

(4) 其他双方约定的以完成一定工作任务为期限的劳动合同。

2. 工作时间和休息、休假

1）工作时间

目前，我国实行的工时制度主要有标准工时制、不定时工作制和综合计算工时制三种类型，具体内容如表5-2所示。

表5-2　　工时制度

分类	内容
标准工时制	每日8小时，每周40小时，每周至少休息1天；需要延长工作时间的，一般每日不得超过1小时；因特殊原因需要延长的，每日不得超过3小时，每月不得超过36小时
不定时工作制	没有固定工作时间限制，适用于不方便使用标准工时制的工作
综合计算工时制	以周、月、季、年等为周期，综合计算劳动者工作时间

2）休息、休假

(1) 休息包括工作日内的间歇时间（如中午）、工作日之间的休息时间（如晚上）和公休假日（如周六、周日）。

(2) 休假包括法定假日和年休假。法定假日包括元旦、春节、清明节、劳动节、端午节、中秋节、国庆节等。中国境内单位的劳动者连续工作满1年以上的，享受带薪年休假。职工累计工作已满1年不满10年的，年休假5天；已满10年不满20年的，年休假10天；已满20年的，年休假15天。国家法定休假日、休息日不计入年休假的假期。

职工有下列情形之一的,不享受当年的年休假:①职工依法享受寒暑假,其休假天数多于年休假天数的;②职工请事假累计20天以上且单位按照规定不扣工资的;③累计工作满1年不满10年的职工,请病假累计2个月以上的;④累计工作满10年不满20年的职工,请病假累计3个月以上的;⑤累计工作满20年以上的职工,请病假累计4个月以上的。

职工新进用人单位且符合享受带薪年休假条件的,当年度年休假天数按照在本单位剩余天数折算确定,折算后不足1整天的部分不享受年休假。

法律诊所

糜某在书翰公司累计工作已满17年3个月,2024年5月跳槽到东乌公司工作,当年的年休假尚未使用。请问糜某到新公司后,2024年当年还可以享受多少天的年休假?

3. 劳动报酬

1)工资的支付

工资应当以法定货币支付,不得以实物及有价证券替代货币支付。工资必须至少每月支付一次,如遇节假日或休息日,则应提前在最近的工作日支付。实行周、日、小时工资制的可按周、日、小时支付。对完成一次性临时劳动或某项具体工作的劳动者,应按约定或在完成任务后支付。

2)加班工资

正常工作日加班,按劳动者工资的150%支付;休息日加班,安排补休的,不支付加班工资,不安排补休的,按不低于劳动者工资的200%支付;法定节假日加班,按不低于劳动者工资的300%支付。

3)最低工资制度

用人单位支付劳动者的工资不得低于当地最低工资标准。最低工资的具体标准由省、自治区、直辖市人民政府规定,报国务院备案。

知识驿站

(1)在部分公民放假的节日期间(如妇女节),对依然工作的劳动者,单位不支付加班工资。

(2)劳动者给用人单位造成经济损失的,用人单位可要求其赔偿,从工资中扣除。但每月扣除的部分不得超过工资的20%,且扣除后的剩余工资不得低于当地月最低工资标准。

(二)劳动合同的可备条款

1. 试用期

试用期,是指用人单位和劳动者双方为相互了解、确定对方是否符合自己的招聘条件或求职意愿而约定的考察期。

(1)试用期期限的具体规定,如表5-3所示。

同一用人单位与同一劳动者只能约定一次试用期。试用期包含在劳动合同期限内。劳动合同仅约定试用期的,试用期不成立,该期限为劳动合同期限。

(2)试用期工资。劳动者在试用期的工资不得低于本单位相同岗位最低档工资或者劳动合同约定工资的80%,并不得低于当地的最低工资标准。

表 5-3　　试用期期限

劳动合同期限	试用期期限
不满 3 个月和以完成一定工作任务为期限的	不得约定试用期
大于 3 个月不满 1 年	不得超过 1 个月
大于 1 年不满 3 年	不得超过 2 个月
劳动合同期限大于 3 年和无固定期限	不得超过 6 个月

课堂讨论

蒋某应聘到 C 公司工作，签订了 2 年的劳动合同，公司规定试用期 6 个月，试用期每月工资 2 500 元，转正后每月工资 4 000 元。请问 C 公司的做法是否合法？

2. 服务期

（1）适用范围。用人单位为劳动者进行专业技术培训并提供专项培训费用的，可以约定服务期。劳动合同期到期但服务期未满的，劳动合同自动延长至服务期满。

（2）违约责任。劳动者违反服务期约定的，应当按照约定向用人单位支付违约金，其数额不得超过服务期尚未履行部分所应分摊的培训费用。

法律诊所

李某受单位委派去高校学习技术，单位共花费培训费用 10 万元，双方约定服务期 10 年。李某培训完毕后回单位工作满 5 年时辞职。请问依照法律规定，李某应支付的违约金是多少？

3. 竞业限制

用人单位可以与高级管理人员、高级技术人员和其他负有保密义务的劳动者约定离职后的竞业限制期限，最长不得超过 2 年，在规定期限内需要按月给予劳动者经济补偿。

四、劳动合同的变更

用人单位与劳动者协商一致可以变更劳动合同，应当采用书面形式；未采用书面形式，但已经实际履行了口头变更的劳动合同超过 1 个月的，该合同应视为有效。

五、劳动合同的解除和终止

（一）劳动合同的解除

劳动合同解除分为协商解除和法定解除两种类型。

1. 协商解除

用人单位与劳动者协商一致，可以解除劳动合同。

由用人单位提出解除劳动合同的，用人单位必须支付经济补偿。由劳动者提出解除劳动合同的，用人单位无须支付经济补偿。如果用人单位以降低待遇为条件续签劳动合同而被劳动者拒绝的，用人单位依然要支付经济补偿；如果用人单位以不低于原待遇为条件续签劳动合同而被劳动者拒绝的，用人单位无须支付经济补偿。

经济补偿的计算是以劳动者在本单位工作年限乘以劳动合同解除或者终止前 12 个月劳动者的平均工资。①工资年限 6 个月以上不满 1 年的，按 1 年计算，不满 6 个月的，按 0.5 年计算，支付经济补偿的年限最高不超过 12 年；②劳动者的平均工资低于当地最低工资标准的，按照当地最低工资标准计算；高于当地上年度职工月平均工资 3 倍的，按上年度职工月平均工资 3 倍计算。

法律诊所

2020 年 1 月 1 日，杨某某到乙公司工作。2023 年 3 月 30 日，杨某某因公司随意降低其岗级和工资而要求解除劳动合同。杨某某离职前 12 个月的平均工资为 1 100 元，当地最低工资标准为 2 500 元。请问：乙公司是否应向杨某某支付经济补偿，若支付经济补偿，其金额为多少？

2. 法定解除

法定解除可分为劳动者的单方面解除和用人单位的单方面解除。

(1) 劳动者的单方面解除。劳动者单方面解除劳动合同分为提前通知解除、随时通知解除和不需要通知解除三种情形，具体内容如表 5-4 所示。

表 5-4　劳动者单方面解除劳动合同的情形

解除类型	适用情形	是否支付补偿
提前通知	劳动者在试用期内提前 3 日通知用人单位，非试用期提前 30 日以书面形式通知用人单位	不支付经济补偿
随时通知	①用人单位未按照劳动合同约定提供劳动保护或者劳动条件的；②用人单位未及时足额支付劳动报酬的；③用人单位未依法为劳动者缴纳社会保险费的；④用人单位的规章制度违反法律、法规的规定，损害劳动者权益的；⑤用人单位在劳动合同中免除自己的法定责任、排除劳动者权利的；⑥用人单位以欺诈、胁迫等手段，使劳动者在违背真实意思的情况下订立或者变更劳动合同的；⑦用人单位违反法律、行政法规强制性规定的；⑧法律、行政法规规定劳动者可以解除劳动合同的其他情形	支付经济补偿
不需要通知	①用人单位以暴力、威胁或非法限制人身自由的手段强迫劳动者劳动的；②用人单位违章指挥、强令冒险作业危及劳动者人身安全的	支付经济补偿

(2) 用人单位的单方面解除。用人单位单方面解除劳动合同分为提前通知解除、随时通知解除和经济性裁员三种情形，具体内容如表 5-5 所示。

表 5-5　用人单位单方面解除劳动合同的情形

解除类型	适用情形	是否支付补偿
提前通知	①劳动者患病或者非因工负伤，在规定的医疗期满后不能从事原工作，也不能从事由用人单位另行安排的工作的；②劳动者不能胜任工作，经过培训或者调整工作岗位，仍不能胜任工作的；③劳动合同订立时所依据的客观情况发生重大变化，致使劳动合同无法履行，经用人单位与劳动者协商，未能就变更劳动合同内容达成协议的	支付经济补偿
随时通知	①劳动者在试用期间被证明不符合录用条件的；②劳动者严重违反用人单位的规章制度的；③劳动者严重失职，营私舞弊，给用人单位造成重大损害的；④劳动者同时与其他用人单位建立劳动关系，对完成本单位的工作任务造成严重影响，或者经用人单位提出，拒不改正的；⑤劳动者以欺诈、胁迫等手段，使用人单位在违背真实意思的情况下订立或者变更劳动合同的；⑥劳动者被依法追究刑事责任的	不支付经济补偿

（续表）

解除类型	适用情形	是否支付补偿
经济性裁员	①依照《中华人民共和国企业破产法》规定进行重整的；②生产经营发生严重困难的；③企业转产、重大技术革新或者经营方式调整，经变更劳动合同后，仍需裁减人员的。 裁减人员20人以上或者裁减不足20人但占企业职工总数10%以上的，用人单位提前30日向工会或者全体职工说明情况，听取工会或者职工的意见后，裁减人员方案经向劳动行政部门报告。 裁员时，应优先留用下列人员：①与本单位订立较长期限的固定期限劳动合同或无固定期限劳动合同的；②家庭无其他就业人员，有需要抚养的老人或未成年人的。 用人单位裁员后，在6个月内重新招用人员的，应当通知被裁人员，并在同等条件下优先招用	支付经济补偿

（二）劳动合同的终止情形

有下列情形之一的，劳动合同终止：

（1）劳动合同期满的。

（2）劳动者开始依法享受基本养老保险待遇的。

（3）劳动者达到法定退休年龄的。

（4）劳动者死亡，或者被人民法院宣告死亡或者宣告失踪的。

（5）用人单位被依法宣告破产的。

（6）用人单位被吊销营业执照、责令关闭、撤销或者用人单位决定提前解散。

（7）法律、行政法规规定的其他情形。

（三）不得解除和终止劳动合同的情形

劳动者有下列情形之一的，用人单位不得解除或终止劳动合同：

（1）从事接触职业病危害作业的劳动者未进行离岗前职业健康检查，或者疑似职业病病人在诊断或者医学观察期间的。

（2）在本单位患职业病或者因工负伤并被确认丧失或者部分丧失劳动能力的。

（3）患病或者非因工负伤，在规定的医疗期内的。

（4）女职工在孕期、产期、哺乳期的。

（5）在本单位连续工作满15年，且距法定退休年龄不足5年的。

（6）法律、行政法规规定的其他情形。

若因劳动者过错需要随时解除劳动合同的，不受上述规定的限制。

（四）劳动合同解除和终止的法律后果

用人单位应当出具解除或终止劳动合同的证明（离职证明），并在15日内为劳动者办理档案和社会保险关系转移手续。用人单位对已经解除或者终止的劳动合同文本至少保存2年备查。

六、特殊劳动合同

（一）非全日制用工

非全日制用工，是指劳动者在同一用人单位平均每日工作不超过4小时，每周不超过24小时的用工形式。可以按小时、日或周为单位计算工资，但结算支付周期最长不超过15日。用人单位终止用工不需要向劳动者支付经济补偿。

(二) 集体合同

集体合同,是指工会代表职工与用人单位签订的劳动合同。未建立工会的单位由上级工会指导劳动者推举的代表订立集体合同。劳动行政部门自收到集体合同文本之日起15日内未提出异议的,集体合同即生效。集体合同中劳动报酬和劳动条件等标准不得低于当地人民政府规定的最低标准;用人单位与劳动者订立的劳动合同中劳动报酬和劳动条件等标准不得低于集体合同规定的标准。

(三) 劳务派遣

劳务派遣,是指由劳务派遣单位与劳动者订立劳动合同,劳务派遣单位与用工单位订立劳务派遣协议并将劳动者派往用工单位工作的用工形式。

劳务派遣的基本规定如下:

(1) 劳务派遣用工只能在临时性、辅助性或者替代性岗位上实施。

(2) 被派遣劳动者数量不得超过单位用工总量的10%。

(3) 用人单位不得设立劳务派遣单位向本单位或者所属单位派遣劳动者。

(4) 用工单位不得将被派遣劳动者再派遣到其他用人单位。

(5) 劳务派遣单位不得以非全日制用工形式招用被派遣劳动者。

(6) 劳务派遣单位应当与劳动者订立2年以上的固定期限劳动合同,按月支付劳动报酬;被派遣劳动者在无工作期间,劳务派遣单位应当按照当地最低工资标准支付报酬。

(7) 不得将连续用工期限分割订立数个短期劳务派遣协议。

(8) 被派遣劳动者享有与用工单位的劳动者同工同酬的权利。

七、劳动争议的解决

劳动争议解决的方法有协商、调解、劳动仲裁和劳动诉讼,可以不经协商直接申请调解,或不经协商、调解直接申请劳动仲裁,但申请劳动仲裁是提起劳动诉讼的前置程序。

(一) 协商

劳动者可以与用人单位协商,也可以请工会或者第三方介入与用人单位协商,达成和解协议。

(二) 调解

调解组织包括企业劳动争议调解委员会,依法设立的基层人民调解组织,在乡镇、街道设立的具有劳动争议调解职能的组织,可以书面申请,也可以口头申请。经调解达成协议的,应当制作调解协议书,由双方当事人签名或盖章,调解员签名并加盖调解组织印章后生效。自调解申请之日起15日内未达成协议或一方当事人不履行协议的,可以申请劳动仲裁。因支付拖欠劳动报酬、工伤医疗费、经济补偿或者赔偿金事项达成调解协议,用人单位不履行的,劳动者可以向人民法院申请支付令。

(三) 劳动仲裁

1. 劳动争议仲裁案件的管辖

劳动争议仲裁不收费。劳动争议由劳动合同履行地或用人单位所在地的劳动争议仲裁委员会管辖,双方当事人分别向劳动合同履行地和用人单位所在地的劳动争议仲裁委员会申请仲裁的,由劳动合同履行地的劳动争议仲裁委员会管辖。

2. 劳动仲裁的申请和受理

申请劳动仲裁可以书面申请，也可以口头申请，劳动争议仲裁委员会自收到申请之日起5日内决定是否受理。劳动争议申请仲裁的时效期间为1年，从当事人知道或者应当知道其权利被侵害之日起计算。劳动关系存续期间因拖欠劳动报酬发生争议的，劳动者申请仲裁不受1年仲裁时效期间的限制，自劳动关系终止之日起1年内申请即可。

3. 劳动仲裁的裁决

劳动仲裁应当自受理之日起45日内结束，案情复杂的案件经劳动争议仲裁委员会主任批准，最长延期不得超过15日。逾期未作出仲裁裁决的，当事人可以向人民法院提起诉讼。

下列劳动争议的仲裁裁决为终局裁决：①追索劳动报酬、工伤医疗费、经济补偿金或者赔偿金，不超过当地月最低工资标准12个月金额的争议；②因执行国家的劳动标准在工作时间、休息休假、社会保险等方面发生的争议。

（四）劳动诉讼

有下列情形之一的，可以提起劳动诉讼：

(1) 对劳动仲裁不受理或逾期未作出决定的，申请人可以提起诉讼。

(2) 劳动者对劳动争议终局裁决不服的，当事人对终局裁决之外的其他裁决不服的，可以自收到裁决书之日起15日内提起诉讼。

(3) 终局裁决被人民法院裁定撤销的，当事人可以自收到裁定书之日起15日内提起诉讼。

课堂讨论

2023年，甲公司老总号召员工自愿报名降薪，没有报名的员工都被解除了劳动合同。而赵某与甲公司订立自愿降薪协议1年后被解除劳动合同，赵某主张公司支付被降的薪水，公司拒绝后，赵某申请劳动仲裁。如果你是仲裁员，请问你是否支持赵某的主张？

任务实训

一、实训目标

深化学生对劳动法律制度的理解，使学生掌握劳动仲裁的流程，为以后依法处理劳动争议积累经验。

二、实训内容

模拟劳动仲裁。

三、实训案例

2034年，郑某某刚从大学毕业，应聘到丁公司工作，工资每月3 000元。丁公司要求先签订6个月的试用期合同，试用期期间工资减半，考核通过，转正后再签订正式的劳动合同，因就业困难郑某某不敢不同意。试用期结束后，郑某某与公司签订了正式的劳动合同，但公司提出因经营困难，要求郑某某同意每天工作12小时，每周只休息一天，每月工资降为2 500元，且自愿不要加班工资。当地最低工资标准是3 000元。郑某某虽然觉得条件苛刻，但怕得罪公司就会失业，只好在合同上签字。工作2年，郑某某觉得公司太不把员工当人，不仅疯狂压榨员工、不加薪，也不尊重员工人格，经常训人，还以加强员工管理为由制定了苛刻的规章制度，动辄以上班时随意离开工区、每次上厕所超过5分钟、每天上班上厕所超过2次、晚上不服从在单位轮流值夜班等各种名目扣钱。最近合同快到期了，公司更是提出要给郑某某降薪才能续签劳动合同。郑某某很愤怒，想立刻解除劳动合同，丁公司称，若要解除合同，需支付10万元的违约金，以及因郑某某离职带来的各种损失共计人民币20万元。郑某某不服，在咨询母校法学院老师后申请劳动仲裁。

四、实训要求

能够查清案件事实，正确适用法律，保证程序规范。

五、实训流程

①学生自由分组。②各组根据所学内容分析案情。③每组代表进行模拟仲裁。④其余组评议和打分。⑤教师点评和总结。

六、实训考核

任务结束后，教师根据学生的表现确定考核成绩。

任务二　社会保险法律制度

导课

大家都听说过“五险一金”吗？你们知道法律对“五险一金”是如何规定的吗？

考点归纳

1. 主要知识点

基本养老保险；基本医疗保险；工伤保险；失业保险。

2. 重难点

重点：基本养老保险；基本医疗保险。

难点：医疗期。

法律讲堂

社会保险，是指国家依法建立的，由国家、用人单位和个人共同筹集资金，使个人在退休、患病、工伤、失业时获得物质帮助和补偿的社会保障制度。

一、基本养老保险

（一）参保人与险种

所有职工应当参加基本养老保险，无雇工的个体工商户、非全日制从业人员，以及其他灵活就业人员可以参加城乡居民养老保险。

（二）养老保险基金

养老保险基金由用人单位、个人缴费和政府补贴组成。用人单位缴纳的保险费记入统筹账户，职工缴纳的保险费记入个人账户。城乡居民养老保险的缴纳人员缴纳的保险费分别记入基本养老保险统筹基金和个人账户。基本养老保险基金支付不足时，由政府补贴。

个人账户不得提前支取，记账利率不低于银行定期存款利率，免征利息税。个人死亡的，个人账户余额可以继承。个人跨统筹地区就业的，缴费年限累计计算，退休时养老金分段计算、统一支付。

(三) 基本养老保险费的缴纳

基本养老保险费的缴纳计算公式如下：

单位缴费＝月缴费工资×缴费比例

个人缴费＝月缴费工资×缴费比例

月缴费工资为职工上一年度月平均工资，新职工为当月工资。月缴费工资不低于当地职工月平均工资的 60%，最高不超过当地职工月平均工资的 300%。

课堂讨论

甲会计师事务所项目经理钱某月工资 30 000 元，当地职工月平均工资为 5 000 元。请问钱某每月的缴费基数是多少？

(四) 基本养老保险享受条件和待遇

(1) 基本养老保险享受条件：①缴费满 15 年；②达到法定退休年龄，具体规定如表 5-6 所示。

表 5-6　　退休年龄

适用范围	性别	退休年龄
一般情况	男	60 周岁
	女	50 周岁
	女干部	55 周岁
从事井下、高温、高空、特别繁重体力劳动或其他有害身体健康工作的	男	55 周岁
	女	45 周岁
因病或非因工致残，鉴定确认完全丧失劳动能力的	男	50 周岁
	女	45 周岁

(2) 基本养老保险待遇：①职工基本养老金；②丧葬补助金和遗属抚恤金；③病残津贴。

二、基本医疗保险

(一) 基本医疗保险的含义

职工应当参加基本医疗保险，由用人单位和职工按照国家规定共同缴纳基本医疗保险费。无雇工的个体工商户、非全日制从业人员，以及其他灵活就业人员可以参加城乡居民基本医疗保险，由个人按照国家规定缴纳基本医疗保险费。

(二) 基本医疗保险的缴纳

基本医疗保险设立社会统筹账户和个人账户，保险费由用人单位和职工按照国家规定共同缴纳。与基本养老保险不同的是，单位缴费工资的 70%计入社会统筹账户，30%计入个人账户。个人跨区就业的，其基本医疗保险关系随本人转移，缴费年限累计计算。

(三) 基本医疗费用的结算

参保人员在定点医疗机构发生的，符合基本医疗保险药品目录、诊疗项目、医疗服务设施标准的范围和给付标准的医疗费用中，统筹基金起付线以上至封顶线以下的费用部分，由社会医疗统筹基金按90%的比例支付，其余10%、在封顶线以上和在起付标准以下的部分，由个人支付。封顶线为当地职工年平均工资的6倍，起付线为当地职工年平均工资的10%。

法律诊所

孙某在定点医院看病，共发生医疗费用100万元，其中在规定医保范围内的费用为90万元，之外的费用为10万元。当地职工平均工资为10 000元/月。请问：

(1) 孙某的报销费用为多少?

(2) 孙某的自理费用为多少?

(四) 医疗期

医疗期，是指职工因患病或非因工负伤而离职治疗休养的期限。

(1) 医疗期的期限，具体规定如表5-7所示。

表5-7　　医疗期的期限

全部工作年限	在本单位工作年限	医疗期
不满10年	不满5年	3个月
	5年以上	6个月
10年以上	不满5年	6个月
	5年以上不满10年	9个月
	10年以上不满15年	12个月
	15年以上不满20年	18个月
	20年以上	24个月

公休、假日和法定节日包括在医疗期内。

(2) 医疗期内的待遇。医疗期内工资不能低于最低工资标准的80%。医疗期内，除劳动者有用人单位随时可以解除劳动合同的情形外，用人单位不得解除或终止劳动合同。医疗期未满而合同到期的，合同自动延长至医疗期满。对医疗期满尚未痊愈或不能从事原工作，也不能从事单位另行安排的工作，用人单位可以解除劳动合同，但需要支付经济补偿。

(五) 基本医疗保险基金不支付医疗费用的情形

下列医疗费用不纳入基本医疗保险基金支付范围：

(1) 应当从工伤保险基金中支付的。

(2) 应当由第三人负担的。第三人不支付或者无法确定第三人的，由基本医疗保险基金先行支付，然后向第三人追偿。

(3) 应当由公共卫生负担的。

(4) 在境外就医的。

课堂练习

【判断题】公休、假日和法定节日应从医疗期内扣除。( )

答案:╳

三、工伤保险

(一) 工伤保险费的缴纳

职工应当参加工伤保险但不需要缴纳保险费,由用人单位缴纳工伤保险费。

(二) 工伤认定与劳动能力鉴定

职工因工受伤或者患职业病通过工伤认定的,享受工伤保险待遇;如果经劳动能力鉴定丧失劳动能力的,享受伤残待遇。

(1) 工伤认定的情形,具体内容如表 5-8 所示。

表 5-8　　工伤认定的情形

判定标准	具体情形
应当认定为工伤	①在工作时间和工作场所内,因工作原因受到事故伤害的;②工作时间前后在工作场所内,从事与工作有关的预备性或收尾性工作受到事故伤害的;③在工作时间和工作场所内,因履行工作职责受到暴力等意外伤害的;④患职业病的;⑤因公外出期间,由于工作原因受到伤害或者发生事故下落不明的;⑥在上下班途中,受到非本人主要责任的交通事故或者城市轨道交通、客运轮渡、火车事故伤害的
视同工伤	①在工作时间和工作岗位,突发疾病死亡或者在 48 小时内经抢救无效死亡的;②在抢险救灾等维护国家利益、公共利益活动中受到伤害的;③原在军队服役,因战、因公负伤致残,已取得革命伤残军人证,到用人单位后旧伤复发的
不认定为工伤	①故意犯罪的;②醉酒或者吸毒的;③自残或者自杀的

课堂讨论

劳动者张某上班时过于疲劳,后开车下班,回家路上非本人原因被撞受伤。伤愈后张某周末登山不慎受重伤。康复后张某返岗工作期间替公司接待客户喝醉送医院抢救。清醒后张某回家途中遇到暴雨淹没了地铁,因积极救人再次受伤住院。出院后张某返岗工作,连续加班两个月才第一次回家休息,到家睡觉后长眠不醒。请问,张某可以认定几次工伤?

(2) 劳动能力鉴定。职工发生工伤后如果存在劳动功能障碍和生活自理障碍,应当进行劳动能力鉴定。劳动功能障碍分为十个等级,一级最重,十级最轻。生活自理障碍分为三个等级:生活完全不能自理、生活大部分不能自理和生活部分不能自理。

(三) 工伤保险待遇

(1) 工伤职工符合领取养老金条件的,享受基本养老保险待遇。

(2) 如果同时符合领取基本养老保险丧葬补助金、工伤保险丧葬补助金和失业保险丧葬补助金条件的,只能选择领取其中一个。

(3) 职工若发生轻伤,享受医疗费和工资;若伤残,享受一次性伤残补助金、护理费、生活费和一次性辞退补助;若工亡,则享受 6 个月的统筹地区上年度职工月平均工资组成的丧葬补助金、供养亲属抚恤金、上一年度全国城镇居民人均可支配收入 20 倍的一次性工亡补助。

(4) 工伤医疗待遇包括住院伙食补助费，交通食宿费，康复性治疗费，不超过12个月、延长也不超过24个月的停工留薪期，工资福利待遇不变并由所在单位按月支付。

四、失业保险

职工应当参加失业保险，由用人单位和职工共同缴纳。

(一) 失业保险待遇

(1) 享受条件：①缴费满1年；②非因本人意愿中断就业；③已进行失业登记，并有求职意愿。

(2) 领取期限的规定，如表5-9所示。

表5-9　　领取期限

缴费年限	领取期限
1年以上不满5年	12个月
5年以上不满10年	18个月
10年以上	24个月

知识驿站

(1) 失业人员重新就业后再次失业的，领取期限与前次失业尚未领取的期限合并计算，最长不超过24个月。

(2) 对期满仍失业且距法定退休年龄不足1年的，可继续发放失业保险金至退休。

(3) 发放标准：不低于当地城市居民最低生活保障标准，不高于当地最低工资标准。

(4) 其他待遇：①失业人员的基本医疗保险费由失业保险基金支付；②领取失业保险金期间死亡的，遗属可以领取一次性丧葬补助金和抚恤金；③职业介绍与职业培训补贴。

(二) 停止享受失业保险待遇的情形

失业人员在领取失业保险金期间有下列情形之一的，停止领取失业保险金，并同时停止享受其他失业保险待遇：

(1) 重新就业的。

(2) 应征服兵役的。

(3) 移居境外的。

(4) 享受基本养老保险待遇的。

(5) 被判刑收监执行的。

(6) 无正当理由，拒不接受当地人民政府指定部门或者机构介绍的适当工作或者提供的培训的。

任务实训

一、实训目标

强化学生对劳动和社会保险法律制度相关知识的理解，使学生能够学会运用法律知识维护自身合法权益。

二、实训内容

2023年7月1日，贾某某毕业于某专科院校。为了找到好工作，伪造名校硕士学位证书和注册会计师资格证书，顺利进入戊事务所工作，担任审计助理。戊事务所要求贾某某必须将学历学位证书和注册会计师资格证书交给所里保管，并交付1万元违约押金；同时还要求先签订6个月的试用期合同，期间工资打6折。迫于严峻的就业形势，贾某某同意。试用期考核通过转正后，贾某某每月工资3 000元。戊事务所一直以各种理由没有与贾某某签订劳动合同，且频繁地让贾某某出差加班，2024年1～5月贾某某每个月只休息1天，每天晚上基本都是凌晨2点左右才下班。2024年6月，戊事务所将贾某某以劳务派遣的方式派到庚公司财务部工作3个月，期间只给贾某某按当地最低工资标准每月2 000元发放工资。2024年9月，贾某某结束劳务派遣回到所里工作即被派出差，途中发生空难受伤住院，此时方知戊事务所一直没有替自己缴纳社保。戊事务所以未签合同还是临时工为由拒绝为其支付医疗费用，贾某某不得不自行垫付。2024年10月，贾某某告知戊事务所自己住院检查发现已怀孕。2024年11月，戊事务所通知尚在住院的贾某某，发现其证书全部为伪造，因此要解除劳动关系并扣除全部违约押金。请问：本案中违反劳动与社会保险法律制度的情形分别是哪些？法律对此是如何规定的？双方如果发生分歧应该如何依法解决？

三、实训要求

学生能够团结合作完成案例分析。

四、实训流程

①学生自由分组。②各组在规定的时间内完成相关的讨论。③学生提交案例讨论记录，作为评定考核成绩的依据之一。④各组完成案例分析并展示答案。⑤各组相互评议。⑥教师点评和总结。

五、实训考核

实训结束后，教师根据学生的讨论记录、实训情况和学生评议情况确定考核成绩。

思政案例

项目测试

一、单项选择题

1. 丙公司职工周某不慎点着煤气罐爆炸给丙公司造成了14 000 000元的经济损失，丙公司要求赔偿并每月从其工资中扣除。已知周某月工资为3 000元，当地月最低工资标准为2 500元。丙公司每月可从周某工资中扣除的法定最高限额为(　　)元。

A. 600　　B. 500　　C. 400　　D. 3 000

2. 2023年10月，乙公司安排吴某于10月1日加班1天，事后安排了补休。吴某的日工资为1 000元。乙公司应支付吴某的加班工资正确的是(　　)。

A. 1 000×300%＝3 000(元)　　B. 1 000×200%＝2 000(元)

C. 1 000×100％＝100(元)　　D. 0×300％＝0(元)

3. 下列关于试用期的表述中，正确的是(　　)。

A. 劳动合同期限不满1个月的，不得约定试用期

B. 以完成一定工作任务为期限的劳动合同，可以约定试用期

C. 试用期工资可以减半支付

D. 试用期时长可以自由约定

4. 被派遣劳动者数量不得超过单位用工总量的(　　)。

A. 1％　　B. 5％　　C. 10％　　D. 20％

5. 劳动仲裁应当自受理之日起(　　)日内结束。

A. 7　　B. 15　　C. 30　　D. 45

6. 下列关于建立劳动关系时间的表述中，正确的是(　　)。

A. 签订劳动合同之日　　B. 试用期考核通过之日

C. 进入单位实习之日　　D. 用工之日

7. 下列关于试用期的表述中，正确的是(　　)。

A. 试用期不需要发工资

B. 试用期考核没通过不需要发工资

C. 试用期需要签订劳动合同

D. 试用期工资可以减半发放

8. 竞业限制期限最长不得超过(　　)。

A. 1年　　B. 2年　　C. 5年　　D. 终生

9. 下列关于养老保险的表述中，正确的是(　　)。

A. 个人账户利息征利息税

B. 职工死亡后，其统筹账户中的余额可以继承

C. 个人账户可以随时支取

D. 职工缴纳的保险费记入个人账户

10. 按月领取基本养老金至少要缴纳(　　)年的保险费。

A. 30　　B. 5　　C. 50　　D. 15

11. 职工工伤死亡可领取的赔偿是(　　)。

A. 治疗费　　B. 一次性辞退补助金

C. 一次性伤残补助金　　D. 一次性工亡补助金

12. 下列关于劳动合同的表述中，正确的是(　　)。

A. 劳动合同只可以口头签订

B. 无效劳动合同，从订立时起就没有法律约束力

C. 劳动者入职后签订不签订劳动合同不重要

D. 劳动合同被确认无效的话，用人单位可以拒绝支付工资

二、多项选择题

1. 停止领取失业保险的情形包括(　　)。

A. 应征服兵役的　　B. 享受基本养老保险待遇的

C. 重新就业的　　D. 移居境外的

2. 下列用人单位中，可招用未成年人的有(   )。

A. 文艺单位　　B. 特种工艺单位

C. 直播平台　　D. 外卖平台

3. 下列劳动者中，可以随时通知用人单位解除劳动合同的有(   )。

A. 单位规定除每天白天工作外还必须每晚值夜班的钱某

B. 单位拒绝缴纳其社保的赵某

C. 单位只允许每天上 2 次厕所每次不超过 3 分钟的孙某

D. 单位总拖欠工资不给的李某

4. 养老保险费全部由个人缴纳的有(   )。

A. 自由职业者　　B. 公务员

C. 非全日制从业人员　　D. 现役军人

5. 由用人单位和职工共同缴纳的社会保险有(   )。

A. 养老保险　　B. 医疗保险　　C. 工伤保险　　D. 失业保险

三、判断题

1. 失业保险不高于当地最低工资标准。(   )

2. 劳动者因公受伤，但单位未缴工伤保险费，所以无权享受工伤保险待遇。(   )

3. 劳动者不可以选择向用人单位所在地的劳动争议仲裁委员会申请劳动仲裁。(   )

四、简答题

1. 无效劳动合同的类型是什么？

2. 职工不享受当年的年休假的情形有哪些？

3. 劳动合同的终止情形有哪些？

4. 不得解除和终止劳动合同的情形有哪些？

五、案例分析题

2023 年 4 月 1 日晚上 6 点 30 分，甲公司员工刘某在骑摩托车从单位回家路上因小汽车闯红灯被撞身亡。乙市丙区社保局认为刘某是下班回家遇到无责的交通事故，因此死亡属于工伤。甲公司对这一结论不服，理由是刘某在骑摩托车时没有佩戴头盔导致头部着地而死，属于自己过错导致死亡，不属于工伤。

问题：

(1) 甲公司应如何依法处理？

(2) 你认为刘某是否属于工伤？

项目六 合法财产神圣不可侵犯

——物权法律制度

项目介绍

本项目为中级会计资格考试、注册会计师考试、税务师考试、银行从业资格考试、经济师考试的必考项目，主要对物权法最基础的内容进行阐述。

项目导入

什么是物权？为什么要学习物权法律制度（以下简称物权法）？如何有效保护自身合法财产免受不法侵害？

课前导学

搜索《民法典》，结合现行民事法律规范思考[项目导入]中的问题。

学习目标

（一）知识目标

1. 了解建设用地使用权、宅基地使用权、居住权、地役权、占有的保护。

2. 熟悉物、物权、所有权的概念、土地承包经营权、担保物权概述、质权、占有的概念与分类。

3. 掌握物权变动、所有权的特殊取得方式、共有、抵押权、留置权。

（二）能力目标

初步知法、懂法，能够运用物权法解决纠纷。

（三）素养目标

正确认识物权法，理解与掌握《民法典》的立法精神，提高专业素质、理论分析能力和实务操作能力。

任务一 物权概述

导课

什么是物权？物权和债权存在什么关系？

考点归纳

1. 主要知识点

物；物权；物权变动。

2. 重难点

重点：物权变动。

难点：物权变动。

法律讲堂

一、物

物是独立于人身之外能为人力所控制并具有交换价值的客观存在，可分为以下几类：

(1) 以物能否移动且是否因移动而损害其价值为标准，可以将物分为动产与不动产。

(2) 以两个独立存在的物在用途上客观存在的主从关系为标准，可以将物分为主物与从物。

(3) 以两物之间存在的原有物产生新物的来源关系为标准，可以将物分为原物与孳息物。

二、物权

(一) 物权的概念与种类

物权，是指权利人依法对特定的物享有直接支配和排他的权利，包括：①所有权；②用益物权；③担保物权。

(二) 物权的效力

(1) 优先效力：①无例外情况，物权优于债权；②无例外情况，物权之间遵循时间在先，权利在先。

(2) 追及效力。物权设立后，其标的物不论辗转至何人之手，物权人都有权追及标的物之所在而直接支配该物。

(3) 妨害排除效力。在物权保护方面，物权人可基于物权排除他人妨害，恢复对物的正常支配。

知识驿站

与物权法定主义相反，债权遵循债权约定主义。

三、物权变动

（一）不动产物权变动

1. 基于法律行为而发生的不动产物权变动

（1）除法律另有规定外，不动产物权的设立、变更、转让和消灭，未经登记，不发生效力。

（2）土地承包经营权互换与转让、动产抵押权与地役权的设立、特殊动产的变更、转让和消灭，不登记不得对抗善意第三人。

（3）土地承包经营权自合同生效时设立。

2. 非基于法律行为的不动产物权变动

（1）因人民法院、仲裁机构的法律文书或人民政府的征收决定等，导致物权设立、变更、转让或者消灭的，自法律文书或征收决定等生效时发生效力。

（2）因继承取得物权的，自继承开始时发生效力。

（3）因合法建造、拆除房屋等事实行为设立或消灭物权的，自事实行为成就时发生效力。

（二）动产物权变动

1. 动产物权变动模式

（1）基于法律行为的动产物权变动。除法律另有规定外，动产物权的设立和转让，自交付时发生效力。

（2）非基于法律行为的动产物权变动规则与非基于法律行为的不动产物权变动规则一致。

2. 交付制度

（1）现实交付：当事人双方形成合意后，出让人将物实际交受让人占有。

（2）观念交付：①简易交付：动产物权设立和转让前，权利人已经占有该动产的，物权自民事法律行为生效时发生效力；②指示交付：动产物权设立和转让前，第三人占有该动产的，负有交付义务的人可以通过转让请求第三人返还原物的权利代替交付；③占有改定：动产物权转让时，当事人又约定由出让人继续占有该动产的，物权自该约定生效时发生效力。

任务实训

一、实训目标

深化学生对物权法定主义的认识，使学生明确学习物权的意义，培育法治观念。

二、实训内容

针对以下两方观点进行辩论。

正方观点：市场高速运转下，应取消物权法定主义。

反方观点：市场高速运转下，应坚持物权法定主义。

三、实训要求

能够提出足够的论据支持论点。

四、实训环节

①学生自由选题、自由分组。②各组轮流开展辩论。③其余组评议和打分。④教师点评和打分。

五、实训考核

实训结束后，教师根据学生的表现确定考核成绩。

任务二　所　有　权

导课

共有是否突破一物之上只能设定一个所有权的限制？

考点归纳

1. 主要知识点

所有权的特殊取得方式；共有。

2. 重难点

重点：所有权的特殊取得方式；共有。

难点：共有。

法律讲堂

所有权是指所有权人依法对其所有的不动产或动产，享有占有、使用、收益、处分的权利。

一、所有权的特殊取得方式

（一）善意取得

（1）善意取得的构成要件：①合法占有不动产或动产的无处分权人将不动产或动产转让给受让人；②受让人受让时为善意；③转让价格合理；④依法完成公示。

（2）善意取得的法律效果：①受让人取得动产或不动产的所有权；②原所有权人可向让与人主张损害赔偿。

（二）拾得遗失物

1. 拾得人的权利和义务

（1）拾得人的权利：①可向权利人主张保管遗失物的必要费用；②可向权利人主张依照悬赏公告支付报酬；③拾得人侵占遗失物的，无权主张保管费用与报酬。

（2）拾得人的义务：①拾得人拾得遗失物应及时通知权利人领取，或送交公安等相关部门。相关部门收到遗失物，知道权利人的，应及时通知其领取。不知道的，应及时发布招领公告；遗失物自发布招领公告之日起1年内无人认领的，归国家所有。②拾得人在遗失物送交有关部门前，有关部门在遗失物被领取前，应当妥善保管遗失物。因故意或重大过失致使遗失物毁损、灭失的，应当承担民事责任。

2. 所有权人的权利

(1) 所有权人或其他权利人有权追回遗失物。

(2) 该遗失物通过转让被他人占有的，权利人有权向无处分权人请求损害赔偿，或自知道或应当知道受让人之日起 2 年内向受让人请求返还原物。

(3) 受让人通过拍卖或向具有经营资格的经营者购得该遗失物的，权利人请求返还原物时应支付受让人所付的费用。权利人向受让人支付所付费用后，有权向无处分权人追偿。

课堂练习

【多项选择题】根据法律规定，下列关于拾得遗失物法律效果的表述中，正确的有(　　)。

A. 权利人领取遗失物时，应当向拾得人或者有关部门支付保管遗失物等支出的必要费用

B. 拾得人侵占遗失物的，无权请求保管遗失物等支出的费用

C. 遗失物自有关部门发布招领公告之日起 1 年内无人认领的，归国家所有

D. 拾得人因重大过失致使遗失物毁损、灭失的，应当承担民事责任

答案：ABCD

二、共有

(一) 共有的类型

共有，是指两个以上的人对同一物的共同所有，主要有共同共有和按份共有两种类型。

(1) 共同共有，是指共有人基于共有关系不分份额地对共有物享有权利、承担义务，常见为夫妻共有、家庭共有等。

(2) 按份共有，是指共有人分别按照确定的份额对共有物分享权利、分担义务，共有人对共有状态没有约定或约定不明确的，除共有人具有家庭关系外，视为按份共有。

(二) 债权债务的承担

(1) 因共有财产产生的债权债务，共有人享有连带债权、承担连带债务，但法律另有规定或第三人知道共有人不具有连带债权债务关系的除外。

(2) 除共有人另有约定外，共同共有人之间共享债权、共担债务。

(3) 除另有约定外，按份共有人按照份额享有债权、承担债务。超份额偿还债务的按份共有人，有权向其他共有人追偿。

(三) 按份共有下财产份额的转让

按份共有人可对外转让其对共有物享有的财产份额，其他按份共有人在同等条件下享有优先购买权。

(1) 同等条件应综合财产份额转让价格、履行方式及期限等因素确定。

(2) 优先购买权的行使期限：①转让人向其他按份共有人发出的包含同等条件内容的通知中载明行使期间的，以该期间为准；②通知未载明行使期间，或载明的期间短于通知送达之日起 15 日的，为 15 日；③转让人未通知的，为其他按份共有人知道或应当知道最终确定的同等条件之日起 15 日；④转让人未通知，且无法确定其他按份共有人知道或应当知道最终确定的同等条件的，为共有份额权属转移之日起 6 个月。

(3) 2个以上的按份共有人主张行使优先购买权的，应协商确定各自的购买比例。协商不成的，按照转让时各自的财产份额比例行使优先购买权。

(4) 除另有约定外，按份共有人之间转让财产份额，其他按份共有人无优先购买权。

任务实训

一、实训目标

深化学生对善意取得的认识，使学生明确学习物权法的意义，培育法治观念。

二、实训内容

甲、乙、丙三人共同继承一件和田玉摆件，由甲保管。甲擅自将该摆件以市场价卖给丁并已交付，丁对前述关系并不知情。乙、丙得知后共同起诉丁，要求丁返回该摆件并承担本案诉讼费用。现围绕上述案情起草答辩状。

三、实训要求

事实与理论要充分，论据能有效支撑观点。

四、实训环节

①学生自由分组。②各组讨论并起草答辩状。③其余组评议和打分。④教师点评和打分。

五、实训考核

实训结束后，教师根据学生的表现确定考核成绩。

任务三　用益物权

导课

近年来，土地"三权分置"改革取得巨大成效，"三权"是哪三类权利？

考点归纳

1. 主要知识点

土地承包经营权；建设用地使用权；宅基地使用权；居住权；地役权。

2. 重难点

重点：土地承包经营权。

难点：地役权。

法律讲堂

一、土地承包经营权

土地承包经营权人在土地承包期内，有权就其承包的耕地、林地、草地开展农业生产经营。

(一) 土地承包经营权的取得方式

土地承包经营权，是指公民集体对集体所有或国家所有由全民所有制或集体所有制单位使用的国有土地的承包经营权。土地承包经营权人在土地承包期内，有权就其承包的耕地、林地、草地开展农业生产经营。

1. 以合同取得

(1) 土地承包经营权自合同生效时设立。

(2) 登记机构应向土地承包经营权人发放权属证书，并登记造册。

2. 以互换、转让取得

(1) 互换、转让的主体只能是本集体经济组织成员。

(2) 土地承包经营权互换、转让的，未经登记，不得对抗善意第三人。

3. 以招标、拍卖、公开协商等方式取得

(1) 承包客体限于荒山、荒沟、荒丘、荒滩。

(2) 承包主体不限于本集体经济组织成员。

(3) 通过招标、拍卖、公开协商等方式承包农村土地，经依法登记取得权属证书的，可以依法采取出租、入股、抵押或其他方式流转。

(二) 土地承包经营权的流转原则

(1) 土地承包经营权人依照法律规定，有权将土地承包经营权互换、转让。

(2) 互换、转让的主体只能是本集体经济组织成员。

(3) 互换需进行备案，转让则需得到本集体经济组织的同意。

(三) 土地经营权的流转原则

(1) 土地承包经营权人可以自主决定依法采取出租、入股或其他方式向他人流转土地经营权。

(2) 流转期限为5年以上的土地经营权，自流转合同生效时设立，未经登记，不得对抗善意第三人。

课堂练习

【多项选择题】下列关于土地承包经营权的说法中，正确的有(　　)。

A. 土地承包经营权人有权将土地承包经营权转让给本集体经济组织成员

B. 本集体经济组织之外的人可以通过招标的方式承包本集体经济组织的荒滩

C. 通过招标方式承包农村土地，经依法登记取得权属证书的，可以采取出租方式流转土地经营权

D. 土地承包经营权可以向本集体经济组织之外的人转让

答案：ABC

二、建设用地使用权

建设用地使用权，是指建设用地使用权人依法对国家所有的土地进行占有、使用和收益，并利用该土地建造建筑物、构筑物及其附属设施的用益物权。建设用地使用权的取得方式包括划拨取得和出让取得。

(一) 划拨取得建设土地使用权

(1) 国家机关、国防等公益事业用地可通过划拨方式取得。

(2) 划拨具有无偿性与无期限性。

(3) 再转让时应依法办理相关手续并缴足土地出让金。

(二) 出让取得建设土地使用权

(1) 出让取得的期限:①居住用地为70年;②工业用地和教育、科技、文化、卫生、体育用地为50年;③商业、旅游、娱乐用地为40年;④综合或者其他用地为50年。

(2) 住宅建设用地使用权期限届满自动续期。

(3) 工业、商业、旅游、娱乐和商品住宅等经营性用地及同一土地有2个以上意向用地者的,应当采取招标、拍卖等公开竞价的方式出让。

三、宅基地使用权

宅基地使用权,是指宅基地使用权人依法对集体所有的土地进行占有和使用,并利用该土地建造住宅及其附属设施的用益物权。

(一) 取得宅基地使用权

(1) 宅基地使用权坚持"一户一权"原则。

(2) 宅基地使用权是无偿取得的永久性权利。

(二) 宅基地使用权的流转原则

(1) 宅基地使用权原则上禁止流转,在例外情况下,可以继承或伴随宅基地上的房屋所有权的转让而流转。

(2) 宅基地使用权流转的限制:①受让人只能是本集体经济组织的成员;②转让人出卖住房后,不得再申请宅基地;③受让人受让后的宅基地面积不得超过省级标准。

四、居住权

居住权,是指居住权人按照合同约定对他人住宅进行占有、使用,以满足生活居住需要的用益物权。

(一) 居住权的设立

(1) 设立居住权应订立书面居住权合同,或采用遗嘱方式。

(2) 居住权自登记时设立。

(3) 除另有约定外,居住权无偿设立。

(二) 居住权的流转原则

(1) 居住权不得转让、继承。

(2) 除另有约定外,设立居住权的住宅不得出租。

(三) 居住权的消灭

(1) 居住权期限届满或居住权人死亡的,居住权消灭。

(2) 居住权消灭的,应及时办理注销登记。

五、地役权

地役权,是指地役权人按照合同约定,利用他人不动产以提高己方不动产效益的用益物权。

(一) 地役权的设立

(1) 设立地役权,当事人应订立书面地役权合同,地役权自合同生效时设立。

(2) 未经登记,不得对抗善意第三人。

(3) 地役权的期限由当事人约定,但不得超过土地承包经营权、建设用地使用权等用益物权的剩余期限。

(二) 地役权的消灭

地役权人违法或违约滥用地役权,供役地权利人有权解除地役权合同。

任务实训

一、实训目标

深化学生对土地承包经营权的认识,使学生明确学习物权法的意义,培育法治观念。

二、实训内容

大张与大刘同为甲村村民,为便于耕种与管理,欲将各自拥有的土地(分别位于乙地与丁地,均为50亩)进行互换,现围绕上述案情起草土地承包经营权互换合同。

三、实训要求

符合现行法律规定。

四、实训环节

①学生自由分组并分工。②各组成员结合分工起草土地承包经营权互换合同。③其余组评议和打分。④教师点评和打分。

五、实训考核

实训结束后,教师根据学生的表现确定考核成绩。

任务四　担保物权

导课

用益物权是利用物的使用价值,担保物权是利用物的什么价值?

考点归纳

1. 主要知识点

担保物权;抵押权;质权;留置权。

2. 重难点

重点:抵押权;留置权。

难点:抵押权。

法律讲堂

一、担保物权概述

(一) 担保物权的特征

1. 从属性

(1) 主合同无效的，担保合同无效，但是法律另有规定的除外。

(2) 当事人在担保合同中约定担保合同的效力独立于主合同，或约定担保人对主合同无效的法律后果承担担保责任，该约定无效。

2. 不可分性

(1) 被担保的债权即使被分割、部分清偿或消灭，担保物权仍为担保各部分的债权或余存的债权而存在。

(2) 主债务被分割，债务人自己提供物的担保，债权人可就该担保财产主张担保责任。第三人提供物的担保，未经其书面同意，不再就转移的债务承担担保责任。

(3) 担保标的物即使被分割或部分灭失，分割后各部分或余存的部分担保物，仍为担保全部债权而存在。

3. 物上代位性

担保期间，担保财产毁损、灭失或被征收，担保物权人仍可就获得的保险金、赔偿金或补偿金等优先受偿。

4. 补充性

只有在债务人不履行到期债务或发生当事人约定实现担保物权的情形时，担保物权才会发挥担保功能。

(二) 担保合同无效的情形

(1) 机关法人提供担保的，担保合同无效，但经国务院批准为使用外国政府或国际经济组织贷款进行转贷的除外。

(2) 居民委员会、村民委员会提供担保的，担保合同无效，但依法代行村集体经济组织职能的村民委员会，依规定程序对外提供担保的除外。

(3) 以公益为目的的非营利性学校、幼儿园、医疗机构、养老机构等提供担保的，担保合同无效。但以教育设施、医疗卫生设施、养老服务设施和其他公益设施以外的不动产、动产或财产权利设立担保物权的除外。

课堂练习

【多项选择题】 担保物权的特征包括(　　)。

A. 从属性

B. 不可分性

C. 物上代位性

D. 补充性

答案：ABCD

二、抵押权

(一) 抵押权概述

抵押权，是指为担保债务履行，债务人或第三人将其动产或不动产以不转移占有的方式作为债权担保，债务人不履行到期债务或发生当事人约定实现抵押权的情形时，债权人有权就该财产优先受偿的担保物权。

(二) 抵押合同

抵押合同的有关规定如下：

(1) 设立抵押权，当事人应订立书面抵押合同。

(2) 抵押合同对被担保的主债权种类、抵押财产没有约定或约定不明，根据主合同和抵押合同不能补正或无法推定的，抵押权不成立。

(3) 抵押权人在债务履行期限届满前，与抵押人约定债务人不履行到期债务时抵押财产归债权人所有的，该条款无效，抵押权人只能依法就该抵押财产优先受偿。

(三) 抵押财产

(1) 允许抵押的财产：①建筑物和其他土地附着物；②建设用地使用权；③海域使用权；④正在建造的建筑物；⑤生产设备、原材料、半成品、产品；⑥正在建造的船舶、航空器。

(2) 不得抵押的财产：①土地所有权；②宅基地、自留地、自留山等集体所有的土地使用权，但是法律规定可以抵押的除外；③学校、幼儿园、医疗机构等为公益目的成立的非营利法人的教育设施、医疗卫生和其他公益设施；④所有权、使用权不明或者有争议的财产；⑤依法被查封、扣押、监管的财产；⑥其他不得抵押财产，如违法、违章的建筑物。

(四) 抵押权的实现

1. 实现条件

(1) 债务人不履行到期债务。

(2) 发生当事人约定的实现抵押权的情形。

2. 实现方式

(1) 当事人未就抵押权实现方式达成协议的，抵押权人可以请求人民法院拍卖、变卖抵押财产。

(2) 折价协议损害其他债权人利益的，其他债权人可以请求人民法院撤销折价协议。

(五) 动产浮动抵押权

企业、个体工商户、农业生产经营者可以将现有的及将有的生产设备、原材料、半成品、产品抵押，债务人不履行到期债务或发生当事人约定的实现抵押权的情形，债权人有权就抵押财产确定时的动产优先受偿。债权人在此享有的抵押权称为浮动抵押权。

浮动抵押，抵押财产自下列情形之一发生时确定：

(1) 债务履行期限届满，债权未实现。

(2) 抵押人被宣告破产或解散。

(3) 出现当事人约定的实现抵押权的情形。

(4) 严重影响债权实现的其他情形。

(六) 最高额抵押权

最高额抵押权，是指为担保债务履行，债务人或第三人对一定期间内将要连续发生的债权提供担保财产，债务人不履行到期债务或发生当事人约定的实现抵押权的情形，抵押权人有权在最高债权额限度内就该担保财产优先受偿。

债权确定情形如下：

(1) 约定的债权确定期间届满。

(2) 没有约定债权确定期间或约定不明确，抵押权人或抵押人自最高额抵押权设立之日起满2年后请求确定债权。

(3) 新的债权不可能发生。

(4) 抵押财产被查封、扣押。

(5) 债务人、抵押人被宣告破产或者被撤销。

(6) 法律规定债权确定的其他情形。

课堂练习

【单项选择题】甲公司将其现有的及将有的生产设备、原材料、半成品、产品一并抵押给乙银行，借款200万元，未办理抵押登记。抵押期间，甲公司以市场价格将原材料转让给善意第三人丙公司，并完成交付。后甲公司不能清偿到期债务，则下列表述正确的是(　　)。

A. 该抵押权虽已设立但不能对抗丙公司

B. 乙银行有权对丙公司主张抵押权

C. 该抵押未经登记设立无效

D. 丙公司无法取得原材料的所有权

答案：A

三、质权

质权分为动产质权和权利质权。

(一) 动产质权

动产质权是指为担保债务的履行，债务人或第三人将其动产出质给债权人占有，债务人不履行到期债务或发生当事人约定的实现质权的情形，债权人有权就该动产优先受偿的担保物权。

1. 质押合同

(1) 为设立质权，当事人应订立书面质押合同。

(2) 质押担保范围包括主债权及利息、违约金、损害赔偿金、质物保管费用和实现质权的费用。

(3) 质权人在债务履行期限届满前，与出质人约定债务人不履行到期债务时质押财产归债权人所有的，该条款无效，质权人只能依法就该质押财产优先受偿。

2. 质权的实现

(1) 债务人不履行到期债务或发生当事人约定的实现质权的情形，质权人可以与出质人协议以质押财产折价，也可以就拍卖、变卖质押财产所得的价款优先受偿。

(2) 出质人可以请求质权人在债务履行期届满后及时行使质权。质权人不行使的，出质人可以请求人民法院拍卖、变卖质押财产。出质人请求质权人及时行使质权，因质权人怠于行使权利造成损害的，由质权人承担赔偿责任。

(二) 权利质权

1. 权利范围

(1) 汇票、本票、支票、存款单、仓单、提单、债券。

(2) 可以转让的基金份额、股权。

(3) 知识产权中的财产权。

(4) 现有的及将有的应收账款。

2. 设立

(1) 以汇票、本票、支票、存款单、仓单、提单、债券等质押,有权利凭证的,自交付权利凭证时设立。没有权利凭证的,自办理出质登记时设立。

(2) 以可以转让的基金份额、股权、知识产权中的财产权、现有的及将有的应收账款质押的,自办理出质登记时设立。

课堂练习

【多项选择题】债务人有权处分的下列权利中,可设立权利质权的有(　　)。

A. 建设用地使用权　　B. 仓单

C. 动产所有权　　D. 应收账款

答案:BD

四、留置权

留置权,是指债务人不履行到期债务,债权人可以留置已合法占有的债务人的动产,并有权就该动产优先受偿的担保物权。留置权的实现如下:

(1) 留置权人与债务人应约定留置财产后的债务履行期限。没有约定或约定不明确的,留置权人应给债务人 60 日以上履行债务的期限,但是鲜活易腐等不易保管的动产除外。

(2) 债务人逾期未履行的,留置权人可以与债务人协议以留置财产折价,也可就拍卖、变卖留置财产所得的价款优先受偿。

(3) 留置财产折价或拍卖、变卖后,其价款超过债权数额的部分归债务人所有,不足部分由债务人清偿。

任务实训

一、实训目标

深化学生对抵押权的认识,使学生明确学习物权法的意义,培育法治观念。

二、实训内容

甲欲向乙借款 300 万元,乙要求甲以其在丙市 A 区所有的商品房设立抵押,甲、乙就此达成合意,现就此起草商品房抵押合同。

三、实训要求

符合现行法律规定。

四、实训环节

①学生自由分组并分工。②各组成员结合分工起草商品房抵押合同。③其余组评议

和打分。④教师点评和打分。

五、实训考核

实训结束后,教师根据学生的表现确定考核成绩。

任务五 占　有

导课

占有是物权四大权能之一,哪些类型的物权不具备占有权能?

考点归纳

1. 主要知识点

占有的概念与分类;占有的保护。

2. 重难点

重点:占有的概念与分类。

难点:占有的保护。

法律讲堂

一、占有的概念与分类

占有,是指人对于物进行实际控制的事实状态,其分类具体如表6-1所示。

表6-1　占有的分类

分类标准	分类
占有是否具有法律依据	有权占有
	无权占有
无权占有人是否误信为有占有的法律依据	善意占有
	恶意占有
占有人对物的占有是否具有所有的意思	自主占有
	他主占有
占有人在事实上是否直接占有其物	直接占有
	间接占有

知识驿站

(1) 不动产或动产被占有人占有的,权利人可以请求返还原物及其孳息,但应支付善意占有人因维护该不动产或动产支出的必要费用。

(2) 占有人因使用占有的不动产或动产，致使该不动产或动产受到损害的，恶意占有人应当承担赔偿责任。

二、占有的保护

占有的不动产或动产被侵占的，占有人有权请求返还原物。对妨害占有的行为，占有人有权请求排除妨害或者消除危险。因侵占或妨害造成损害的，占有人有权依法请求损害赔偿。

占有物返还请求权自侵占发生之日起 1 年内未行使的，该请求权消灭。

任务实训

一、实训目标

深化学生对占有的认识，使学生明确学习物权法的意义，培育法治观念，树立法律权威。

二、实训内容

林某驾驶的小汽车是从甲公司租赁的，赵某未经林某同意私自将其开走，林某多次催要未果后，决定向法院提起诉讼。现围绕上述案件事实起草起诉状。

三、实训要求

事实与理论充分，论据能有效支撑观点。

四、实训环节

①学生自由分组。②各组讨论与起草起诉状。③其余组评议和打分。④教师点评和打分。

五、实训考核

实训结束后，教师根据学生的表现确定考核成绩。

思政案例

项 目 测 试

一、单项选择题

1. 甲将宠物狗玩具借给乙，乙在借用期间欲购买该宠物狗玩具。因乙已经在借用期间占有该宠物狗玩具，故双方约定宠物狗玩具在协议达成时立即交付。则该宠物狗玩具的交付状态为(　　)。

   A. 实物交付　　B. 占有改定　　C. 指示交付　　D. 简易交付

2. 下列各项物权变动中，属于原始取得的是(　　)。

   A. 甲送给乙一台汽车作为生日礼物　　B. 丙继承母亲的一套商品房

   C. 丁外出在山上拾得蘑菇两袋　　D. 戊从庚手里买到一条铂金项链

3. 甲向乙借款，为担保债务履行，甲将电脑出质给乙。乙不慎将电脑损坏。根据法律规定，下列表述中，正确的是(　　)。

   A. 甲有权拒绝归还借款并要求乙赔偿损失

B. 甲有权要求解除质押合同

C. 甲有权要求乙赔偿损失

D. 甲有权要求延期还款

4. 根据法律规定,下列财产中,可用于设立抵押权的是(　　)。

A. 集体土地所有权　　B. 被法院查封的车辆

C. 应收账款　　D. 船舶

5. 李某将自己的宠物猫出售给刘某,但约定继续占有该宠物猫一个月,该交付方式属于(　　)。

A. 指示交付　　B. 现实交付　　C. 占有改定　　D. 简易交付

6. 下列关于按份共有份额的说法中,错误的是(　　)。

A. 按份共有人对共有物享有的份额,可以约定

B. 没有约定或约定不明的,按照出资额确定

C. 不能确定出资额的,视为等额

D. 不能确定出资额的,视为共同共有

7. 甲村村民陈某拟承包甲村的一块耕地,下列说法符合法律规定的是(　　)。

A. 该耕地可用于旅游度假村建设

B. 陈某可向甲村以外的人员转让该耕地

C. 该耕地的土地承包经营权自合同生效时设立

D. 该耕地的土地承包经营权自登记时生效

8. 关于以无偿划拨方式取得建设用地使用权,该项使用权的期限为(　　)。

A. 最长期限为 30 年　　B. 最长期限为 50 年

C. 最长期限为 70 年　　D. 无使用期限限制

9. 根据法律规定,下列财产设定抵押的,抵押权自登记时设立的是(　　)。

A. 汽车　　B. 运输船　　C. 飞机　　D. 厂房

二、多项选择题

1. 下列关于物权设立的说法中,错误的有(　　)。

A. 以船舶抵押的,抵押权自完成抵押登记时设立

B. 居住权自登记时设立

C. 地役权自登记设立

D. 土地承包经营权自合同生效时设立

2. 下列关于居住权的表述中,正确的有(　　)。

A. 居住权合同可以采用口头形式订立　　B. 居住权期限届满的,居住权消灭

C. 居住权自登记时设立　　D. 居住权合同可以约定有偿

3. 下列关于土地承包经营权的说法中,正确的有(　　)。

A. 土地承包经营权人有权将土地承包经营权互换

B. 本集体经济组织之外的人可以通过招标的方式承包本集体经济组织的荒山

C. 通过招标方式承包农村土地,经依法登记取得权属证书的,可以采取出租方式流转土地经营权

D. 土地承包经营权可向本集体经济组织之外的人转让

4. 下列各项中，属于动产的有(　　)。

A. 办公楼　B. 土地　C. 电脑　D. 船舶

5. 下列关于按份共有人优先购买权行使期限的表述中，正确的有(　　)。

A. 转让人向其他按份共有人发出的包含同等条件内容的通知中载明行使期间的，以该期间为准

B. 通知未载明行使期间，或载明的期间短于通知送达之日起 15 日的，为 15 日

C. 转让人未通知的，为其他按份共有人知道或应当知道最终确定的同等条件之日起 15 日

D. 转让人未通知，且无法确定其他按份共有人知道或应当知道最终确定的同等条件的，为共有份额权属转移之日起 6 个月

6. 下列权利可设立权利质权的有(　　)。

A. 仓单　B. 应收账款　C. 土地所有权　D. 宅基地使用权

7. 小偷对盗窃物的占有属于(　　)。

A. 有权占有　B. 无权占有　C. 恶意占有　D. 自主占有

8. 依据占有是否具有法律依据，占有可分为(　　)。

A. 有权占有　B. 无权占有　C. 恶意占有　D. 善意占有

三、判断题

1. 占有人返还原物的请求权，自侵占发生之日起一年内未行使的，该请求权消灭。(　　)
2. 土地所有权均归属于国家。(　　)
3. 土地承包经营权可用于非农建设。(　　)
4. 物权遵循物权法定主义。(　　)
5. 无特别约定时，夫妻之间的共有为按份共有。(　　)
6. 地役权的期限由当事人约定，可超过土地承包经营权的剩余期限。(　　)
7. 土地所有权在补足出让金后可以设定抵押权。(　　)
8. 有权占有包括善意占有和恶意占用。(　　)

四、简答题

1. 所有权的权能包括哪些?
2. 简述担保物权的类型。

五、案例分析题

2023 年 6 月 20 日，甲将其宠物猫出卖给好友乙。双方约定：第一，乙应于 2023 年 6 月 27 日支付价款 500 元，付款后即可取得宠物猫的所有权；第二，甲应于 2024 年 1 月 13 日将宠物猫送至乙家中，此前宠物猫仍由甲负责照顾。2023 年 6 月 27 日，乙将 500 元转至甲的银行卡账户。其后，甲微信回复乙称已收到 500 元转账。2023 年 8 月 1 日，宠物猫产下 3 只小猫。甲知晓丙喜欢小动物，欲以 1 000 元市场价将 3 只小猫卖给丙。随后，丙支付 1 000 元现金，并带走了 3 只小猫。已知：丙对甲和乙的买卖合同并不知情。

问题：

(1) 甲对三只小猫是否拥有所有权?

(2) 丙能否取得三只小猫的所有权?

项目七 会计职业生涯的底线坚守

——会计法律制度

项目介绍

本项目为初级会计资格考试、经济师考试的必考项目，主要对会计法律制度的内容进行阐述。

项目导入

会计从业者要避免在工作中成为违法者，就必须学会在工作中遵纪守法，因此财会类专业的学生一定要学好会计法律制度。

课前导学

搜索社会上发生的会计违法犯罪的典型案例，反思发生的原因。

学习目标

(一) 知识目标

1. 了解会计法律制度的基本规定。
2. 熟悉会计机构和会计人员的相关内容。
3. 掌握如何实施会计监督。

(二) 能力目标

初步知法、懂法，能够在会计工作中遵守基本的法律规定。

(三) 素养目标

正确认识会计法律制度对会计职业的重要意义，形成依法工作的意识，深刻理解会计法律制度对企业的重要意义。

任务一　会计法律制度与会计核算

导课

你知道的会计法律制度有哪些？为什么要依法进行会计核算？

考点归纳

1. 主要知识点

会计法律制度的适用范围；会计工作管理体制；会计核算的基本要求；会计凭证；会计档案管理。

2. 重难点

重点：会计工作管理体制；会计核算的基本要求；会计凭证；会计档案管理。

难点：会计档案的保管期限。

法律讲堂

一、会计法律制度的概念

会计法律制度，是指调整会计关系的法律规范的总称，其具体表现形式包括法律（如《会计法》、法规（如《总会计师条例》《企业财务会计报告条例》）、规章和其他规范性文件。

二、《会计法》的适用范围

《会计法》适用于中国一切单位和外国在华单位的会计事务，所有单位都实行统一的会计制度。

三、会计工作管理体制

（一）行政机关的管理

国务院财政部门主管全国的会计工作，县级以上地方各级人民政府财政部门管理本行政区域内的会计工作。

（二）单位内部的管理

单位负责人对本单位的会计工作和会计资料的真实性、完整性负责。单位负责人应当保证会计机构、会计人员依法履行职责，不得授意、指使、强令会计机构、会计人员违法办理会计事项。

四、会计核算

（一）基本要求

（1）依法建账。各单位应当按照《会计法》和国家统一的会计制度规定建立会计账册，进行会计核算，不得违反规定私设会计账簿进行登记、核算。

(2) 根据实际发生的经济业务核算。

(3) 保证会计资料的真实和完整，这是会计资料最基本的质量要求。真实性，是指会计资料同实际发生的经济业务一致；完整性，是指会计资料的要素齐全。

知识驿站

造成会计资料不真实、不完整的原因可能是多方面的，但伪造、变造会计资料是重要手段之一。其中：

(1) 伪造会计资料指的是"无中生有"，以虚假的经济业务为前提来编制会计凭证和账簿。

(2) 变造会计资料指的是涂改、挖补真实的会计资料。

(4) 正确采用会计处理方法。各单位采用的会计处理方法，前后各期应当一致，不得随意变更；确有必要变更的，应当按照国家统一的会计制度的规定变更，并将变更的原因、情况及影响在财务会计报告中说明。

(5) 正确使用会计记录文字。会计记录的文字应当使用中文，少数民族自治地区可以同时使用少数民族文字。中国境内的外商投资企业、外国企业和其他外国经济组织也可以同时使用某种外国文字。

(6) 使用电子计算机进行会计核算必须符合法律规定。使用电子计算机进行会计核算的，其软件及其生成的会计凭证、会计账簿、财务会计报告和其他会计资料，也必须符合国家统一的会计制度的规定。

(二) 会计年度

会计年度自公历 1 月 1 日起至 12 月 31 日止。

(三) 记账本位币

会计核算以人民币为记账本位币。业务收支以人民币以外的货币为主的单位，可以选定其中一种货币作为记账本位币，但是编报的财务会计报告应当折算为人民币。

(四) 会计凭证

1. 会计凭证的种类

会计凭证按其来源和用途，分为原始凭证和记账凭证。

2. 原始凭证填制的基本要求

会计机构、会计人员必须按照国家统一的会计制度的规定对原始凭证进行审核，对不真实、不合法的原始凭证有权不予接受，并向单位负责人报告；对记载不准确、不完整的原始凭证予以退回，并要求按照国家统一的会计制度的规定更正、补充。原始凭证记载的各项内容均不得涂改；原始凭证有错误的，应当由出具单位重开或者更正，更正处应当加盖出具单位印章。原始凭证金额有错误的，应当由出具单位重开，不得在原始凭证上更正。

课堂讨论

为什么原始凭证开具和填制有这么多的要求，如果不照做会产生什么样的后果？

3. 记账凭证填制的基本要求

记账凭证应当根据经过审核的原始凭证及有关资料编制。填制凭证人员、稽核人员、记账人员、会计机构负责人(会计主管人员)必须在记账凭证上签名或者盖章。收款和付款记账凭证还应有出纳人员签名或者盖章。会计电算化打印出的机制记账凭证要加盖制单人员、审核人员、记账人员及会计机构负责人(会计主管人员)印章或者签字。除结账和更正错误的记账凭证可以不附原始凭证外,其他记账凭证必须附有原始凭证。填制记账凭证有错不得更正,只能重新填制。

4. 会计凭证的保管

记账凭证应当连同所附的原始凭证或者原始凭证汇总表,按照编号顺序,折叠整齐,按期装订成册,并由装订人在装订线封签外签名或者盖章。原始凭证不得外借,其他单位如因特殊原因需要使用原始凭证时,经本单位会计机构负责人、会计主管人员批准,可以复制。向外单位提供的原始凭证复制件,应当在专设的登记簿上登记,并由提供人员和收取人员共同签名或者盖章。从外单位取得的原始凭证如有遗失,应当取得原开出单位盖有公章的证明,并注明原来凭证的号码、金额和内容等,由经办单位会计机构负责人、会计主管人员和单位领导人批准后,才能代作原始凭证。如果确实无法取得证明的,如火车、轮船、飞机票等凭证,由当事人写出详细情况,由经办单位会计机构负责人、会计主管人员和单位领导人批准后,代作原始凭证。

(五) 会计账簿

会计账簿包括总账(通常采用订本式)、明细账(通常采用活页式)、日记账(现金日记账和银行存款日记账,必须采用订本式,不得用银行对账单代替日记账)和其他辅助性账簿(备查账簿)。会计账簿应当按照连续编号的页码顺序登记。会计账簿记录发生错误或者隔页、缺号、跳行的,应当按照国家统一的会计制度规定的方法更正,并由会计人员和会计机构负责人(会计主管人员)在更正处盖章。使用电子计算机进行会计核算的,其会计账簿的登记、更正,应当符合国家统一的会计制度的规定。

(六) 财务会计报告

1. 财务会计报告的构成

财务会计报告由会计报表、会计报表附注和财务情况说明书组成。其中,会计报表应当包括资产负债表、利润表、现金流量表及相关附表。财务会计报告按编制时间分为年度、半年度、季度和月度财务会计报告。年度、半年度财务会计报告应当包括会计报表、会计报表附注、财务情况说明书;季度、月度财务会计报告通常仅指会计报表。

2. 财务会计报告的对外提供

财务会计报告必须经注册会计师审计,审计报告应当随同财务会计报告一并提供。财务会计报告应当由单位负责人和主管会计工作的负责人、会计机构负责人(会计主管人员)签名并盖章;设置总会计师的单位,还须由总会计师签名并盖章。单位负责人应当保证财务会计报告真实、完整。国有企业、国有控股的或者占主导地位的企业,应当至少每年一次向职工代表大会公布财务会计报告。

(七) 账务核对和财产清查

1. 账务核对

在会计核算中,为保证账簿记录正确可靠,对账簿中有关数据进行检查和核对,各单位应当保证账证相符、账账相符、账实相符。对账工作每年至少进行一次。

2. 财产清查

财产清查，是会计核算工作的一项重要程序，特别是在编制年度财务会计报告之前，各单位必须进行财产清查。即通过定期或不定期、全面或部分地对各项财产物资进行实地盘点和对库存现金、银行存款、债权债务进行清查核对。

五、会计档案管理

（一）会计档案的归档

1. 归档范围

下列会计资料应当进行归档：会计凭证；会计账簿；财务会计报告；其他会计资料，包括银行存款余额调节表，银行对账单，纳税申报表，会计档案移交、保管和销毁清册，会计档案鉴定意见书等。

2. 归档要求

当年形成的会计档案，在会计年度终了后，可由单位会计管理机构临时保管 1 年，再移交单位档案管理机构保管。因工作需要确需推迟移交的，应当经单位档案管理机构同意。单位会计管理机构临时保管会计档案最长不超过 3 年。临时保管期间，会计档案的保管应当符合国家档案管理的有关规定，且出纳人员不得兼管会计档案。

（二）会计档案的移交

单位会计管理机构在办理会计档案移交时，应当编制会计档案移交清册，并按照国家档案管理的有关规定办理移交手续。纸质会计档案移交时应保持原卷的封装；电子会计档案应当与其元数据一起移交；特殊格式的会计档案应当与其读取平台一并移交。单位档案管理机构接收电子会计档案时，应当对电子会计档案的准确性、完整性、可用性、安全性进行检测，符合要求的才能接收。

（三）会计档案的保管期限

会计档案的保管期限分为永久、定期两类。定期保管期限一般分为 10 年和 30 年。会计档案的保管期限，从会计年度终了后的第一天算起，具体保管期限如表 7-1 所示。

表 7-1 档案保管期限

序号	档案名称	保管期限
一	会计凭证	—
1	原始凭证	30 年
2	记账凭证	30 年
二	会计账簿	—
3	总账	30 年
4	明细账	30 年
5	日记账	30 年
6	固定资产卡片	固定资产报废清理后保管 5 年
7	其他辅助性账簿	30 年
三	财务会计报告	—

（续表）

序号	档案名称	保管期限
8	月度、季度、半年度财务报告	10年
9	年度财务报告	永久
四	其他会计资料	—
10	银行存款余额调节表	10年
11	银行对账单	10年
12	纳税申报表	10年
13	会计档案移交清册	30年
14	会计档案保管清册	永久
15	会计档案销毁清册	永久
16	会计档案鉴定意见书	永久

（四）会计档案的鉴定和销毁

1. 会计档案的鉴定

单位应当定期对已到保管期限的会计档案进行鉴定，并形成会计档案鉴定意见书。会计档案鉴定工作应当由单位档案管理机构牵头，组织单位会计、审计、纪检监察等机构或人员共同进行。

2. 会计档案的销毁

经鉴定可以销毁的会计档案，销毁的基本程序如下：

（1）单位档案管理机构编制会计档案销毁清册。

（2）单位负责人、档案管理机构负责人、会计管理机构负责人、档案管理机构经办人、会计管理机构经办人在会计档案销毁清册上签署意见。

（3）单位档案管理机构负责组织会计档案销毁工作，并与会计管理机构共同派员监销。监销人在会计档案销毁前，应当按照会计档案销毁清册所列内容进行清点核对；在会计档案销毁后，应当在会计档案销毁清册上签名或盖章。

电子会计档案的销毁还应当符合国家有关电子档案的规定，并由单位档案管理机构、会计管理机构和信息系统管理机构共同派员监销。

3. 不得销毁的会计档案

保管期满但未结清的债权债务会计凭证和涉及其他未了事项的会计凭证不得销毁，保管到未了事项完结时为止。

（五）特殊情况下的会计档案处置

1. 单位分立情况下的会计档案处置

单位分立后原单位存续的，其会计档案应当由分立后的存续方统一保管，其他方可以查阅、复制与其业务相关的会计档案。单位分立后原单位解散的，其会计档案应当经各方协商后由其中一方代管或按照国家档案管理的有关规定处置，各方可以查阅、复制与其业务相关的会计档案。单位分立中未结清的会计事项所涉及的会计凭证，应当单独抽出由业务相关方保存，并按照规定办理交接手续。单位因业务移交其他单位办理所涉及的会计档案，应当由原单位保管，承接业务单位可以查阅、复制与其业务相关的会计档案。对其中未结清的会计事项所涉及的会计凭证，应当单独抽出由承接业务单位保存，并按照规定办理交接手续。

2. 单位合并情况下的会计档案处置

单位合并后原各单位解散或者一方存续其他方解散的，原各单位的会计档案应当由合并后的单位统一保管。单位合并后原各单位仍存续的，其会计档案仍应当由原各单位保管。

3. 建设单位在项目建设期间形成的会计档案的交接

建设单位在项目建设期间形成的会计档案，需要移交给建设项目接受单位的，应当在办理竣工财务决算后及时移交，并按照规定办理交接手续。

4. 单位之间交接会计档案的手续

移交会计档案的单位，应当编制会计档案移交清册，由交接双方的单位负责人监督交接，交接双方经办人和监督人应当在移交清册上签名或盖章。

课堂讨论

为什么要保存会计档案？

法律诊所

如果向外单位支付非法提成，会涉及单位哪些人员的签章？出纳和记账人员会违背哪些会计核算的要求？上述人员应承担什么法律责任？

任务实训1

一、实训目标

深化学生对法的认识，使学生明确学习会计法律制度的意义，塑造敬畏法律的法治观念，锻炼学生的逻辑思维和法治思维。

二、实训内容

运用所学知识分析会计犯罪的典型案例。

三、实训要求

对案例进行反思，提出正确的理由支持结论。

四、实训环节

①学生分析案例。②学生反思案例。③教师讲授答案。④教师点评和打分。

五、实训考核

实训结束后，教师根据学生的表现确定考核成绩。

任务实训2

一、实训目标

深化学生对会计核算的认识，使学生明确学习会计核算法定规则的意义，塑造敬畏法律的法治观念，锻炼学生的逻辑思维和法治思维，学会运用法律武器处理现实问题。

二、实训内容

如果私设小金库进行贪污，会涉及单位哪些人员的签章？出纳和记账人员会违背哪些会计核算的要求？上述人员应承担什么法律责任？

三、实训要求

能够找到正确的法律依据，根据事实提出正确的理由支持结论。

四、实训环节

①学生分组。②学生分析案例。③教师讲授答案。④教师点评和打分。

五、实训考核

实训结束后，教师根据学生的表现确定考核成绩。

任务二 会计监督

导课

为什么需要会计监督？

考点归纳

1. 主要知识点

单位内部监督；社会监督；政府监督。

2. 重难点

重点：单位内部监督；社会监督；政府监督。

难点：单位内部控制。

法律讲堂

会计监督分为单位内部监督、社会监督和政府监督。

一、单位内部监督

（一）单位内部监督的要求

单位内部监督的主体是会计机构和会计人员，监督对象是单位的经济活动。会计机构、会计人员对违法事项，有权拒绝办理或者予以纠正。发现会计账簿记录与实物、款项及有关资料不相符的，有权自行处理的应当及时处理；无权处理的，应当立即向单位负责人报告，请求查明原因，作出处理。

（二）单位内部控制制度

单位内部控制，是指单位对内部可能存在的风险进行防控。

（1）单位内部控制的基本原则包括全面性原则、重要性原则、制衡性原则、适应性原则、成本效益原则。

（2）单位内部控制的措施包括不相容职务分离控制、授权审批控制、会计系统控制、财产保护控制、预算控制、运营分析控制和绩效考评控制等。

（3）行政事业单位内部控制措施包括不相容岗位相互分离、内部授权审批控制、归口管理、预算控制、财产保护控制、会计控制、单据控制、信息内部公开。

二、社会监督

会计工作的社会监督，是指由注册会计师及其事务所依法对单位的经济活动进行审计，出具审计报告，发表审计意见的一种监督制度。

审计报告分为标准审计报告和非标准审计报告。标准审计报告，是指不含有说明段、强调事项段、其他事项段或其他任何修饰性用语的无保留意见的审计报告。非标准审计报告，是指带有强调事项段或其他事项段的无保留意见的审计报告和非无保留意见的审计报告。其中，非无保留意见包括保留意见、否定意见和无法表示意见三种类型。

三、政府监督

会计工作的政府监督主体包括财政、审计、税务、金融管理部门，监督对象是会计行为。财政部门有权对各单位的下列情况实施监督：①是否依法设账；②会计资料是否真实、完整；③会计核算是否合法；④会计人员是否具备专业能力、遵守职业道德。

课堂讨论

谈谈你所了解的企业内部控制。

任务实训

一、实训目标

深化学生对会计监督的认识，使学生明确学习会计监督的意义，塑造敬畏法律的法治观念，锻炼学生的逻辑思维和法治思维，学会运用法律武器处理问题。

二、实训内容

分析“三位一体”的会计监督体系是否存在问题？

三、实训要求

能够找到正确的法律依据，根据典型案例提出正确的理由支持结论。

四、实训环节

①学生分组。②学生分析案例。③教师讲授答案。④教师点评和打分。

五、实训考核

实训结束后，教师根据学生的表现确定考核成绩。

任务三　会计机构和会计人员

导课

不想当将军的士兵不是好士兵，要成为会计机构负责人需要具备哪些条件？

考点归纳

1. 主要知识点

代理记账;会计人员。

2. 重难点

重点:代理记账机构的业务范围;会计人员。

难点:委托人、代理记账机构的义务。

法律讲堂

一、代理记账

除会计师事务所以外的机构从事代理记账业务,应当经县级以上人民政府财政部门批准。

(一) 代理记账机构的业务范围

代理记账机构可以接受办理下列业务:

(1) 根据委托人提供的原始凭证和其他相关资料,按照国家统一的会计制度的规定进行会计核算。

(2) 对外提供财务会计报告。

(3) 向税务机关提供税务资料。

(4) 委托人委托的其他会计业务。

(二) 委托人、代理记账机构及其从业人员各自的义务

1. 委托人的义务

委托人应当履行下列义务:

(1) 对本单位发生的经济业务事项,应当填制或者取得符合国家统一的会计制度规定的原始凭证。

(2) 应当配备专人负责日常货币收支和保管。

(3) 及时向代理记账机构提供真实、完整的原始凭证和其他相关资料。

(4) 对于代理记账机构退回的,要求按照国家统一的会计制度的规定进行更正、补充的原始凭证,应当及时予以更正、补充。

2. 代理记账机构及其从业人员的义务

代理记账机构及其从业人员应当履行下列义务:

(1) 遵守有关法律、法规和国家统一的会计制度的规定,按照委托合同办理代理记账业务。

(2) 对在执行业务中知悉的商业秘密予以保密。

(3) 对委托人要求其作出不当的会计处理,提供不实的会计资料,以及其他不符合法律、法规和国家统一的会计制度行为的,予以拒绝。

(4) 对委托人提出的有关会计处理相关问题予以解释。

二、会计岗位

（一）会计岗位设置要求

会计工作岗位，可以一人一岗、一人多岗或者一岗多人。但出纳人员不得兼任稽核、会计档案保管和收入、支出、费用、债权债务账目的登记工作。档案管理部门人员不属于会计岗位。

课堂练习

【多项选择题】会计工作可以（　　）。

A. 一人一岗　　B. 一人多岗　　C. 一岗多人　　D. 多岗多人

答案：ABC

（二）会计人员回避制度

国家机关、国有企业、事业单位实行回避制度。单位领导人的直系亲属不得担任本单位的会计机构负责人、会计主管人员。会计机构负责人、会计主管人员的直系亲属不得在本单位担任出纳工作。需要回避的直系亲属为：夫妻关系、直系血亲关系、三代以内旁系血亲以及姻亲关系。

三、会计人员

（一）会计机构负责人、会计主管人员应具备的条件

会计机构负责人、会计主管人员应具备下列基本条件：

（1）坚持原则，廉洁奉公。

（2）具备会计师以上专业技术职务资格或者从事会计工作不少于3年。

（3）熟悉国家财经法律、法规、规章和方针、政策，掌握本行业业务管理的有关知识。

（4）有较强的组织能力。

（5）身体状况适应工作要求。

（二）会计工作的禁入规定

因提供虚假财务会计报告，做假账，隐匿或者故意销毁会计凭证、会计账簿、财务会计报告，贪污，挪用公款，职务侵占等与会计职务有关的违法行为被依法追究刑事责任的人员，不得从事会计工作。会计人员职务违法不构成犯罪的，5年内不得从事会计工作。

（三）会计专业职务与专业技术资格

1. 会计专业职务（会计职称）

会计人员职称层级分为初级、中级、副高级和正高级，其职称名称依次为助理会计师、会计师、高级会计师和正高级会计师。各级职称除应具备会计基础知识、业务技能，能正确理解、掌握并执行财经政策、会计法律法规的条件外，还有学历及工作年限的规定，具体如下：

（1）助理会计师应具备高中毕业（含中专、职高、技校）以上学历。

（2）会计师应具备博士学位；或具备硕士学位从事会计工作满1年；或具备第二学士学位或研究生班毕业从事会计工作满2年；或具备大学本科学历或学士学位从事会计工作满4年；或具备大学专科学历从事会计工作满5年。

（3）高级会计师应具备博士学位，取得会计师职称后，从事与会计师职责相关工作满

2年;或具备硕士学位,或第二学士学位或研究生班毕业,或大学本科学历或学士学位,取得会计师职称后,从事与会计师职责相关工作满5年;或具备大学专科学历,取得会计师职称后,从事与会计师职责相关工作满10年。

(4) 正高级会计师应具备大学本科及以上学历或学士以上学位,取得高级会计师职称后从事与高级会计师职责相关工作满5年。

2. 会计专业技术资格

会计专业技术资格分为初级、中级和高级三个级别,分别对应初级、中级、副高级会计专业职务(会计职称)的任职资格。初级、中级实行全国统一考试,高级实行考试与评审相结合。

(四) 会计人员继续教育

具有会计专业技术资格的人员应当自取得会计专业技术资格的次年开始参加继续教育,实行学分制管理。每年不少于90学分,其中专业科目不少于2/3,学分在全国范围内当年度有效。

(五) 总会计师

总会计师是主管本单位会计工作的行政领导,由具有会计师以上专业技术资格的人员担任,对单位负责人负责。设置总会计师的单位,不设与总会计师职权重叠的副职。总会计师领导单位的会计工作,参与单位重要经济问题的分析和决策。《会计法》规定,国有的和国有资产占控股地位或者主导地位的大、中型企业必须设置总会计师。《会计基础工作规范》规定,大、中型企、事业单位,业务主管部门应当设置总会计师。

四、会计工作交接

会计人员工作调动或者因故离职,必须将本人所经管的会计工作全部移交给接替人员。没有办清交接手续的,不得调动或者离职。

会计人员临时离职或者因病不能工作且需要接替或者代理的,会计机构负责人、会计主管人员或者单位领导人必须指定有关人员接替或者代理,并办理交接手续。临时离职或者因病不能工作的会计人员恢复工作的,应当与接替或者代理人员办理交接手续。

移交人员因病或者其他特殊原因不能亲自办理移交的,经单位领导人批准,可由移交人员委托他人代办移交,移交人员对所移交的会计资料的合法性、真实性承担法律责任。

会计人员办理交接手续,必须由监交人负责监交。一般会计人员办理交接手续,由单位会计机构负责人、会计主管人员负责监交;会计机构负责人、会计主管人员办理交接手续,由单位领导人负责监交,必要时可由上级主管部门派人会同监交。

交接完毕后,交接双方和监交人要在移交清册上签名或者盖章,移交清册一式三份,交接双方各执一份,存档一份。

课堂讨论

总会计师是否高于正高级会计师?

法律诊所

交接人员交接时因为疏忽没有发现会计资料存在问题,那么谁应承担法律责任?

任务实训

一、实训目标

深化学生对会计人员继续教育和专业技术职务的认识，使学生明确终身学习的意义，塑造积极进步的工作观念，锻炼学生的逻辑思维和法治思维。

二、实训内容

1. 为什么会计人员每年必须参加继续教育？
2. 如何最快实现专业技术职务的提升？

三、实训要求

能够找到正确的法定路径和答案，提出正确的理由支持结论。

四、实训环节

①学生分组。②学生解答。③教师讲授答案。④教师点评和打分。

五、实训考核

实训结束后，教师根据学生的表现确定考核成绩。

思政案例

项目测试

一、单项选择题

1. 国务院财政部门(　　)全国的会计工作。
   A. 管理　B. 负责　C. 主管　D. 领导
2. 县级以上地方各级人民政府财政部门(　　)本行政区域内的会计工作。
   A. 管理　B. 负责　C. 主管　D. 领导
3.《企业财务会计报告条例》属于(　　)。
   A. 行政法规　B. 部门规章　C. 法律　D. 地方性法规
4. 会计机构、会计人员必须按照国家统一的会计制度的规定对原始凭证进行审核，对不真实、不合法的原始凭证有权(　　)。
   A. 要求补齐　B. 不予接受　C. 要求修改　D. 退回
5. 单位会计管理机构临时保管会计档案最长不超过(　　)年。
   A. 1　B. 2　C. 3　D. 5
6. 内部会计监督的监督对象是单位的(　　)。
   A. 会计账簿　B. 原始凭证　C. 经济活动　D. 会计报告
7. 移交清册(　　)。
   A. 一式一份　B. 一式两份　C. 一式三份　D. 一式四份
8. 担任会计机构负责人、会计主管人员从事会计工作不少于(　　)年。
   A. 1　B. 3　C. 5　D. 10
9. 主管全国会计工作的是(　　)。

A. 司法部　　B. 公安部　　C. 财政部　　D. 会计部

10. 继续教育每年不少于(　　)学分。

A. 90　　B. 60　　C. 20　　D. 30

11. 会计职务违法不构成犯罪的,(　　)年内不得从事会计工作。

A. 3　　B. 15　　C. 10　　D. 5

12. 下列会计档案中,需要永久保存是(　　)。

A. 原始凭证　　B. 记账凭证　　C. 总账　　D. 年度财务报告

二、多项选择题

1. 单位负责人对本单位的会计工作和会计资料的(　　)负责。

A. 真实性　　B. 可靠性　　C. 完整性　　D. 合法性

2. 根据会计法律制度的规定,下列会计档案中,最低保管期限为30年的有(　　)。

A. 银行存款余额调节表　　B. 总账

C. 会计档案保管清册　　D. 原始凭证

3. 内部会计监督的主体有(　　)。

A. 单位负责人　　B. 会计机构　　C. 会计人员　　D. 总会计师

4. 会计监督分为(　　)。

A. 单位内部监督　　B. 社会监督　　C. 政府监督　　D. 司法监督

5. 社会监督的主体有(　　)。

A. 注册会计师　　B. 会计师事务所　　C. 人民群众　　D. 司法机关

6. 下列各项中,属于企业内部控制措施的有(　　)。

A. 不相容岗位相互分离　　B. 会计系统控制

C. 授权审批控制　　D. 预算控制

7. 下列单位中,任用会计人员应实行回避制度的有(　　)。

A. 国家机关　　B. 国有企业　　C. 事业单位　　D. 外资企业

8. 会计凭证包括(　　)。

A. 原始凭证　　B. 记账凭证　　C. 会计报告　　D. 会计账簿

9. 会计监督主体包括(　　)。

A. 注册会计师　　B. 会计人员　　C. 财政部　　D. 最高人民法院

10. 下列人员中,属于直系亲属的有(　　)。

A. 董事长的太太　　B. 财务总监的儿子

C. 校长的表侄　　D. 财务处长的亲弟弟

11. 财务会计报告分为(　　)。

A. 年度财务会计报告　　B. 半年度财务会计报告

C. 季度财务会计报告　　D. 月度财务会计报告

12. 会计机构负责人应具备的条件包括(　　)。

A. 具备会计师以上专业技术职务资格

B. 从事会计工作不少于3年

C. 具备高级会计师以上专业技术职务资格

D. 或者从事会计工作不少于5年

三、判断题

1. 各单位采用的会计处理方法一律不得变更。 （ ）
2. 会计记录的文字，少数民族自治地区可以同时使用少数民族文字。 （ ）
3. 单位负责人不得授意、指使、强令会计机构、会计人员不合理地办理会计事项。 （ ）
4. 总会计师属于会计专业职务。 （ ）
5. 会计专业职务与学历无关。 （ ）
6. 会计师应具备博士学位。 （ ）
7. 单位负责人直系亲属不得担任本单位出纳。 （ ）
8. 正高级会计师可以担任总会计师。 （ ）
9. 会计人员临时离职或者因病不能工作可以不办理交接手续。 （ ）

四、简答题

1. 在会计档案销毁清册上签署意见的有哪些？
2. 简述企业内部控制的基本原则。
3. 简述企业内部控制的措施。

五、案例分析题

会计人员安某生病住院期间，公司财务部负责人权某某没有指定接替人员，总账会计相某某主动承担代理安某的工作，但因安某住院，一直没有办理交接手续。安某出院返岗恢复工作后，相某某以之前也未交接为由，直接将代理安某的工作还给了安某，两人之间也没有交接。

问题：

该案例中有几处违反会计法律制度的行为？

项目八 全环节课征的法定税

——增值税的法律制度

项目介绍

本项目为初级会计资格考试、中级会计资格考试、注册会计师考试、税务师考试的必考项目，主要对增值税、消费税、关税的内容进行阐述。

项目导入

朱熹是我国南宋著名的哲学家、教育家、文学家。朱熹在《朱子训子帖》中写道："国课早完，虽囊橐无余，自得至乐。"朱熹教育子女，必须依法纳税，完成自己应尽的纳税义务。朱熹训子之道值得我们学习。

课前导学

搜索企业的涉税业务，思考涉及哪些税种？如何解决这些涉税业务？

学习目标

（一）知识目标

1. 了解增值税、消费税、关税纳税人的征税范围纳税人、计税依据、征收管理。
2. 熟悉增值税、消费税、关税的税率、征收率和税收优惠。
3. 掌握增值税、消费税、关税应纳税额的计算。

（二）能力目标

初步知法、懂法，能够正确判断增值税、消费税、关税的征税范围，能够正确进行增值税、消费税、关税的计算和增值税、消费税、关税的纳税申报。

（三）素养目标

培养制度自信，引导树立社会责任意识，加强税收风险防范意识。

任务一　税收法律制度概述

导课

国家通过税收筹集财政收入，并通过预算用于财政支出，进行公共基础设施建设，支持协调地区之间的发展，促进科、教、文、卫等社会事业发展，维护社会治安，保障国家安全，促进经济社会发展，满足人民群众的需要。

“财为国之本，税为政之要。”税收是国家的血脉，税收与我们每个人息息相关，让我们一起关注税收、支持税收。

考点归纳

1. 主要知识点

税收的基本特征；税法要素；现行税种与征收机关

2. 重难点

重点：税收的基本特征；税法要素。

难点：税法要素。

法律讲堂

一、税收的含义

税收是国家为了满足社会公共需要，凭借政治权力，按照法律的规定，强制、无偿地取得财政收入的一种形式。

二、税收的基本特征

从形式上看，税收与其他财政收入相比具有无偿性、强制性和固定性的特征。

(1) 税收的无偿性，是指国家取得税收收入不需要直接向缴纳的单位和个人付出任何代价。

(2) 税收的强制性，是指税收是以国家的政治权力为依托的，具体表现为国家以颁布税收法令和制度等法律形式来规范、制约、保护和巩固这种分配关系。

(3) 税收的固定性，是指税收的征收比例或数额是相对固定的，以法律的形式事先规定，征纳双方都必须遵守。

税收“三性”是相互联系、缺一不可的。只有无偿征收，才能满足一般的社会公共需要；而要无偿取得财物，就必须凭借法律的强制性手段；固定性则是保证强制、无偿征收的适当限度的必然结果。

三、税法要素

税法是国家制定的用以调整国家与纳税人之间在征纳税款方面的权利及义务关系的法

律规范的总称。税法体现为法律这一规范形式，是税收制度的核心内容。

税法要素是指各种单行税法共同具有的基本要素。税法要素一般包括纳税义务人、征税对象、税率、减免税、纳税环节、纳税期限、法律责任等。

（一）纳税义务人

纳税义务人简称纳税人，又称纳税主体，是指税法规定直接负有纳税义务的单位和个人。

课堂讨论

纳税人与负税人有什么区别？

（二）征税对象

征税对象又称课税对象、征税客体，是指税收法律关系中权利义务共同指向的客体或标的物，即对什么征税。征税对象是区别不同税种的重要标志。

课堂练习

【单项选择题】税法要素中，区别不同税种的重要标志是（　　）。

A. 纳税环节　　B. 税目　　C. 税率　　D. 征税对象

答案：D

（三）税率

税率是应纳税额与征税对象数量之间的法定比例或额度，是计算税额的尺度，也是衡量税负轻重与否的重要标志。我国现行税率主要有比例税率、定额税率和累进税率三种类型。

（四）减税、免税

减税、免税是根据国家政策，对某些纳税人和征税对象通过减征部分税款或免于征税而给予鼓励和照顾的一种特殊规定。

减税、免税的具体形式有三种：①税基式减免；②税率式减免；③税额式减免。

（五）纳税环节

纳税环节，是指税法规定的征税对象在从生产到消费的流转过程中应当缴纳税款的环节。按照纳税环节的多少，税收制度可以划分为一次课征制和多次课征制。

（六）纳税期限

纳税期限，是指纳税人的纳税义务发生后应依法缴纳税款的期限，包括纳税义务发生时间、纳税期限和缴库期限。

（七）法律责任

法律责任，一般是指由于违法行为而应当承担的法律后果。违法行为是承担法律责任的前提，而法律制裁是追究法律责任的必然结果。

四、现行税种与征收机关

我国现行税制体系的基本框架是1994年为适应实行分税制财政体制的需要而建立的，在执行过程中又经过了多次局部的调整，现行的税种按其管理和使用权限划分，分为中央税、地方税、中央与地方共享税。当前我国中央政府固定收入包括关税、船舶吨税、消费税、车辆购置税和海关代征的增值税；地方政府固定收入包括房产税、城镇土地使用税、耕地占用税、契税、土地增值税、车船税、烟叶税；中央与地方共享收入主要有增值税、企业所得税、个人所得税、资源税等。

由于税收的征管要求不同，我国税收征收管理机构包括税务机关和海关。其中，税务机关即国家税务总局系统负责各项税收、非税收入及各项社会保险费的征管；海关负责关税和船舶吨税的征管，并负责代征进口环节的增值税和消费税。

任务实训

一、实训目标

深化学生对税法的认识，使学生明确学习税法的意义，塑造依法纳税的观念，锻炼学生的逻辑思维和法治思维。

二、实训内容

针对以下两方观点进行辩论。

正方观点：宽松执法有利于税收工作开展。

反方观点：严格执法有利于税收工作开展。

三、实训要求

能够提出足够的论据支持论点。

四、实训环节

①学生自由选题、自由分组。②各组轮流开展辩论。③其余组评议和打分。④教师点评和打分。

五、实训考核

实训结束后，教师根据学生的表现确定考核成绩。

任务二　增值税法律制度

导课

甲企业是生产布匹的企业，一位生产服装的厂商要买布作为原材料，并且要求开具增值税专用发票。甲企业若要到手 10 万元，就需要开价 11.3 万元，其中 10 万元是价款，1.3 万元是税款。这家厂商花了 11.3 万元购买了甲企业的布匹，开始生产服装。厂商卖服装想到手 20 万元，如果买服装的人也要求开增值税专用发票，那么厂商要开价多少呢？如果厂商没有从甲企业取得面额为 1.3 万元的增值税专用发票，那么厂商要交多少税呢？增值税是如何计算的呢？

考点归纳

1. 主要知识点

增值税的征税范围、纳税人和税率；增值税应纳税额的计算；增值税的征收管理。

2. 重难点

重点：增值税的征税范围、纳税人和税率；增值税应纳税额的计算。

难点：增值税应纳税额的计算。

法律讲堂

一、增值税的征税范围、纳税人和税率

增值税是对纳税人生产经营活动的增值额征收的一种间接税，是以商品、劳务、服务、无形资产、不动产等在流转过程中产生的增值额作为计税依据而征收的一种流转税。增值税实行价外税，实际税负的最终承担者是消费者，有增值才征税，没增值不征税。

（一）增值税的征税范围

依照条例规定，我国增值税的征税范围具体包括以下方面：

（1）在我国境内销售货物。

（2）在我国境内提供加工、修理修配劳务。

（3）进口货物。

（4）在我国境内销售服务、无形资产或者不动产。其中，销售服务包括交通运输服务、邮政服务、电信服务、建筑服务、金融服务、现代服务、生活服务。

（5）视同销售货物：①将货物交付其他单位或者个人代销；②销售代销货物；③设有两个以上机构并实行统一核算的纳税人，将货物从一个机构移送其他机构用于销售，但相关机构设在同一县（市）的除外；④将自产或者委托加工的货物用于免税项目、简易计税项目；⑤将自产、委托加工的货物用于集体福利或者个人消费；⑥将自产、委托加工或者购进的货物作为投资，提供给其他单位或者个体工商户；⑦将自产、委托加工或者购进的货物分配给股东或者投资者；⑧将自产、委托加工或者购进的货物无偿赠送其他单位或者个人。

课堂讨论

代销行为的委托方和受托方如何计算应缴纳的增值税？

（6）视同销售服务、无形资产或者不动产：①单位或者个体工商户向其他单位或者个人无偿提供服务，无偿转让无形资产或者不动产，但用于公益事业或者以社会公众为对象的除外；②财政部和国家税务总局规定的其他情形。

（7）混合销售。混合销售是指纳税人的一项销售行为既涉及服务又涉及货物。从事货物的生产、批发或者零售的单位和个体工商户的混合销售行为，按照销售货物缴纳增值税；其他单位和个体工商户的混合销售行为，按照销售服务缴纳增值税。

（8）兼营行为。纳税人兼营销售货物、劳务、服务、无形资产或者不动产，适用不同税率或者征收率的，应当分别核算适用不同税率或者征收率的销售额；未分别核算的，从高适用税率。

课堂讨论

混合销售和兼营行为的特点分别是什么？

(9) 纳税人生产销售以下货物免税：①农业生产者销售的自产农产品，包括种植业、养殖业、林业、牧业和水产业生产的各种初级产品；②避孕药品和用具；③古旧图书，指向社会收购的古书和旧书；④直接用于科学研究、科学试验和教学的进口仪器、设备；⑤外国政府、国际组织无偿援助的进口物资和设备；⑥由残疾人的组织直接进口供残疾人专用的物品；⑦销售的自己使用过的物品。

(二) 增值税的纳税人

凡在我国境内销售货物、销售服务、无形资产或者不动产，提供加工、修理修配劳务，以及进口货物的单位和个人，都是增值税的纳税人。

我国将增值税纳税人按其经营规模大小及会计核算健全与否，划分为小规模纳税人和一般纳税人。

小规模纳税人目前是指年销售额在规定标准(500 万元)以下，并且会计核算不健全，不能按规定报送有关税务资料的增值税纳税人。

小规模纳税人以外的增值税纳税人，为增值税一般纳税人。

课堂讨论

如果想成为一般纳税人，应具备什么条件？

(三) 增值税适用的税率与征收率

我国增值税适用的税率目前分为 13%、9%、6%和 0 四种，征收率分为 3%和 5%两种。

1. 基本税率

增值税一般纳税人销售或者进口货物，提供加工、修理修配劳务，提供有形动产租赁服务，除适用低税率、零税率和征收率范围外，税率均为 13%。

2. 低税率

纳税人销售或者进口下列货物的，适用 9%的低税率：①粮食、食用植物油、食用盐；②自来水、暖气、冷气、热水、煤气、石油液化气、天然气、沼气、居民用煤炭制品；③图书、报纸、杂志；④饲料、化肥、农药、农机、农膜；⑤国务院规定的其他货物。

提供交通运输服务、邮政服务、基础电信服务、建筑服务、不动产租赁服务，销售不动产，转让土地使用权，税率为 9%。

提供现代服务业(租赁服务除外)、增值电信服务、金融服务、生活服务、销售无形资产(转让土地使用权除外)，税率为 6%。

3. 零税率

纳税人出口货物、提供国际运输服务、提供航天运输服务、向境外单位提供的完全在境外消费的相关服务及财政部和国家税务总局规定的其他服务，税率为零。

4. 征收率

除部分不动产销售和租赁行为的征收率为 5%以外，小规模纳税人发生的应税行为及一般纳税人发生特定应税行为，增值税征收率为 3%。

以下行为暂按 5%征收率征收增值税。

1) 销售不动产

(1) 一般纳税人销售其 2016 年 4 月 30 日前取得的不动产，可以选择适用简易计税方法，按照5%的征收率计算应纳税额。

(2) 小规模纳税人销售其取得的不动产(不含个体工商户销售购买的住房和其他个人销售不动产)，按照5%的征收率计算应纳税额。

(3) 房地产开发企业中的一般纳税人，销售自行开发的房地产老项目，可以选择适用简易计税方法按照5%的征收率计税。

(4) 房地产开发企业中的小规模纳税人，销售自行开发的房地产项目，按照5%的征收率计税。

(5) 其他个人销售其取得(不含自建)的不动产(不含其购买的住房)，按照5%的征收率计算应纳税额。

2) 不动产经营租赁服务

(1) 一般纳税人出租其2016年4月30日前取得的不动产，可以选择适用简易计税方法，按照5%的征收率计算应纳税额。

(2) 小规模纳税人出租其取得的不动产(不含个人出租住房)，应按照5%的征收率计算应纳税额。

(3) 其他个人出租其取得的不动产(不含住房)，应按照5%的征收率计算应纳税额。

(4) 个人出租住房，应按照5%的征收率减按1.5%计算应纳税额。

二、增值税的计税方法

增值税的计税方法，包括一般计税方法、简易计税方法等。

(一) 一般计税方法

一般纳税人销售货物、劳务、服务、无形资产、不动产(以下统称应税销售行为)，应纳税额为当期销项税额抵扣当期进项税额后的余额，即为一般计税法计税。应纳税额计算公式如下：

当期应纳税额＝当期销项税额－当期进项税额

当期销项税额小于当期进项税额不足抵扣时，其不足部分可以结转下期继续抵扣。

(二) 简易计税方法

1. 小规模纳税人的简易计税

1) 普通销售

小规模纳税人发生应税销售行为，实行按照销售额和征收率计算应纳税额的简易办法，并不得抵扣进项税额。应纳税额计算公式如下：

应纳税额＝销售额×征收率

2) 销售自己使用过的固定资产、旧货和物品

小规模纳税人(除其他个人外，下同)销售自己使用过的固定资产和旧货，减按2%征收率征收增值税。其销售额和应纳税额的计算公式如下：

销售额＝含税销售额÷(1＋3%)

应纳税额＝销售额×2%

2. 一般纳税人的简易计税

一般纳税人发生财政部和国家税务总局规定的特定应税销售行为，也有适用简易计税

方法的情况：

（1）一般纳税人销售自己使用过的按规定不得抵扣且未抵扣进项税额的固定资产，按简易办法依3%征收率减按2%征收增值税。

（2）一般纳税人销售自己使用过的物品和旧货，适用按简易办法依3%征收率减按2%征收增值税。销售额和应纳税额的计算公式如下：

$$销售额=含税销售额\div(1+3\%)$$
$$应纳税额=销售额\times 2\%$$

三、增值税应纳税额的计算

（一）一般计税法应纳税额的计算

增值税应纳税额计算公式如下：

$$应纳税额=当期销项税额-当期进项税额$$
$$销项税额=不含税销售额\times 适用税率$$

（二）销项税额的确定

1. 销售额的确定

要确定当期销项税额，首先要确定销售额。销售额是指纳税人销售货物、提供应税劳务或者发生应税行为向购买方收取的全部价款和价外费用，但不包括向购买方收取的销项税额。

价外费用包括向购买方价外收取的手续费、补贴、基金、集资费、返还利润、奖励费、违约金（延期付款利息）、包装费、包装物租金、储备费、优质费、运输装卸费、代收款项、代垫款项及其他各种性质的价外费用。

2. 销售额和销项税额合并收取时销项税额的确定

如果是含税销售额，在计税时先要将含税销售额换算为不含税销售额，其换算公式如下：

$$销售额=含税销售额\div(1+税率)$$

增值税一般纳税人（包括纳税人自己或代其他部门）向购买方收取的价外费用和应税的包装物押金，应视为含税收入，在征税时应换算为不含税收入再并入销售额。

3. 发生折扣、折让、中止或者退回时销售额的确定

折扣销售（又称商业折扣）是按商品标明的价格扣减一定数额后销售。在发生商业折扣时，如果销售额和折扣额在同一张发票上注明的，可按折扣后的销售额计税；如果将折扣额另开一张发票，则不论其在财务上如何处理，均不得从销售额中减除折扣额。

销售折扣（又称现金折扣），是指在采用赊销方式销售商品时，为了鼓励购货方在一定期限内尽早偿还货款，而规定一个短于规定期限的折扣。

销售折让是指销货之后，作为已售产品出现品种、质量问题而给予购买方的补偿，是原销售额的减少，折让额可以从销售额中减除。因销售折让、中止或者退回而退还给购买方的增值税额，应当从当期的销项税额中扣减。

4. 包装物对外销售时销售额的确定

有的纳税人为了能收回包装物周转使用，对包装物不作价随同货物出售，而是另外收取

押金，并单独记账核算，这种情况下，包装物押金一般不并入销售额。但酒类产品收取的包装物押金，除销售啤酒、黄酒外，无论是否返还，以及会计上如何核算，都应并入当期销售额计税。

对按规定不并入销售额计税的包装物押金，如果超过合同或双方协议约定的期限或者超过一年未收回，并且押金不再退还的，则应按所包装货物的适用税率计算销售额。由于逾期包装物押金为含税收入，需换算成不含税价再并入销售额。其计算公式如下：

逾期包装物押金销售额＝逾期包装物押金÷(1＋适用税率)

课堂练习

【计算题】甲公司为增值税一般纳税人，本月销售产品一批，取得不含税销售额200 000元，同时向对方收取3 000元的包装费，增值税税率为13％，计算甲公司本月增值税销项税额。

答案：甲公司本月增值税销项税额＝200 000×13％＋3 000÷(1＋13％)×13％＝26 345.13(元)

5. 视同销售或售价明显偏低的销售额的确定

纳税人销售货物、提供应税劳务或发生应税行为价格明显偏低或者偏高且不具有合理商业目的的，或视同销售但无实际销售额发生的，主管税务机关有权按照下列顺序确定销售额：

(1) 按照纳税人最近时期销售同类货物、同类服务、无形资产或者不动产的平均价格确定。

(2) 按照其他纳税人最近时期销售同类货物、同类服务、无形资产或者不动产的平均价格确定。

(3) 按照组成计税价格确定。组成计税价格的计算公式如下：

组成计税价格＝成本×(1＋成本利润率)

成本利润率由国家税务总局确定。

如果视同销售或售价明显偏低的货物是属于应征消费税的货物，其组成计税价格中应包含消费税税额；属应从价定率征收消费税的货物，其组价公式中的成本利润率需按消费税的有关规定计算。组成计税价格的计算公式如下：

组成计税价格＝(成本＋利润)÷(1－消费税比例税率)

(三) 进项税额的确定

进项税额，是指纳税人购进货物、加工修理修配劳务、服务、无形资产或者不动产，支付或者负担的增值税额。

1. 准予从销项税额中抵扣的进项税额

(1) 从销售方取得的增值税专用发票上注明的增值税额(含税控机动车销售统一发票，下同)。

(2) 从海关取得的海关进口增值税专用缴款书上注明的增值税额。

(3) 购买农业产品准予抵扣的进项税额。购进农产品，取得增值税专用发票或者海关进口增值税专用缴款书,以增值税专用发票或海关进口增值税专用缴款书上注明的增值税额为进项税额;按照简易计税方法依照3%征收率计算缴纳增值税的小规模纳税人取得增值税专用发票的,以增值税专用发票上注明的金额和9%的扣除率计算进项税额;取得(开具)农产品销售发票或收购发票的,以农产品销售发票或收购发票上注明的农产品买价和9%的扣除率计算进项税额;纳税人购进用于生产销售或委托受托加工13%税率货物的农产品,按照10%的扣除率计算进项税额。可扣除的进项税额的计算公式如下:

$$进项税额=买价\times扣除率$$

(4) 中华人民共和国税收完税凭证。从境外单位或者个人购进服务、无形资产或者不动产,自税务机关或者扣缴义务人取得的解缴税款的完税凭证上注明的增值税额。

(5) 购买税控设备所支付的费用。增值税纳税人初次购买增值税税控系统专用设备(包括分开票机)支付的费用,可凭购买增值税税控系统专用设备取得的增值税专用发票,在增值税应纳税额中全额抵减(抵减额为价税合计额),不足抵减的可结转下期继续抵减。增值税纳税人缴纳的技术维护费,可凭技术维护服务单位开具的技术维护费发票,在增值税应纳税额中全额抵减,不足抵减的可结转下期继续抵减。

2. 不得从销项税额抵扣的进项税额

(1) 用于简易计税项目、免税项目、集体福利或者个人消费的购进货物、加工修理修配劳务、服务、无形资产和不动产。

(2) 非正常损失业务涉及的进项税额。非正常损失业务包括:非正常损失的购进货物;非正常损失的在产品、产成品所耗用的购进货物(不包括固定资产),以及相关的加工修理修配劳务和交通运输服务;非正常损失的不动产,以及该不动产所耗用的购进货物、设计服务和建筑服务;非正常损失的不动产在建工程所耗用的购进货物、设计服务和建筑服务。以上业务所涉及的进项税额不准予从销项税额中抵扣。

(3) 购进的贷款服务、餐饮服务、居民日常服务和娱乐服务。纳税人接受贷款服务向贷款方支付的与该笔贷款直接相关的投融资顾问费、手续费、咨询费等费用,其进项税额不得从销项税额中抵扣。

(四) 进口货物应纳税额的计算

根据《中华人民共和国增值税暂行条例》的规定,申报进入中华人民共和国海关境内的货物,均应缴纳增值税。在缴纳进口增值税之后,可以作为进项税额进行抵扣。

纳税人进口货物,按规定的组成计税价格和税率计算增值税应纳税额,其计算公式为:

$$应纳税额=组成计税价格\times税率$$

上式中的税率是规定的增值税税率,组成计税价格有以下两种情况:

(1) 进口货物只征收增值税的,其组成计税价格的计算公式为:

$$组成计税价格=关税完税价格+关税=关税完税价格\times(1+关税税率)$$

(2) 进口货物同时征收消费税的,其组成计税价格的计算公式为:

$$\begin{aligned}组成计税价格&=关税完税价格+关税+消费税\\&=关税完税价格\times(1+关税税率)\div(1-消费税税率)\end{aligned}$$

（五）简易计税法应纳税额的计算

简易计税方法的应纳税额，是指按照销售额和增值税征收率计算的增值税额，不得抵扣进项税额。应纳税额计算公式如下：

应纳税额＝销售额×征收率

此处销售额为不含税销售额。小规模纳税人一律采用简易计税方法计税，一般纳税人的一些特定业务也适用或可以选择适用简易计税方法。

公式中销售额应为不含税销售额，如果是含税销售额，应换算为不含税销售额，其计算公式如下：

不含税销售额＝含税销售额÷(1＋征收率)

对于个体工商户小规模纳税人和其他个人，适用起征点征税办法，即个人发生应税行为的销售额未达到增值税起征点的，免征增值税；达到起征点的，全额计算缴纳增值税。

需要说明的是：

(1) 起征点仅适用于个体工商户小规模纳税人和其他个人。

(2) 按期纳税的，为月销售额 5 000～20 000 元(含本数)。

(3) 按次纳税的，为每次(日)销售额 300～500 元(含本数)。

(4) 起征点的调整由财政部和国家税务总局规定。省、自治区、直辖市财政厅(局)和国家税务总局应当在规定的幅度内，根据实际情况确定本地区适用的起征点，并报财政部和国家税务总局备案。

(5) 增值税起征点不适用于登记为一般纳税人的个体工商户。

四、增值税的征收管理

(一) 纳税义务发生时间

销售货物或者应税劳务的纳税义务发生时间，为收讫销售款或者取得索取销售款凭据的当天。按销售结算方式的不同，具体分为以下几种：

(1) 采取直接收款方式销售货物或发生应税行为，不论货物是否发出，均为收到销售款或取得索取销售款凭据的当天。先开具发票的，为开具发票的当天。

(2) 采取托收承付和委托银行收款方式销售货物，为发出货物并办妥托收手续的当天。

(3) 采取赊销和分期收款方式销售货物，为书面合同约定的收款日期的当天，无书面合同的或者书面合同没有约定收款日期的，为货物发出的当天。

(4) 采取预收货款方式销售货物，为货物发出的当天，但生产销售生产工期超过 12 个月的大型机械设备、船舶、飞机等货物，为收到预收款或者书面合同约定的收款日期的当天。

(5) 委托其他纳税人代销货物，为收到代销单位的代销清单或者收到全部或者部分货款的当天。未收到代销清单及货款的，为发出代销货物满 180 天的当天。

(6) 纳税人发生视同销售，除将货物交付他人代销及销售代销货物外，纳税义务发生时间为货物移送的当天，或者是服务、无形资产转让完成的当天或者不动产权属变更的当天。

(7) 销售应税劳务，为提供劳务同时收讫销售款或取得索取销售款的凭据的当天。

（8）纳税人提供建筑服务、租赁服务采取预收款方式的，其纳税义务发生时间为收到预收款的当天。

（9）纳税人从事金融商品转让的，为金融商品所有权转移的当天。

（10）进口货物的纳税义务发生时间：为报关进口的当天。

（二）纳税期限

增值税的纳税期限分别为1日、3日、5日、10日、15日、1个月或1个季度。纳税人的具体纳税期限，由主管税务机关根据纳税人应纳税额的大小分别核定；不能按照固定期限纳税的，可以按次纳税。

按固定期限纳税的小规模纳税人，可以选择以1个月或1个季度为一个纳税期限，一经选择，一个会计年度内不得变更。

纳税人以1个月或者1个季度为一个纳税期的，自期满之日起15日内申报纳税；以1日、3日、5日、10日或者15日为一个纳税期的，自期满之日起5日内预缴税款，于次月1日起15日内申报纳税并结清上月应纳税款。

扣缴义务人解缴税款的期限，按照前两款规定执行。

纳税人进口货物，应当自海关填发税款缴纳书之日起15日内缴纳税款。

纳税人出口适用税率为零的货物，可以按月向税务机关申报办理该项出口货物的退税。

（三）纳税地点

（1）固定业户应当向其机构所在地主管税务机关申报纳税。总机构和分支机构不在同一县（市）的，应当分别向各自所在地主管税务机关申报纳税。

（2）固定业户到外县（市）销售货物或发生应税行为，应当向其机构所在地主管税务机关申请开具外出经营活动税收管理证明，向其机构所在地主管税务机关申报纳税。

（3）非固定业户销售货物、提供应税劳务或发生应税行为，应当向销售地或应税行为发生地主管税务机关申报纳税，未申报纳税的，由其机构所在地或者居住地主管税务机关补征税款。

（4）进口货物，应当由进口人或其代理人向报关地海关申报纳税。

（5）扣缴义务人应当向其机构所在地或者居住地主管税务机关申报缴纳扣缴的税款。

任务实训

一、实训目标

锻炼学生的运用能力，深化学生对理论知识的理解。

二、实训内容

登录金税实训平台，完成增值税的纳税申报。

三、实训要求

能够正确开具增值税发票并填写增值税纳税申报表。

四、实训环节

①学生登录系统完成任务。②学生总结实训中涉及的理论知识并发言。③教师点评和打分。

五、实训考核

实训结束后，教师根据学生的表现确定考核成绩。

任务三 消费税法律制度

导课

一对情侣准备步入婚姻殿堂。结婚之前男方到女方家做客。男方给女方父亲买了香烟、白酒,给女方母亲买了一套高档化妆品。请同学们想一想,该案例是否涉及消费税税目?

考点归纳

1. 主要知识点

消费税的征税范围、纳税人和税率;消费税应纳税额的计算;消费税的征收管理。

2. 重难点

重点:消费税的纳税人和税率;消费税应纳税额的计算。

难点:消费税应纳税额的计算。

法律讲堂

一、消费税的征税范围、纳税人和税率

消费税是对特定消费品征收的一种税,属于流转税的范畴。

(一) 消费税的征税范围

我国现行消费税的税目共有15个,主要包括烟,酒,鞭炮、焰火,化妆品,成品油,贵重首饰及珠宝玉石,高尔夫球及球具,高档手表,游艇,木制一次性筷子,实木地板,摩托车,小汽车,电池,涂料等税目,有的税目还进一步划分若干子目。

课堂讨论

上述征收消费税的这15种消费品有什么特点?

(二) 消费税的纳税人

消费税的纳税人是在我国境内生产、委托加工和进口规定的消费品的单位和个人,以及国务院确定的销售规定的消费品的其他单位和个人。

知识驿站

消费税的基本纳税环节:生产、委托加工、进口。

消费税的特殊纳税环节:金银首饰等(零售环节)、卷烟(批发环节)、超豪华小汽车(零售环节)。

(三) 应税消费品适用的税率

现行消费税税目、税率如表8-1所示。

表 8-1 消费税税目、税率表

税目	税率
一、烟 1. 卷烟 (1) 甲类卷烟 (2) 乙类卷烟 (3) 商业批发 2. 雪茄烟 3. 烟丝	 56%加 0.003 元/支(生产环节) 36%加 0.003 元/支(生产环节) 11%加 0.005 元/支 36% 30%
二、酒 1. 白酒 2. 黄酒 3. 啤酒 (1) 甲类啤酒 (2) 乙类啤酒 4. 其他酒	 20%加 0.5 元/500 克(或者 500 毫升) 240 元/吨 250 元/吨 220 元/吨 10%
三、高档化妆品	15%
四、贵重首饰及珠宝玉石 1. 金银首饰、铂金首饰和钻石及钻石饰品 2. 其他贵重首饰和珠宝玉石	 5% 10%
五、鞭炮、焰火	15%
六、成品油 1. 汽油 2. 柴油 3. 航空煤油 4. 石脑油 5. 溶剂油 6. 润滑油 7. 燃料油	 1.52 元/升 1.20 元/升 1.20 元/升 1.52 元/升 1.52 元/升 1.52 元/升 1.20 元/升
七、摩托车 1. 气缸容量(排气量,下同)为 250 毫升的 2. 气缸容量在 250 毫升以上的	 3% 10%
八、小汽车 1. 乘用车 (1) 气缸容量(排气量,下同)在 1.0 升(含 1.0 升)以下的 (2) 气缸容量在 1.0 升以上至 1.5 升(含 1.5 升)的 (3) 气缸容量在 1.5 升以上至 2.0 升(含 2.0 升)的 (4) 气缸容量在 2.0 升以上至 2.5 升(含 2.5 升)的 (5) 气缸容量在 2.5 升以上至 3.0 升(含 3.0 升)的 (6) 气缸容量在 3.0 升以上至 4.0 升(含 4.0 升)的 (7) 气缸容量在 4.0 升以上的 2. 中轻型商用客车 3. 超豪华小汽车	 1% 3% 5% 9% 12% 25% 40% 5% 10%(零售环节)
九、高尔夫球及球具	10%
十、高档手表	20%
十一、游艇	10%
十二、木制一次性筷子	5%

（续表）

税目	税率
十三、实木地板	5%
十四、电池	4%
十五、涂料	4%

二、消费税应纳税额的计算

（一）从价计征法下应纳税额的计算

绝大多数的应税消费品实行从价计征，适用比例税率，计税依据为应税消费品的销售额，其计算公式为：

应纳税额＝销售额×比例税率

1. 销售额的确定

销售额为纳税人销售应税消费品向购买方收取的全部价款和价外费用。

课堂讨论

比较消费税销售额和增值税销售额的异同点？

2. 含增值税销售额的换算

如果销售额中含增值税，在计算消费税时，应将含增值税的销售额换算为不含增值税税款的销售额。其换算公式为：

应税消费品的销售额＝含增值税的销售额÷(1＋增值税税率或征收率)

课堂练习

【计算题】甲酒厂为增值税一般纳税人，2023 年 10 月销售葡萄酒，取得不含增值税销售额 10 万元，同时收取包装费 1 万元。已知葡萄酒消费税税率为 10%，增值税税率为 13%，则甲酒厂当月销售葡萄酒应缴纳消费税税额是多少？

答案：包装费为价外费用，应换算为不含税金额后并入销售额计税。

甲酒厂应纳消费税＝[10＋1÷(1＋13%)]×10%＝1.09(万元)

（二）从量计征法下应纳税额的计算

现行消费税的征税范围中，啤酒、黄酒和成品油三种消费品实行从量计征法，适用定额税率，计税依据为应税消费品的销售数量，其计算公式为：

应纳税额＝销售数量×定额税率

销售数量，是指纳税人生产、加工和进口应税消费品的数量。具体规定为：

(1) 销售应税消费品的，为应税消费品的销售数量。

(2) 自产自用应税消费品的，为应税消费品的移送使用数量。

(3) 委托加工应税消费品的，为纳税人收回的应税消费品数量。

(4) 进口应税消费品的，为海关核定的应税消费品进口征税数量。

(三) 从价定率和从量定额复合计税法下应纳税额的计算

现行消费税的征税范围中，只有卷烟和白酒两种消费品采用从价定率和从量定额复合计征方法。其计算公式为：

应纳税额＝销售数量×定额税率＋销售额×比例税率

三、自产自用、委托加工和进口环节应纳消费税的计算

(一) 自产自用应纳消费税的计算

1. 自产自用应税消费品的确定

自产自用，是指纳税人生产的应税消费品，不是直接对外销售，而是用于自己连续生产应税消费品，或者用于其他方面。用于其他方面，是指用于本企业连续生产非应税消费品、在建工程、管理部门、非生产机构、提供劳务、馈赠、赞助、集资、广告、样品、职工福利、奖励等方面。

纳税人自产自用的应税消费品，用于连续生产应税消费品的，不纳税；用于其他方面的，于移送使用时纳税。

2. 自产自用应纳税额的计算

纳税人自产自用应税消费品，销售额按照纳税人当月销售同类消费品的销售价格纳税，如果没有同类消费品销售价格的，按照组成计税价格计算。

(1) 实行从价定率办法计征消费税的，计算公式为：

组成计税价格＝(成本＋利润)÷(1－比例税率)

应纳税额＝组成计税价格×比例税率

(2) 实行复合计税办法计征消费税的，计算公式为：

组成计税价格＝(成本＋利润＋自产自用数量×定额税率)÷(1－比例税率)

应纳税额＝组成计税价格×比例税率＋自产自用数量×定额税率

(3) 实行从量定额办法计征消费税的，计算公式为：

应纳税额＝自产自用数量×定额税率

课堂练习

【计算题】2023 年 12 月甲酒厂将新研制的白酒 2 吨发给员工作为福利，该批白酒生产成本 30 000 元，无同类白酒销售价格。已知，消费税比例税率为 20%，定额税率为 0.5 元/500 克，成本利润率为 5%。计算甲酒厂当月该笔业务消费税的组成计税价格。

答案：组成计税价格＝[30 000×(1＋5%)＋2×2 000×0.5]÷(1－20%)＝41 875(元)

(二) 委托加工应纳消费税的计算

1. 委托加工应税消费品的确定

委托加工，是指由委托方提供原料和主要材料，受托方只代垫部分辅助材料，按照委托方的要求加工货物并收取加工费的经营活动。

2. 委托加工应纳税额的计算

委托加工的应税消费品，销售额按照受托方的同类消费品的销售价格计算纳税，没有同类消费品销售价格的，按照组成计税价格计算纳税。

(1) 实行从价定率办法计征消费税的，计算公式为：

组成计税价格＝(材料成本＋加工费)÷(1－比例税率)

应纳税额＝组成计税价格×比例税率

(2) 实行复合计税办法计征消费税的，计算公式为：

组成计税价格＝(材料成本＋加工费＋委托加工数量×定额税率)÷(1－比例税率)

应纳税额＝组成计税价格×比例税率＋委托加工数量×定额税率

上述公式中：材料成本是指委托方所提供加工材料的实际成本；加工费是指受托方加工应税消费品向委托方所收取的全部费用(包括代垫辅助材料的实际成本)，不包括增值税税款。

(3) 实行从量定额办法计征消费税的，计算公式为：

应纳税额＝委托加工数量×定额税率

(三) 进口环节应纳消费税的计算

纳税人进口应税消费品，销售额按照组成计税价格和规定的税率计算应纳税额。

(1) 实行从价定率办法计征消费税的，计算公式为：

组成计税价格＝(关税完税价格＋关税)÷(1－消费税比例税率)

应纳税额＝组成计税价格×比例税率

上述公式中：关税完税价格是指海关核定的关税计税价格。

(2) 实行复合计税办法计征消费税的，计算公式为：

组成计税价格＝(关税完税价格＋关税＋进口数量×定额税率)÷(1－消费税比例税率)

应纳税额＝组成计税价格×消费税比例税率＋进口数量×定额税率

(3) 实行从量定额办法计征消费税的，计算公式为：

应纳税额＝应税消费品数量×消费税单位税额

四、消费税的征收管理

(一) 纳税义务发生时间

(1) 纳税人销售应税消费品的，按不同的销售结算方式分别为：①采取赊销和分期收款结算方式的，为书面合同约定的收款日期的当天，书面合同没有约定收款日期或者无书面合同的，为发出应税消费品的当天；②采取预收货款结算方式的，为发出应税消费品的当天；③采取托收承付和委托银行收款方式的，为发出应税消费品并办妥托收手续的当天；④采取其他结算方式的，为收讫销售款或者取得索取销售款凭据的当天。

(2) 自产自用应税消费品的，为移送使用的当天。

(3) 纳税人委托加工应税消费品的，为纳税人提货的当天。

(4) 纳税人进口应税消费品的，为报关进口的当天。

(二) 纳税期限

消费税的纳税期限分别为1日、3日、5日、10日、15日、1个月或者1个季度。纳税人的具体纳税期限，由主管税务机关根据纳税人应纳税额的大小分别核定；不能按照固定期限纳税的，可以按次纳税。

纳税人以1个月或者1个季度为一个纳税期的，自期满之日起15日内申报纳税；以1日、3日、5日、10日或者15日为一个纳税期的，自期满之日起5日内预缴税款，于次月1日起至15日内申报纳税并结清上月应纳税款。

纳税人进口应税消费品，应当自海关填发海关进口消费税专用缴款书之日起15日内缴纳税款。

(三) 纳税地点

(1) 纳税人销售的应税消费品，以及自产自用的应税消费品，除国家另有规定外，应当向纳税人机构所在地或者居住地的主管税务机关申报纳税。

(2) 委托加工应税消费品，由受托方向机构所在地或者居住地主管税务机关解缴纳税。委托个人加工的应税消费品，由委托方向其机构所在地或者居住地主管税务机关申报纳税。

(3) 进口应税消费品，由进口人或代理人向报关地海关申报纳税。

(4) 纳税人到外县(市)销售或委托外县(市)代销自产消费品，于销售后向纳税人机构所在地或者居住地申报纳税。

(5) 纳税人总、分机构不在同一县市但在同一省(自治区、直辖市)的，经省(自治区、直辖市)财政厅(局)、税务局审批同意，可以由总机构汇总向总机构所在地的主管税务机关申报缴纳消费税。

(6) 纳税人总、分机构不在同一县市且不在同一省(自治区、直辖市)的，应当分别向各自机构所在地的税务机关申报纳税。

任务实训

一、实训目标

锻炼学生的运用能力，深化学生对理论知识的理解。

二、实训内容

登录金税实训平台，完成消费税的纳税申报。

三、实训要求

能够正确填写消费税纳税申报表。

四、实训环节

①学生登录系统完成任务。②学生总结实训中涉及的理论知识并发言。③教师点评和打分。

五、实训考核

实训结束后，教师根据学生的表现确定考核成绩。

任务四　关税法律制度

导课

关税是指一国海关根据该国法律规定，对通过其关境的进出口货物课征的一种税收。对于对外贸易发达的国家而言，关税往往是国家税收乃至国家财政的主要收入。关税在维护国家主权和经济利益、保护和促进本国工农业生产的发展、调节国民经济和对外贸易，以及筹集国家财政收入等方面发挥着重要的作用。

考点归纳

1. 主要知识点

关税的征税对象、纳税人和税率；关税应纳税额的计算；关税的征收管理。

2. 重难点

重点：关税的征税对象、纳税人；关税应纳税额的计算。

难点：关税应纳税额的计算。

法律讲堂

一、关税的征税对象、纳税人和税率

关税是海关依法对进出关境的货物和物品征收的一种流转税，包括进口关税和出口关税。

(一) 关税的征税对象和纳税人

关税的征税对象是准予进出境的货物和物品。关税的纳税人包括两种：一种是贸易性进出口商品的纳税人，另一种是非贸易性进出口物品的纳税人。

课堂讨论

关税对保护本国产品有哪些作用？

(二) 进出口商品适用的税率

关税税率是由进出口税则来反映的，进出口税则是一国政府根据国家关税政策和经济政策，通过一定的立法程序制定并公布实施的进出口货物和物品应税的关税税率表。

进口关税设置最惠国税率、协定税率、特惠税率、普通税率、关税配额税率等税率。对进口货物在一定期限内可以实行暂定税率。

出口关税税率没有普通税率和优惠税率之分，是一种差别比例税率，包括出口税则税率、出口暂定税率和特别出口税率。

二、关税应纳税额的计算

在计算关税应纳税额时，需要根据《中华人民共和国海关审定进出口货物完税价格办

法》来核查进出口货物的完税价格。

(一) 计税依据

关税主要以进出口货物的完税价格为计税依据。

1. 一般进口货物的完税价格

进口货物的完税价格由海关以符合的成交价格、该货物运抵中华人民共和国境内输入地点起卸前的运输及其相关费用、保险费为基础审查确定。成交价格不能确定时,完税价格由海关依法估定。

进口货物的下列费用应当计入完税价格:①由买方负担的购货佣金以外的佣金和经纪费;②由买方负担的在审查确定完税价格时与该货物视为一体的容器的费用;③由买方负担的包装材料费用和包装劳务费用;④与该货物的生产和向中华人民共和国境内销售有关的,由买方以免费或者以低于成本的方式提供并可以按适当比例分摊的料件、工具、模具、消耗材料及类似货物的价款,以及在境外开发、设计等相关服务的费用;⑤作为该货物向中华人民共和国境内销售的条件,买方必须支付的、与该货物有关的特许权使用费。

2. 出口货物的完税价格

出口货物的完税价格由海关以该货物的成交价格及该货物运至中华人民共和国境内输出地点装载前的运输及其相关费用、保险费为基础审查确定。其计算公式如下:

出口货物完税价格=离岸价格÷(1+出口关税税率)

(二) 应纳税额的计算

1. 一般进口货物关税的应纳税额

按照计税依据的不同,我国的进口关税分为从价税、从量税和复合税。我国大部分进口货物的关税征收都采用从价税。从价税以进口货物的完税价格作为计税依据。

(1) 从价进口关税的计算公式如下:

进口货物应纳关税税额=完税价格×税率

(2) 从量进口关税的计算公式如下:

进口货物应纳关税税额=进口货物数量×适用的单位税额

课堂练习

【计算题】甲公司 2023 年从国外购进 1 000 箱麦芽酿造的啤酒,每箱 12 听,每听净重 300 毫升(1 000 毫升=1 升),经海关审定其成交价格为 30 000 美元,关税普通税率 7.5 元/升。(外汇折算率 1 美元=人民币 7.07 元)。请计算应纳关税税额。

答案:进口啤酒数量=1 000×12×300÷1 000=3 600(升)

应纳关税税额=7.5×3 600=27 000(元)

(3) 复合进口关税的计算公式如下:

进口货物应纳关税税额=应税货物数量×适用的单位税额+完税价格×税率

(4) 滑准关税的计算公式如下:

进口货物应纳关税税额=应税货物数量×单位完税价格×滑准税税率

2. 出口货物关税的应纳税额

出口货物关税的应纳税额计算公式如下：

出口货物应纳关税税额＝出口货物完税价格×出口关税税率

知识驿站

下列进出口货物，免征关税：

(1) 关税税额在人民币50元以下的一票货物。

(2) 无商业价值的广告品和货样。

(3) 外国政府、国际组织无偿赠送的物资。

(4) 在海关放行前损失的货物。

(5) 进出境运输工具装载的途中必需的燃料、物料和饮食用品。

(6) 在海关放行前遭受损坏的货物，可以根据海关认定的受损程度减征关税。

(7) 法律规定的其他免征或者减征关税的货物，海关根据规定予以免征或者减征。

三、关税的征收管理

(一) 纳税时间和地点

纳税人应当自海关填发税款缴款书之日起15日内向指定银行缴纳税款。

纳税人因不可抗力或者国家税收政策调整不能按期缴纳税款的，依法提供税款担保后，可以向海关办理延期缴纳税款手续。

(二) 关税的强制执行

纳税人未在关税缴纳期限内缴纳税款，即构成关税滞纳。为保证海关征收关税决定的执行和国家财政收入的及时入库，海关有对滞纳关税的纳税人强制执行的权利。强制措施主有征收关税滞纳金和强制征收两类。

1. 征收关税滞纳金

滞纳金自关税期限届满滞纳之日起，至纳税人缴纳关税之日止，按日加收滞纳税款5‱的滞纳金，周末或法定节假日不予扣除。具体计算公式如下：

关税滞纳金金额＝滞纳关税税额×滞纳金征收比率×滞纳天数

2. 强制征收

如纳税人自海关填发缴款书之日起3个月内仍未缴纳税款，经海关关长批准，海关可以采取强制扣缴，变价抵缴等强制措施。

(三) 关税退还、补征和追征

海关多征的税款，海关发现后应当立即退还。有下列情形之一的，纳税人自缴纳税款之日起1年内，可以书面形式要求海关退还：①因海关误征，多纳税款的；②海关核准免验进口的货物，在完税后，发现有短卸情形，经海关审查认可的；③已征出口关税的货物，因故未装运出口申报退关经海关查验属实的。海关应当自受理退税申请之日起30日内作出书面答复并通知退税申请人。

进出口货物、进出境物品放行后，如发现少征或者漏征税款，海关应当自缴纳税款或者货物物品放行之日起1年内，向纳税人补征；因纳税人违反规定而造成少征或者漏征税款的，海关在3年内可追征，并从缴纳税款之日起按日加收少征或者漏征税款5‱的滞纳金。

任务实训

一、实训目标

锻炼学生的运用能力，深化学生对理论知识的理解。

二、实训内容

登录金税实训平台，完成关税的纳税申报。

三、实训要求

能够填写关税纳税申报表。

四、实训环节

①学生登录系统完成任务。②学生总结实训中涉及的理论知识并发言。③教师点评和打分。

五、实训考核

实训结束后，教师根据学生的表现确定考核成绩。

思政案例

项目测试

一、单项选择题

1. 甲公司为增值税一般纳税人，2023年10月进口货物一批，海关审定的关税完税价格为113万元。已知增值税税率为13%，关税税率为10%。计算该笔业务应缴纳的增值税税额为(　　)。

   A. 113÷(1+13%)×13%=13(万元)

   B. 113×(1+10%)÷(1+13%)×13%=14.3(万元)

   C. 113×13%=14.69(万元)

   D. 113×(1+10%)×13%=16.159(万元)

2. 下列各项中，应按照“现代服务”税目计缴增值税的是(　　)。

   A. 融资租赁服务

   B. 融资性售后回租

   C. 保险服务

   D. 文化体育服务

3. 甲商店为增值税小规模纳税人，2023年5月零售额为202 000元；将一批外购的价值1 010元商品直接赠送给希望小学。已知该小规模纳税人上述业务减按1%征收率征收增值税。下列计算甲商店5月应缴纳增值税税额的算式中，正确的是(　　)。

   A. [202 000+1 010÷(1+1%)]×1%

   B. (202 000+1 010)×1%

C. [202 000÷(1+1%)+1 010]×1%

D. (202 000+1 010)÷(1+1%)×1%

4. 某厂为增值税一般纳税人，本月将自产的100件高档化妆品无偿赠送给消费者，每件高档化妆品的生产成本为50元。已知消费税税率为15%，成本利润率为5%，没有同类高档化妆品的销售价格。该厂当月应缴纳的消费税税额算式为（　　）。

A. 50×100×15%

B. 50×100×(1+5%)×15%

C. 50×100×(1+5%)÷(1+15%)×15%

D. 50×100×(1+5%)÷(1−15%)×15%

5. 下列关于消费税纳税义务发生时间的表述中，不正确的是（　　）。

A. 纳税人自产自用应税消费品的，为移送使用的当天

B. 纳税人委托加工应税消费品的，为支付加工费的当天

C. 纳税人进口应税消费品的，为报关进口的当天

D. 纳税人销售应税消费品采取预收款方式的，为发出应税消费品的当天

二、多项选择题

1. 下列各项中，属于“交通运输服务”的有（　　）。

A. 出租车公司向使用本公司自有出租车的出租车司机收取的管理费用

B. 水路运输的程租、期租业务

C. 航空运输的湿租业务

D. 无运输工具承运业务

2. 下列各项中，属于消费税纳税人的有（　　）。

A. 委托加工白酒的酒厂　　B. 进口葡萄酒的贸易商

C. 销售果酒的商场　　D. 生产白酒的厂商

3. 下列各项中，属于“租赁服务——不动产租赁服务”的有（　　）。

A. 融资性售后回租　　B. 车辆停放服务

C. 道路通行服务　　D. 飞机、车辆等有形动产的广告位出租

4. 计算白酒的消费税时，应并入白酒计税销售额的有（　　）。

A. 品牌使用费　　B. 包装费

C. 包装物押金　　D. 包装物租金

5. 下列选项中，准予抵扣外购应税消费品已纳消费税的有（　　）。

A. 外购已税珠宝玉石生产的金银首饰

B. 外购已税素板生产的实木地板

C. 外购已税高档化妆品生产的高档化妆品

D. 外购已税鞭炮、焰火为原料生产的鞭炮、焰火

三、判断题

1. 将自产、委托加工或购进的货物无偿赠送给其他单位或个人视同销售，但用于公益事业或者以社会公众为对象的除外。（　　）

2. 舞台、戏剧、影视演员化妆用的上妆油、卸妆油、油彩，不属于消费税的征收范围。（　　）

3. 烟草批发企业将卷烟销售给其他烟草批发企业的，照章缴纳消费税。（　）

四、简答题

增值税一般纳税人和小规模纳税人的判定标准是什么？

五、案例分析题

甲公司为增值税一般纳税人，主要从事高尔夫球的生产与销售，2023 年 10 月有关经营活动如下：

(1) 10 月 8 日将 10 套高尔夫球具赊销给乙公司，双方未订立书面合同，甲公司于 10 月 9 日开具了增值税专用发票，注明价款 250 000 元；甲公司于 10 月 12 日发出货物，乙公司于 10 月 20 日支付货款。

(2) 甲公司对外转让一台使用过的生产设备，取得含税转让价 169 500 元，该固定资产于 2019 年 7 月 1 日购进。

(3) 甲公司采取以旧换新销售高尔夫球具 30 套，旧高尔夫球具作价 13 000 元/套（不含税），新高尔夫球具作价 25 000 元/套（不含税）。

(4) 甲公司将 50 套高尔夫球具用于职工福利，同类高尔夫球具含税的售价为 28 250 元/套。

已知：增值税税率为 13%，高尔夫球具适用消费税税率为 10%。

根据上述资料，不考虑其他因素，回答下列问题。

1. 上述事项(1)中甲公司的增值税纳税义务发生时间是（　）。
   A. 10 月 8 日
   B. 10 月 9 日
   C. 10 月 12 日
   D. 10 月 20 日
2. 上述事项(2)中甲公司应缴纳的增值税是（　）。
   A. 169 500×13%＝22 035(元)
   B. 169 500÷(1＋3%)×2%＝3 291.26(元)
   C. 169 500÷(1＋3%)×3%＝4 936.89(元)
   D. 169 500÷(1＋13%)×13%＝19 500(元)
3. 计算甲公司 10 月以旧换新方式销售高尔夫球具的增值税销项税额的下列算式中，正确的是（　）。
   A. 13 000×30×13%
   B. 25 000×30÷(1＋13%)×13%
   C. (25 000－13 000)×30÷(1＋13%)×13%
   D. 25 000×30×13%
4. 计算甲公司当月应缴纳的消费税税额的下列算式中，正确的是（　）。
   A. (250 000＋25 000×30)÷(1＋13%)×10%＋50×28 250÷(1＋13%)×10%
   B. (250 000＋25 000×30)×10%＋50×28 250×10%
   C. (250 000＋25 000×30)÷(1＋13%)×10%＋50×28 250×10%
   D. (250 000＋25 000×30)×10%＋50×28 250÷(1＋13%)×10%

项目九 收入差距调节的法定平衡器

——所得税法律制度

项目介绍

本项目为初级会计资格考试、中级会计资格考试、注册会计师考试、税务师考试的必考项目，主要对企业所得税、个人所得税的内容进行阐述。

项目导入

近年来，世界经济增长乏力，为了应对这种情况，各国相继出台了一系列税收改革方案。例如，降低企业所得税，即降低法定税率、特定行业税率及中小型企业税率等。由此可见，税收对一个国家的经济发展是非常重要的。

课前导学

搜索企业的涉税业务，尝试根据这些涉税业务正确计算应纳税额，并正确地进行纳税申报。

学习目标

(一) 知识目标

1. 了解企业所得税、个人所得税的纳税人、征税范围、计税依据。
2. 熟悉企业所得税、个人所得税的税率、征收管理。
3. 掌握企业所得税、个人所得税的税收优惠和应纳税额的计算。

(二) 能力目标

初步知法、懂法，能够正确判断企业所得税、个人所得税的征税范围，能够正确进行企业所得税、个人所得税的计算，能够正确进行企业所得税、个人所得税的纳税申报。

(三) 素养目标

激发社会责任感、发扬精益求精的工匠精神，引导树立纳税光荣意识。

任务一　企业所得税法律制度

导课

在我国现行税制中，企业所得税是仅次于增值税的第二大税种，是我国主要的财政收入形式。《中华人民共和国企业所得税法》从税率、税前扣除、税收优惠和征收管理等方面统一了内、外资企业所得税制度，使各类企业的所得税待遇一致，从而在公平的税收制度环境下平等竞争。近年来，为进一步支持小型微利企业的发展，我国又出台了一系列小型微利企业所得税优惠政策。

考点归纳

1. 主要知识点

企业所得税的纳税人、征税对象和税率；企业所得税应纳税额的计算；企业所得税税收优惠、征收管理。

2. 重难点

重点：企业所得税的纳税人、征税对象和税率；企业所得税应纳税额的计算；企业所得税税收优惠。

难点：企业所得税应纳税额的计算。

法律讲堂

一、企业所得税的纳税人、征税对象和税率

（一）企业所得税的纳税人

在中华人民共和国境内，企业和其他取得收入的组织（以下统称企业，不包括个人独资企业、合伙企业）为企业所得税的纳税人。不同企业向中国政府缴纳所得税时，其纳税义务是不同的，根据登记注册地和实际管理机构的双重标准，我国把企业所得税的纳税人分为居民企业和非居民企业。

个人独资企业和合伙企业不适用《中华人民共和国企业所得税法》，不作为企业所得税的纳税人。对个人独资企业和合伙企业的投资者只征收个人所得税。

课堂讨论

为什么对个人独资企业和合伙企业的投资者征收个人所得税而不征企业所得税？

1. 居民企业

居民企业，是指依法在中国境内成立，或者依照外国（地区）法律成立但实际管理机构在中国境内的企业。其中，实际管理机构是指对企业的生产经营、人员、账务、财产等实施实质

性全面管理和控制的机构。

2. 非居民企业

非居民企业，是指依照外国(地区)法律成立且实际管理机构不在中国境内，但在中国境内设立机构、场所的，或者在中国境内未设立机构、场所，但有来源于中国境内所得的企业。

(二) 企业所得税的征税对象

1. 居民企业的征税对象

居民企业应当就其来源于中国境内、境外的所得，缴纳企业所得税。

2. 非居民企业的征税对象

(1) 非居民企业在中国境内设立机构、场所的，应当就其所设机构、场所取得的来源于中国境内的所得，以及发生在中国境外但与其所设机构、场所有实际联系的所得，缴纳企业所得税。

(2) 非居民企业在中国境内未设立机构、场所的，或者虽设立机构、场所但取得的所得与其所设机构、场所没有实际联系的，应当就其来源于中国境内的所得缴纳企业所得税。

3. 所得来源地的确定

(1) 销售货物和提供劳务的所得，按经营活动发生地确定。

(2) 转让财产所得，不动产按财产所在地确定，动产按转让动产的企业或机构、场所所在地确定，权益性投资资产转让按被投资企业所在地确定。

(3) 股息、红利所得，按分配股息、红利的企业所在地确定。

(4) 利息所得，按实际负担或支付利息的企业或机构、场所所在地确定。

(5) 租金所得，按实际负担或支付租金的企业或机构、场所所在地确定。

(6) 特许权使用费所得，按实际负担或支付特许权使用费的企业或机构、场所所在地确定。

(7) 其他所得，由国务院财政、税务主管部门确定。

(三) 企业所得税适用的税率

1. 基本税率

居民企业和在中国境内设有机构、场所且所得与机构、场所有关联的非居民企业，应当就其来源于中国境内、境外的所得缴纳企业所得税，适用税率为25%。

2. 低税率

在中国境内未设立机构、场所的，或者虽设立机构、场所但所得与其所设机构、场所没有实际联系的非居民企业，应当就其来源于中国境内的所得缴纳企业所得税，适用税率为20%(减按10%执行)。

二、企业所得税应纳税额的计算

(一) 居民企业应纳税额的计算

居民企业应缴纳所得税额的计算公式如下：

应纳税额＝应纳税所得额×适用税率－减免税额－抵免税额

从上述计算公式可以看出，应纳税额的多少与应纳税所得额和适用税率相关。在实际计算过程中，应纳税所得额的计算一般有以下两种方法。

1. 直接计算法

在直接计算法下，企业每一纳税年度的收入总额减除不征税收入、免税收入、各项扣除及允许弥补的以前年度亏损后的余额为应纳税所得额。其计算公式如下：

应纳税所得额＝收入总额－不征税收入－免税收入－各项扣除金额－弥补亏损

2. 间接计算法

在间接计算法下，在会计利润总额的基础上加或减按照税法规定调整的项目金额后，即为应纳税所得额。其计算公式如下：

应纳税所得额＝会计利润总额±纳税调整项目金额

(二) 企业所得税收入总额的确定

企业收入总额，是指以货币形式和非货币形式从各种来源取得的收入。企业以非货币形式取得的收入，应当按公允价值确定收入额。收入的具体构成为：①销售货物收入；②提供劳务收入；③转让财产收入；④股息、红利等权益性投资收益；⑤利息收入；⑥租金收入；⑦特许权使用费收入；⑧接受捐赠收入；⑨其他收入。

(三) 不征税收入及免税收入

1. 不征税收入

下列收入为不征税收入：

(1) 财政拨款。

(2) 依法收取并纳入财政管理的行政事业性收费、政府性基金。

(3) 国务院规定的其他不征税收入，即企业取得的，由国务院财政、税务主管部门规定专项用途并经国务院批准的财政性资金。

2. 免税收入

(1) 国债利息收入。

(2) 符合条件的居民企业之间的股息、红利等权益性投资收益，是指居民企业直接投资于其他居民企业所取得的投资收益，不包括连续持有居民企业公开发行并上市流通的股票不足 12 个月取得的投资收益。

(3) 在中国境内设立机构、场所的非居民企业从居民企业取得与该机构、场所有实际联系的股息、红利等权益性投资收益。

(4) 符合条件的非营利组织的收入，是指非营利组织从事公益性或非营利性活动所取得的收入，不包括从事营利性活动所取得的收入，但国务院财政、税务主管部门另有规定的除外。

(四) 企业所得税准予扣除项目的确定

1. 准予扣除的项目

企业实际发生的与取得收入有关的、合理的支出，包括成本、费用、税金、损失和其他支出，准予在计算应纳税所得额时扣除。

成本，是指企业在生产经营活动中发生的销售成本、销货成本、业务支出及其他耗费。

费用，是指企业在生产经营活动中发生的销售费用、管理费用和财务费用，已计入成本的有关费用除外。

税金，是指企业发生的除企业所得税和允许抵扣的增值税以外的各项税金及其附加。

课堂讨论

可以税前扣除的“税金”有哪些?

2. 准予扣除项目的标准

在计算应纳税所得额时,下列项目可按照实际发生额或规定的标准扣除:

(1) 工资、薪金支出的扣除标准。企业实际发生的合理的工资薪金支出,准予据实扣除。

(2) 工会经费、职工福利费、职工教育经费的扣除标准:①企业实际发生的职工福利费支出,不超过工资薪金总额14%的部分,准予扣除。②企业拨缴的工会经费,不超过工资薪金总额2%的部分,准予扣除。③除国务院财政、税务主管部门另有规定外,企业实际发生的职工教育经费支出,不超过工资薪金总额8%的部分,准予扣除;超过部分,准予在以后纳税年度结转扣除。④软件生产企业发生的职工教育经费中的职工培训费用可以全额在企业所得税前扣除。软件生产企业应准确划分职工教育经费中的职工培训费支出,对于不能准确划分的以及准确划分后职工教育经费中扣除职工培训费用的余额,一律按照工资薪金总额8%的比例扣除。

课堂练习

【计算题】A公司2023年发放职工工资1 300万元,符合工资条件并和工资一起发放的福利性补贴100万元,发生职工福利费支出200万元,拨缴工会经费30万元,发生职工教育经费支出25万元。计算职工福利费、工会经费、职工教育经费应调整的应纳税所得额。

答案:工资薪金总额=1 300+100=1 400(万元)

可以扣除的福利费限额=1 400×14%=196(万元)

应调增应纳税所得额=200−196=4(万元)

可以扣除的工会经费限额=1 400×2%=28(万元)

应调增应纳税所得额=30−28=2(万元)

可以扣除的职工教育经费限额=1 400×8%=112(万元)

职工教育经费支出可全额扣除。

(3) 社会保险费和住房公积金:①企业依照国务院有关主管部门或者省级人民政府规定的范围和标准为职工缴纳的基本养老保险费、基本医疗保险费、失业保险费、工伤保险费、生育保险费等基本社会保险费和住房公积金(以下简称“五险一金”),准予扣除。②企业为本企业任职或受雇的全体员工支付的补充养老保险费、补充医疗保险费,分别在不超过职工工资总额5%标准内的部分,准予扣除。企业依照国家有关规定为特殊工种职工(如空中作业、爆破作业、井下作业等)支付的人身安全保险费和国务院财政、税务主管部门规定可以扣除的商业保险费准予扣除。③企业参加财产保险,按照规定缴纳的保险费,准予扣除。企业为投资者或者职工支付的商业保险费,不得扣除。④企业职工因公出差乘坐交通工具发生的人身意外保险费支出,准予企业在计算应纳税所得额时扣除。

(4) 利息费用。企业在生产、经营活动中发生的利息费用,按照下列规定扣除:①非金融企业向金融企业借款的利息支出、金融企业的各项存款利息支出和同业拆借利息支出、企业经批准发行债券的利息支出可据实扣除。②非金融企业向非金融企业借款的利息支出，不超过按照金融企业同期同类贷款利息率计算的数额的部分可据实扣除，超过部分不允许扣除。

(5) 借款费用：①企业在生产经营活动中发生的合理的不需要资本化的借款费用，准予扣除。②企业为购置、建造固定资产、无形资产和经过 12 个月以上的建造才能达到预定可销售状态的存货发生借款的，在有关资产购置、建造期间发生的合理的借款费用，应予以资本化，作为资本性支出计入有关资产的成本；有关资产交付使用后发生的借款利息，可在发生当期扣除。

(6) 汇兑损失。企业在货币交易中及纳税年度终了时将人民币以外的货币性资产、负债按照期末即期人民币汇率中间价折算为人民币时产生的汇兑损失，除已经计入有关资产成本以及与向所有者进行利润分配相关的部分外，准予扣除。

(7) 业务招待费。企业发生的与生产经营活动有关的业务招待费支出，按照发生额的60%扣除，但最高不得超过当年销售(营业)收入的5‰。

课堂练习

【计算题】某企业 2023 年销售货物收入 3 000 万元，包装物出租收入 400 万元，视同销售货物收入 600 万元，转让厂房所有权收入 200 万元，捐赠收入 20 万元，债务重组收益 10 万元，当年实际发生业务招待费 30 万元。计算该企业当年可在所得税前列支的业务招待费金额。

答案：确定计算招待费的扣除限额的基数＝3 000＋400＋600＝4 000(万元)

标准的计算＝30×60%＝18(万元)

限度的计算＝4 000×5‰＝20(万元)

两数据比大小后择其小者，即该企业当年可在所得税前列支的业务招待费金额为 18 万元。

(8) 广告费和业务宣传费。企业发生的符合条件的广告费和业务宣传费支出，除国务院财政、税务主管部门另有规定外，不超过当年销售(营业)收入 15%的部分，准予扣除；超过部分，准予结转以后纳税年度扣除。

知识驿站

对部分行业广告费和业务宣传费税前扣除的特殊规定如下：

(1) 自 2021 年 1 月 1 日起至 2025 年 12 月 31 日，对化妆品制造与销售、医药制造和饮料制造(不含酒精类制造，下同)企业发生的广告费和业务宣传费支出，不超过当年销售(营业)收入 30%的部分，准予扣除；超过部分，准予在以后纳税年度结转扣除。

(2) 烟草企业的烟草广告费和业务宣传费支出，一律不得在计算应纳税所得额时扣除。

(9) 公益性捐赠支出。公益性捐赠，是指企业通过公益性社会团体或者县级以上人民政府及其部门，用于《中华人民共和国公益事业捐赠法》规定的公益事业的捐赠。企业发生的公益性捐赠支出，不超过年度利润总额 12%的部分，准予扣除。超过年度利润总额 12%

的部分，准予结转以后 3 年内在计算应纳税所得额时扣除。

(10) 环境保护专项资金。企业依照法律、行政法规有关规定提取的用于环境保护、生态恢复等方面的专项资金，准予扣除。上述专项资金提取后改变用途的，不得扣除。

(11) 固定资产租赁费。企业根据生产经营活动的需要租入固定资产支付的租赁费，按照以下方法扣除：①以经营租赁方式租入固定资产发生的租赁费支出，按照租赁期限均匀扣除；②以融资租赁方式租入固定资产发生的租赁费支出，按照规定构成融资租入固定资产价值的部分应当提取折旧费用，分期扣除。

(12) 劳动保护支出。企业发生的合理的劳动保护支出，准予扣除。劳动保护支出是指确因工作需要为雇员配备或提供工作服、手套、安全保护用品、防暑降温用品等所发生的支出。

(13) 总机构分摊的费用。非居民企业在中国境内设立的机构、场所，就其中国境外总机构发生的与该机构、场所生产经营有关的费用，能够提供总机构出具的费用汇集范围、定额、分配依据和方法等证明文件，并合理分摊的，准予扣除。

(14) 资产损失。企业当期发生的固定资产和流动资产盘亏、毁损净损失，由其提供清查盘存资料经向主管税务机关备案后，准予扣除；企业因存货盘亏、毁损、报废等原因不得从销项税金中抵扣的进项税金，应视同企业财产损失，准予与存货损失一起在所得税前按规定扣除。

(15) 其他项目。依照有关法律、行政法规和国家有关税法规定准予扣除的其他项目，如会员费、合理的会议费、差旅费、违约金、诉讼费用等。

(五) 不准予扣除的项目

在计算应纳税所得额时，下列支出不得扣除：

(1) 向投资者支付的股息、红利等权益性投资收益款项。

(2) 企业所得税税款。

(3) 税收滞纳金，是指纳税人违反税收法规，被税务机关处以的滞纳金。

(4) 罚金、罚款和被没收财物的损失，是指纳税人违反国家有关法律、法规规定，被有关部门处以的罚款，以及被司法机关处以的罚金和被没收财物的损失。

(5) 超过规定标准的捐赠支出。

(6) 赞助支出，是指企业发生的与生产经营活动无关的各种非广告性质支出。

(7) 未经核定的准备金支出，是指不符合国务院财政、税务主管部门规定的各项资产减值准备、风险准备等准备金支出。

(8) 企业之间支付的管理费、企业内营业机构之间支付的租金和特许权使用费，以及非银行企业内营业机构之间支付的利息，不得扣除。

(9) 企业以其取得的不征税收入用于支出所形成的费用或资产。

(10) 与取得收入无关的其他支出。

(六) 亏损弥补

税法规定，企业某一纳税年度发生的亏损可以用下一年度的所得弥补，下一年度的所得不足以弥补的，可以逐年延续弥补，但最长不得超过 5 年。企业在汇总计算缴纳企业所得税时，其境外营业机构的亏损不得抵减境内营业机构的盈利。

三、资产的税务处理

(一) 固定资产的税务处理

固定资产，是指企业为生产产品、提供劳务、出租或者经营管理而持有的、使用时间超过12个月的非货币性资产，包括房屋、建筑物、机器、机械、运输工具及其他与生产经营活动有关的设备、器具、工具等。

1. 固定资产折旧的范围

在计算应纳税额时，企业按照规定计算的固定资产折旧，准予扣除。下列固定资产不得计算折旧扣除：

(1) 房屋、建筑物以外未投入使用的固定资产。

(2) 以经营租赁方式租入的固定资产。

(3) 以融资租赁方式租出的固定资产。

(4) 已足额提取折旧仍继续使用的固定资产。

(5) 与经营活动无关的固定资产。

(6) 单独估价作为固定资产入账的土地。

(7) 其他不得计算折旧扣除的固定资产。

2. 固定资产折旧的计提方法

(1) 企业应当自固定资产投入使用月份的次月起计算折旧；停止使用的固定资产，应当自停止使用月份的次月起停止计算折旧。

(2) 企业应当根据固定资产的性质和使用情况，合理确定固定资产的预计净残值。固定资产的预计净残值一经确定，不得变更。

(3) 固定资产按照直线法计算的折旧，准予扣除。

3. 固定资产折旧的计提年限

除国务院财政、税务主管部门另有规定外，固定资产计算折旧的最低年限如下：

(1) 房屋、建筑物为20年。

(2) 飞机、火车、轮船、机器、机械和其他生产设备，为10年。

(3) 与生产经营活动有关的器具、工具、家具等，为5年。

(4) 飞机、火车、轮船以外的运输工具，为4年。

(5) 电子设备，为3年。

(二) 生物资产的税务处理

生物资产，是指有生命的动物和植物。生物资产分为消耗性生物资产、生产性生物资产和公益性生物资产。上述3类生物资产中，只有生产性生物资产可以计提折旧。

1. 生产性生物资产的折旧方法

生产性生物资产按照直线法计算的折旧，准予扣除。企业应当自生产性生物资产投入使用月份的次月起计算折旧；停止使用的生产性生物资产，应当自停止使用月份的次月起停止计算折旧。

企业应当根据生产性生物资产的性质和使用情况，合理确定生产性生物资产的预计净残值。生产性生物资产的预计净残值一经确定，不得变更。

2. 生产性生物资产计算折旧的最低年限

(1) 林木类生产性生物资产,为10年。

(2) 畜类生产性生物资产,为3年。

(三) 无形资产的税务处理

无形资产,是指企业长期使用但没有实物形态的资产,包括专利权、商标权、著作权、土地使用权、非专利技术、商誉等。

1. 无形资产的摊销范围

在计算应纳税所得额时,企业按照规定计算的无形资产摊销费用,准予扣除。下列无形资产不得计算摊销费用扣除:

(1) 自行开发的支出已在计算应纳税所得额时扣除的无形资产。

(2) 自创商誉。

(3) 与经营活动无关的无形资产。

(4) 其他不得计算摊销费用扣除的无形资产。

2. 无形资产的摊销方法及年限

无形资产的摊销,采取直线法计算。无形资产的摊销年限不得低于10年。作为投资或者受让的无形资产,有关法律规定或者合同约定了使用年限的,可以按照规定或者约定的使用年限分期摊销。外购商誉的支出,在企业整体转让或者清算时,准予扣除。

(四) 长期待摊费用的税务处理

长期待摊费用,是指企业发生的应在一个年度以上进行摊销的费用。在计算应纳税所得额时,企业发生的下列支出作为长期待摊费用,按照规定摊销的,准予扣除:

(1) 已足额提取折旧的固定资产的改建支出。

(2) 租入固定资产的改建支出。

(3) 固定资产的大修理支出。

(4) 其他应当作为长期待摊费用的支出。

四、企业所得税税收优惠、征收管理

(一) 企业所得税税收优惠

(1) 从事农、林、牧、渔业项目的所得。企业从事下列项目的所得,免征企业所得税:①蔬菜、谷物、薯类、油料、豆类、棉花、麻类、糖类、水果、坚果的种植;②农作物新品种的选育;③中药材的种植;④林木的培育和种植;⑤牲畜、家禽的饲养;⑥林产品的采集;⑦灌溉、农产品初加工、兽医、农机作业和维修等农、林、牧、渔服务业项目;⑧远洋捕捞。企业从事下列项目的所得,减半征收企业所得税:①花卉、茶及其他饮料作物和香料作物的种植;②海水养殖、茶及其他饮料作物和香料作物的种植。

(2) 符合条件的技术转让所得。税法所称符合条件的技术转让所得免征、减征企业所得税,是指一个纳税年度内,居民企业转让技术所有权所得不超过500万元的部分,免征企业所得税;超过500万元的部分,减半征收企业所得税。

(3) 国家需要重点扶持的高新技术企业减按15%的税率征收企业所得税。

(4) 小型微利企业减按20%的税率征收企业所得税。

课堂讨论

小型微利企业税收优惠政策有哪些？

（二）加计扣除优惠

1. 研究开发费

企业开展研发活动中实际发生的研发费用，未形成无形资产计入当期损益的，在按规定据实扣除的基础上，自2021年1月1日起，再按照实际发生额的100%在税前加计扣除；形成无形资产的，自2021年1月1日起，按照无形资产成本的200%在税前摊销。

2. 企业安置残疾人员所支付的工资

企业安置残疾人员所支付工资费用的加计扣除，是指企业安置残疾人员的，在按照支付给残疾职工工资据实扣除的基础上，按照支付给残疾职工工资的100%加计扣除。

（三）创投企业优惠

创业投资企业采取股权投资方式投资于未上市的中小高新技术企业2年以上，凡符合以下条件的，可按其对中小高新技术企业投资额的70%，在股权持有满2年的当年抵扣该创业投资企业的应纳税所得额；当年不足抵扣的，可以在以后纳税年度结转抵扣。

（四）加速折旧优惠

企业的固定资产由于技术进步等原因，确需加速折旧的，可以缩短折旧年限或者采取加速折旧的方法。可采用以上折旧方法的固定资产是指：①由于技术进步，产品更新换代较快的固定资产；②常年处于强震动、高腐蚀状态的固定资产。

知识驿站

采取缩短折旧年限方法的，最低折旧年限不得低于规定折旧年限的60%；采取加速折旧方法的，可以采取双倍余额递减法或者年数总和法。

（五）减计收入优惠

企业综合利用资源，是指企业以《资源综合利用企业所得税优惠目录》规定的资源作为主要原材料，生产国家非限制和禁止并符合国家和行业相关标准的产品取得的收入，减按90%计入收入总额。

（六）税额抵免优惠

税额抵免，是指企业购置并使用《环境保护、节能节水项目企业所得税优惠目录》和《安全生产专用设备企业所得税优惠目录》规定的环境保护、节能节水、安全生产等专用设备的，该专用设备的投资额的10%可以从企业当年的应纳税额中抵免；当年不足抵免的，可以在以后5个纳税年度结转抵免。

（七）企业所得税的征收管理

1. 纳税地点

除税收法律、行政法规另有规定外，居民企业以企业登记注册地为纳税地点；但登记注册地在境外的，以实际管理机构所在地为纳税地点。

（1）居民企业在中国境内设立不具有法人资格的营业机构的，应当汇总计算并缴纳企业所得税。企业汇总计算并缴纳所得税时，应当统一核算应纳税所得额。

(2) 非居民企业在中国境内设立机构、场所的,应当就其所设机构、场所取得的来源于中国境内的所得,以及发生在中国境外但与其所设机构、场所有实际联系的所得,以机构、场所所在地为纳税地点。非居民企业在中国境内设立两个或者两个以上机构、场所的,经税务机关审核批准,可以选择由其主要机构、场所汇总缴纳企业所得税。非居民企业在中国境内未设立机构、场所,或者设立机构、场所但取得的所得与其所设机构、场所没有实际联系的,以扣缴义务人所在地为纳税地点。

2. 纳税期限

企业所得税按年计征,分月或者分季预缴,年终汇算清缴,多退少补。

企业所得税的纳税年度,自公历1月1日起至12月31日止。企业在一个纳税年度的中间开业,或者由于合并、关闭等原因终止经营活动,使该纳税年度的实际经营期不足12个月的,应当以其实际经营期为一个纳税年度。企业清算时,应当以清算期间作为一个纳税年度。

按月或按季预缴的,应当自月份或者季度终了之日起15日内,向税务机关报送预缴企业所得税纳税申报表,预缴税款。

企业应自年度终了之日起5个月内,向税务机关报送年度企业所得税纳税申报表,并汇算清缴,结清应缴应退税款。

企业在年度中间终止经营活动的,应当自实际经营终止之日起60日内,向税务机关办理当期企业所得税汇算清缴。

任务实训

一、实训目标

锻炼学生的运用能力,深化学生对理论知识的理解。

二、实训内容

登录金税实训平台,完成企业所得税的纳税申报。

三、实训要求

能够正确填写企业所得税纳税申报表。

四、实训环节

①学生登录系统完成任务。②学生总结实训中涉及的理论知识并发言。③教师点评和打分。

五、实训考核

实训结束后,教师根据学生的表现确定考核成绩。

任务二　个人所得税法律制度

导课

王先生是中国公民,有一个孩子在读小学。2023年度王先生的所得情况如下:月应领工资10 000元,其中,个人承担基本养老保险、基本医疗保险、失业保险、住房公积金总计

1 000 元，年终奖金 30 000 元；参加商场抽奖活动，取得中奖收入 1 000 元；在某杂志上发表文章一篇，取得稿酬收入 2 000 元。请问李先生需不需要缴纳个人所得税？

考点归纳

1. 主要知识点

个人所得税的纳税人、征税范围和税率；个人所得税应纳税额的计算；个人所得税的税收优惠；个人所得税的申报缴纳。

2. 重难点

重点：个人所得税的征税范围；个人所得税应纳税额的计算。

难点：个人所得税应纳税额的计算。

法律讲堂

一、个人所得税的纳税人、征税范围和税率

个人所得税是以个人（自然人，包括个体工商户、个人独资企业及合伙企业的投资人）取得的各类应税所得为征税对象而征收的一种所得税。

（一）个人所得税的纳税人

个人所得税的纳税人，包括中国公民、个体工商户、个人独资企业、合伙企业投资者、在中国有所得的外籍人员（包括无国籍人员，下同）和香港、澳门、台湾同胞。上述纳税人依据住所和居住时间两个标准，分为居民和非居民，分别承担不同的纳税义务。

居民个人：在中国境内有住所，或者无住所而一个纳税年度内在中国境内居住累计满 183 天的个人。

非居民个人：在中国境内无住所又不居住，或者无住所而一个纳税年度内在中国境内居住累计不满 183 天的个人。非居民个人从中国境内取得的所得，缴纳个人所得税。

中国境内有住所，是指因户籍、家庭、经济利益关系而在中国境内习惯性居住。纳税年度是自公历 1 月 1 日至 12 月 31 日。

（二）个人所得税的征税范围

1. 工资、薪金所得

工资、薪金所得，是指个人因任职或者受雇而取得的工资、薪金、奖金、年终加薪、劳动分红、津贴、补贴及与任职或者受雇有关的其他所得。

根据我国目前个人收入的构成情况，规定对于一些不属于工资、薪金性质的补贴、津贴或者不属于纳税人本人工资、薪金所得项目的收入，不予征税。这些项目包括：①独生子女补贴；②执行公务员工资制度未纳入基本工资总额的补贴、津贴和家属成员的副食品补贴；③托儿补助费；④差旅费津贴、误餐补助。

2. 劳务报酬所得

劳务报酬所得，是指个人独立从事非雇佣的各种劳务所取得的所得。

课堂讨论

工资薪金所得与劳务报酬所得有什么区别？

3. 稿酬所得

稿酬所得，是指个人因其作品以图书、报刊形式出版、发表而取得的所得。这里所说的作品，包括文学作品、书画作品、摄影作品，以及其他作品。作者去世后，财产继承人取得的遗作稿酬，亦应征收个人所得税。

4. 特许权使用费所得

特许权使用费所得，是指个人提供专利权、商标权、著作权、非专利技术及其他特许权的使用权取得的所得。

5. 经营所得

经营所得包括以下几个方面：

(1) 个人通过在中国境内注册登记的个体工商户、个人独资企业、合伙企业从事生产、经营活动取得的所得。

(2) 个人依法取得执照，从事办学、医疗、咨询及其他有偿服务活动取得的所得。

(3) 个人承包、承租、转包、转租取得的所得。

(4) 个人从事其他生产、经营活动取得的所得。

6. 利息、股息、红利所得

利息、股息、红利所得，是指个人拥有债权、股权而取得的利息、股息、红利所得。按照《中华人民共和国个人所得税法》规定，个人取得的利息所得，除国债和国家发行的金融债券利息外，应当依法缴纳个人所得税。

7. 财产租赁所得

财产租赁所得，是指个人出租建筑物、土地使用权、机器设备、车船及其他财产取得的所得。

8. 财产转让所得

财产转让所得，是指个人转让有价证券、股权、建筑物、土地使用权、机器设备、车船及其他财产取得的所得。对个人取得的各项财产转让所得，除股票转让所得外，都要征收个人所得税。

9. 偶然所得

偶然所得，是指个人得奖、中奖、中彩及其他偶然性质的所得。

(三) 个人所得税适用的税率

1. 综合所得适用的税率

综合所得适用3%～45%的超额累进税率。具体税率如表9-1所示。

表9-1 个人所得税税率表

(综合所得适用)

级数	全年应纳税所得额	税率	速算扣除数
1	不超过36 000元的	3%	0
2	超过36 000元至144 000元的部分	10%	2 520
3	超过144 000元至300 000元的部分	20%	16 920
4	超过300 000元至420 000元的部分	25%	31 920
5	超过420 000元至660 000元的部分	30%	52 920

（续表）

级数	全年应纳税所得额	税率	速算扣除数
6	超过 660 000 元至 960 000 元的部分	35%	85 920
7	超过 960 000 元的部分	45%	181 920

非居民个人取得工资、薪金所得，劳务报酬所得，稿酬所得和特许权使用费所得，依照本表按月换算后计算应纳税额。

2. 经营所得适用的税率

经营所得适用 5%～35%的超额累进税率。具体税率如表 9-2 所示。

表 9-2　　个人所得税税率表

（经营所得适用）

级数	全年应纳税所得额	税率	速算扣除数
1	不超过 30 000 元的	5%	0
2	超过 30 000 元至 90 000 元的部分	10%	1 500
3	超过 90 000 元至 300 000 元的部分	20%	10 500
4	超过 300 000 元至 500 000 元的部分	30%	40 500
5	超过 500 000 元的部分	35%	65 500

3. 其他所得适用的税率

利息、股息、红利所得，财产租赁所得，财产转让所得和偶然所得适用比例税率，税率为 20%。

自 2001 年 1 月 1 日起，对个人出租住房取得的所得暂减按 10%的税率征收个人所得税。

二、个人所得税应纳税额的计算

（一）个人所得的形式

个人所得的形式，包括现金、实物、有价证券和其他形式的经济利益。

（二）应纳税额的计算

1. 综合所得年终汇算清缴的计算

居民个人的综合所得，以每一纳税年度的收入额减除费用 6 万元及专项扣除、专项附加扣除和依法确定的其他扣除后的余额，为应纳税所得额。

综合所得，包括工资、薪金所得，劳务报酬所得，稿酬所得，特许权使用费所得四项。劳务报酬所得、稿酬所得、特许权使用费所得以收入减除 20%的费用后的余额为收入额。稿酬所得的收入额减按 70%计算。

1）专项扣除

专项扣除包括居民个人按照国家规定的范围和标准缴纳的基本养老保险、基本医疗保险、失业保险等社会保险费和住房公积金等。

2）专项附加扣除

专项附加扣除包括子女教育、继续教育、住房租金、住房贷款利息、大病医疗、赡养老人、婴幼儿照护等支出。一个纳税年度扣除不完的，不得结转以后年度扣除。

(1) 子女教育。子女接受全日制学历教育的相关支出，按每个子女每月 2 000 元的标准定额扣除。受教育子女的父母分别按扣除标准的 50%扣除；经父母约定，也可以选择由其中一方按扣除标准的 100%扣除。具体扣除方式在一个纳税年度内不得变更。

(2) 继续教育专项附加扣除。纳税人接受学历继续教育的支出，在学历(学位)教育期间按照每年 4 800 元(每月 400 元)定额扣除。纳税人接受技能人员职业资格继续教育、专业技术人员职业资格继续教育支出，在取得相关证书的年度，按照 3 600 元定额扣除。个人接受本科及以下学历(学位)继续教育，符合规定扣除条件的，可以选择由其父母扣除，也可以选择由本人扣除，但不得同时扣除。

(3) 住房贷款利息专项附加扣除。本人或配偶使用商业银行或住房公积金个人住房贷款为本人或其配偶购买境内住房，首套住房贷款利息支出，在实际发生贷款利息年度，按每月 1 000 元标准定额扣除。扣除期限最长不超过 240 个月。

(4) 住房租金专项附加扣除。承租的住房位于直辖市、省会、计划单列市及国务院确定其他城市，扣除标准为每年 18 000 元(每月 1 500 元)；承租的住房位于其他城市的，市辖区户籍人口超过 100 万的，扣除标准为每年 13 200 元(每月 1 100 元)；户籍人口不超过 100 万(含)的，扣除标准为每年 9 600 元(每月 800 元)。

课堂讨论

纳税人在工作城市没有住房，纳税人配偶在纳税人工作城市有自有住房的，夫妻双方如何进行专项附加扣除？

(5) 大病医疗专项附加扣除。一个纳税年度内，与基本医疗相关的医药费支出，扣除医保报销后个人负担(医保目录范围内自付部分)累计超过 15 000 元的支出部分，为大病医疗支出，可以按照每年 80 000 元标准限额据实扣除。大病医疗专项附加扣除由纳税人办理汇算清缴时扣除。可以选择由本人或者其配偶扣除，未成年子女的可选择由其父母一方扣除。

(6) 赡养老人专项附加扣除。纳税人赡养 60 岁(含)以上父母及其他法定赡养人的赡养支出可按以下标准定额扣除：纳税人为独生子女的，按照每月 3 000 元的标准定额扣除；纳税人为非独生子女的，应当与其兄弟姐妹分摊每月 3 000 元的扣除额度。

课堂讨论

纳税人为非独生子女的，应当如何与其兄弟姐妹分摊扣除额度？

(7) 婴幼儿照护专项附加扣除。纳税人照护 3 岁以下婴幼儿子女的相关支出，按照每个婴幼儿每月 2 000 元的标准定额扣除。父母可以选择由其中一方按扣除标准的 100%扣除，也可以选择由双方分别按扣除标准的 50%扣除，具体扣除方式在一个纳税年度内不能变更。

(8) 其他扣除。其他扣除包括个人缴付符合国家规定的企业年金、职业年金，个人购买符合国家规定的商业健康保险、税收递延型商业养老保险的支出，以及国务院规定可以扣除的其他项目。

3）综合所得计算公式

应纳税额＝应纳税所得额×适用税率－速算扣除数
＝（每一纳税年度的收入额－费用 60 000－专项扣除－专项附加扣除－依法确定的其他扣除）×适用税率－速算扣除数

其中，工资、薪金所得以实际收入为收入额，劳务报酬所得、稿酬所得、特许权使用费所得以收入减除 20％的费用后的余额为收入额，稿酬所得的收入额减按 70％计算。

2. 综合所得的预扣预缴

居民个人取得综合所得，按年计算个人所得税。年度中间支付单位作为扣缴义务人应对居民个人工资、薪金所得，劳务报酬所得，稿酬所得和特许权使用费所得预扣预缴个人所得税。

（1）工资、薪金所得预扣预缴税款计算方法——累计预扣法。扣缴义务人向居民个人支付工资、薪金所得时，按照累计预扣法计算预扣税款，并按月办理扣缴申报。具体计算公式如下：

本期应预扣预缴税额＝（累计预扣预缴应纳税所得额×预扣率－速算扣除数）－累计减免税额－累计已预扣预缴税额

累计预扣预缴应纳税所得额＝累计收入－累计免税收入－累计减除费用－累计专项扣除－累计专项附加扣除－累计依法确定的其他扣除

课堂练习

【计算题】王某 2023 年每月工资均为 30 000 元，“三险一金”等专项扣除为 4 500 元，享受子女教育、赡养老人两项专项附加扣除共计 2 000 元，没有减免收入及减免税额等情况，以前三个月为例，计算各月应预扣预缴税额。

答案：

1 月应预扣预缴税额＝（30 000－5 000－4 500－2 000）×3％＝18 500×3％＝555（元）

2 月应预扣预缴税额＝（30 000×2－5 000×2－4 500×2－2 000×2）×10％－2 520－555＝37 000×10％－2 520－555＝625（元）

3 月应预扣预缴税额＝（30 000×3－5 000×3－4 500×3－2 000×3）×10％－2 520－555－625＝55 500×10％－2 520－555－625＝1 850（元）

（2）劳务报酬所得、稿酬所得、特许权使用费所得预扣预缴税款的计算方法。劳务报酬所得、稿酬所得、特许权使用费所得以每次收入减除费用后的余额为收入额；其中，稿酬所得的收入额减按 70％计算。预扣预缴税款时，劳务报酬所得、稿酬所得、特许权使用费所得每次收入不超过 4 000 元的，减除费用按 800 元计算；每次收入 4 000 元以上的，减除费用按收入的 20％计算。劳务报酬所得、稿酬所得、特许权使用费所得，以每次收入额为预扣预缴应纳税所得额，计算应预扣预缴税额。稿酬所得、特许权使用费所得适用 20％的比例预扣率。具体计算公式如下：

劳务报酬所得应预扣预缴税额＝预扣预缴应纳税所得额×预扣率－速算扣除数

稿酬所得、特许权使用费所得应预扣预缴税额＝预扣预缴应纳税所得额×20％

3. 经营所得应纳税额的计算

经营所得以每一纳税年度的收入总额减除成本、费用及损失后的余额为应纳税所得额。

(1) 个体工商户的生产、经营所得应纳税所得额的计算公式如下：

应纳税额＝应纳税所得额×税率－速算扣除数＝(收入总额－成本－费用－损失－税金－其他支出－允许弥补以前年度亏损)×税率－速算扣除数

(2) 对企、事业单位的承包经营、承租经营所得应纳税额的计算公式如下：

应纳税额＝应纳税所得额×适用税率－速算扣除数＝(纳税年度收入总额－必要费用)×适用税率－速算扣除数

(3) 个体工商户下列支出不得扣除：①个人所得税税款；②税收滞纳金；③罚金、罚款和被没收财物的损失；④不符合扣除规定的捐赠支出；⑤赞助支出；⑥用于个人和家庭的支出；⑦与取得生产经营收入无关的其他支出；⑧国家税务总局规定不准扣除的支出。

4. 利息、股息、红利所得应纳税额的计算

(1) 利息、股息、红利所得应纳税额的计算公式如下：

应纳税额＝应纳税所得额×适用税率＝每次收入额×适用税率

每次收入的确定：以支付利息、股息、红利时取得的收入为一次。

(2) 上市公司股息红利差别化个人所得税政策。个人从公开发行和转让市场取得的上市公司股票，持股期限在1个月以内(含1个月)的，其股息红利所得全额计入应纳税所得额；持股期限在1个月以上至1年(含1年)的，暂减按50%计入应纳税所得额；持股期限超过1年的，暂免征收。上述所得统一适用20%的税率计征个人所得税。

5. 财产租赁所得应纳税额的计算

(1) 每次(月)收入不足4 000元的，其应纳税额的计算公式如下：

应纳税额＝[每次(月)收入额－财产租赁过程中缴纳的税费－由纳税人负担的租赁财产实际开支的修缮费用(800元为限)－800元]×20%

(2) 每次(月)收入在4 000元以上的，其应纳税额的计算公式如下：

应纳税额＝[每次(月)收入额－财产租赁过程中缴纳的税费－由纳税人负担的租赁财产实际开支的修缮费用(800元为限)]×(1－20%)×20%

每次收入的确定：财产租赁所得，以一个月内取得的收入为一次。

课堂讨论

个人出租房屋的收入含不含增值税？本环节的增值税能不能扣除？

6. 财产转让所得应纳税额的计算

财产转让所得应纳税额的计算公式如下：

应纳税额＝应纳税所得额×适用税率＝(收入总额－财产原值－合理费用)×20%

7. 偶然所得应纳税额的计算

(1) 偶然所得应纳税额的计算公式如下：

应纳税额＝应纳税所得额×适用税率

每次收入的确定：以每次取得该项收入为一次。

(2) 特殊规定如下：①累计消费达到一定额度的顾客给予额外抽奖机会的获奖所得属于偶然所得；②单张有奖发票奖金所得超过800元的全额征税。

8. 其他费用扣除规定

个人将其所得对教育、扶贫、济困等公益慈善事业进行捐赠，捐赠额未超过纳税人申报的应纳税所得额30%的部分，可以从其应纳税所得额中扣除。

个人通过非营利性的社会团体和国家机关进行的下列捐赠，准予全额在税前扣除：①红十字事业；②农村义务教育；③公益性青少年活动场所；④福利性、非营利性老年服务机构捐赠；⑤国务院规定的其他捐赠。

(三) 个人所得税的税收优惠

1. 免税项目

(1) 省级人民政府、国务院部委和中国人民解放军军以上单位，以及外国组织、国际组织颁发的科学、教育、技术、文化、卫生、体育、环境保护等方面的奖金。

(2) 国债和国家发行的金融债券利息。

(3) 按照国家统一规定发给的补贴、津贴。

(4) 福利费、抚恤金、救济金。

(5) 保险赔款。

(6) 军人的转业费、复员费、退役金。

(7) 按照国家统一规定发给干部、职工的安家费、退职费、基本养老金或者退休费、离休费、离休生活补助费。

(8) 依照有关法律规定应予免税的各国驻华使馆、领事馆的外交代表、领事官员和其他人员的所得。

(9) 中国政府参加的国际公约、签订的协议中规定免税的所得。

(10) 对外籍个人取得的探亲费免征个人所得税。可以享受免征个人所得税优惠待遇的探亲费，仅限于外籍个人在我国的受雇地与其家庭所在地(包括配偶或父母居住地)之间搭乘交通工具且每年不超过2次的费用。

(11) 按照国家规定，单位为个人缴付和个人缴付的住房公积金、基本医疗保险费、基本养老保险费、失业保险费，从纳税人的应纳税所得额中扣除。

(12) 个人取得的拆迁补偿款按有关规定免征个人所得税。

(13) 国务院规定的其他免税所得。

2. 减税项目

有下列情形之一的，可以减征个人所得税，具体幅度和期限，由省、自治区、直辖市人民政府规定，并报同级人民代表大会常务委员会备案：

(1) 残疾、孤老人员和烈属的所得。

(2) 因严重自然灾害遭受重大损失的。

三、个人所得税的申报缴纳

根据国家相关规定，纳税人应及时向主管税务机关申报个人所得税，个人所得税的纳税办法，有自行申报纳税和代扣代缴两种。

（一）自行申报纳税

1. 自行申报纳税的纳税人

居民个人取得应税所得，扣缴义务人未扣缴税款；非居民个人取得应税所得，扣缴义务人未扣缴税款；非居民个人在中国境内从两处以上取得工资、薪金所得等情形。

2. 自行申报纳税的申报期限

（1）居民个人取得应税所得扣缴义务人未扣缴税款，应当在取得所得的次年 6 月 30 日前办理纳税申报。税务机关通知限期缴纳的，纳税人应当按照期限缴纳税款。

（2）非居民个人取得应税所得，扣缴义务人未扣缴税款的，应当在取得所得的次年 6 月 30 日前办理纳税申报。非居民个人在次年 6 月 30 日前离境（临时离境除外）的，应当在离境前办理纳税申报。

（3）非居民个人在中国境内从两处以上取得工资、薪金所得的，应当在取得所得的次月 15 日内办理纳税申报。

3. 自行申报纳税的申报地点

（1）在中国境内有任职、受雇单位的，向任职、受雇单位所在地主管税务机关申报。

（2）在中国境内有两处或者两处以上任职、受雇单位的，选择并固定向其中一处单位所在地主管税务机关申报。

（3）在中国境内无任职、受雇单位，年所得项目中有个体工商户的生产、经营所得或者对企事业单位的承包经营、承租经营所得（以下统称生产、经营所得）的，向其中一处实际经营所在地主管税务机关申报。

（4）在中国境内无任职、受雇单位，年所得项目中无生产、经营所得的，向户籍所在地主管税务机关申报。

（二）代扣代缴纳税

1. 扣缴义务人

凡支付个人应纳税所得的企业（公司）、事业单位、机关、社团组织、军队、驻华机构、个体户等单位或者个人，为个人所得税的扣缴义务人。

2. 代扣代缴的范围

工资、薪金所得，劳务报酬所得，稿酬所得和特许权使用费所得的个人所得税全员全额预扣预缴申报；向非居民个人支付工资、薪金所得，劳务报酬所得，稿酬所得和特许权使用费所得的个人所得税全员全额扣缴申报；以及向纳税人（居民个人和非居民个人）支付利息、股息、红利所得，财产租赁所得，财产转让所得和偶然所得。

3. 代扣代缴期限

扣缴义务人每月所扣的税款，应当在次月 15 日内缴入国库，并向主管税务机关报送扣缴个人所得税报告表、代扣代收税款凭证和包括每一纳税人姓名、单位、职务、收入、税款等内容的支付个人收入明细表，以及税务机关要求报送的其他有关资料。

任务实训

一、实训目标

锻炼学生的运用能力，深化学生对理论知识的理解。

二、实训内容

登录金税实训平台，完成个人所得税的纳税申报。

三、实训要求

能够正确填写个人所得税纳税申报表。

四、实训环节

①学生登录系统完成任务。②学生总结实训中涉及的理论知识并发言。③教师点评和打分。

五、实训考核

实训结束后，教师根据学生的表现确定考核成绩。

思政案例

项目测试

一、单项选择题

1. 企业从事下列项目的所得，减半征收企业所得税的是(　　)。

   A. 远洋捕捞　　B. 中药材种植　　C. 花卉种植　　D. 林木种植

2. 甲企业 2023 年 3 月向乙企业(非关联方)借入生产用资金 200 万元，并与乙企业签订了借款合同，借款期限 6 个月，支付借款利息 12 万元(金融企业同期同类贷款年利率 5%)。甲企业在计算 2023 年企业所得税应纳税所得额时，可以在税前扣除的利息支出为(　　)万元。

   A. 12　　B. 10　　C. 5　　D. 6

3. 2023 年 A 企业实现利润总额 600 万元，发生公益性捐赠支出 62 万元。上年度未在税前扣除完的符合条件的公益性捐赠支出 12 万元。A 企业在计算 2022 年度企业所得税应纳税所得额时，准予扣除的公益性捐赠支出是(　　)万元。

   A. 74　　B. 60　　C. 84　　D. 72

4. 下列各项中，应缴纳个人所得税的是(　　)。

   A. 公务员王某取得的国债利息

   B. 退役士兵张某取得的退役金

   C. 退休职工林某取得的按国家统一规定发放的基本养老金

   D. 教师李某获得的县人民政府为其颁发的优秀教师奖金

二、多项选择题

1. 下列各项中，属于企业所得税纳税人的有(　　)。

   A. 个人独资企业　　B. 合伙企业

C. 民办非企业单位　　D. 一人有限责任公司

2. 下列关于确定来源于中国境内、境外所得的表述中，正确的有（　　）。

A. 转让权益性投资资产所得，按照被投资企业所在地确定

B. 不动产转让所得，按照不动产所在地确定

C. 提供劳务所得，按照提供劳务的企业所在地确定

D. 租金所得，按照负担、支付所得的企业或者机构、场所所在地确定，或者按照负担、支付所得的个人的住所地确定

3. 下列各项中，免予缴纳个人所得税的有（　　）。

A. 编剧的剧本使用费　　B. 职工的保险赔偿

C. 业余模特的时装表演费　　D. 军人的转业费

4. 个人发生的下列公益性捐赠支出中，准予税前全额扣除的有（　　）。

A. 通过国家机关向红十字事业的捐赠

B. 通过国家机关向贫困地区的捐赠

C. 通过非营利社会团体向农村义务教育的捐赠

D. 通过非营利社会团体向公益性青少年活动场所的捐赠

三、判断题

1. 居民企业应当仅就其来源于中国境内的所得缴纳企业所得税。（　　）

2. 企业的不征税收入用于支出所形成的费用或者财产，准予在计算应纳税所得额时扣除。（　　）

3. 误餐补助不用计入工资薪金所得缴纳个人所得税。（　　）

四、简答题

企业所得税免税收入有哪些？

五、案例分析题

甲企业为居民企业，其 2023 年有关收支情况如下：

(1) 取得产品销售收入 4 000 万元，特许权使用费收入 100 万元，国债利息收入 50 万元，接受捐赠收入 100 万元。

(2) 业务招待费支出 50 万元，广告费支出 500 万元。

(3) 支付司法机关罚金 20 万元，支付给客户的违约金 10 万元。

(4) 直接向某希望小学捐款 100 万元，计提准备金 50 万元，未经税务机关核定。

(5) 其他可在企业所得税税前扣除的成本、费用、税金合计 2 000 万元。

根据上述资料，回答下列问题。

1. 下列收入中，甲企业应计入企业所得税应纳税所得额的是（　　）。

A. 产品销售收入 4 000 万元

B. 特许权使用费收入 100 万元

C. 国债利息收入 50 万元

D. 接受捐赠收入 100 万元

2. 甲企业在计算 2023 年度应纳税所得额时，下列关于业务招待费和广告费准予扣除数额的表述中，正确的是（　　）。

A. 业务招待费准予扣除的数额为 20.5 万元

B. 业务招待费准予扣除的数额为 30 万元

C. 广告费准予扣除的数额为 500 万元

D. 广告费准予扣除的数额为 615 万元

3. 下列支出中，甲企业在计算 2023 年度企业所得税应纳税所得额时，可以税前扣除的是(　　)。

A. 支付司法机关罚金 20 万元　　B. 支付给客户的违约金 10 万元

C. 向某希望小学捐款 100 万元　　D. 计提准备金 50 万元

4. 甲企业 2023 年度企业所得税应纳税所得额是(　　)万元。

A. 1 719.5　　B. 1 699.5

C. 1 669.5　　D. 1 549.5

项目十 日常生活中的常见税种

——其他税收法律制度

项目介绍

本项目为初级会计资格考试、中级会计资格考试、注册会计师考试、税务师考试的必考项目，主要对小税种的内容进行阐述。

项目导入

随着社会的发展，企业和个人或多或少拥有了一些财产，如房产、车辆等。持有这些财产是否需要纳税？企业在生产经营过程中的一些行为，如签订合同是否需要纳税？使用国家资源是否需要纳税？

课前导学

搜索企业的涉税业务，尝试正确判断这些涉税业务应交哪种税，并正确计算应纳税额。

学习目标

（一）知识目标

1. 了解房产税、契税、土地增值税、城镇土地使用税的纳税人。

2. 熟悉房产税、契税、土地增值税、城镇土地使用税的征收管理。

3. 掌握房产税、契税、土地增值税、城镇土地使用税的征税范围和应纳税额的计算。

（二）能力目标

初步知法、懂法，能够正确判断房产税、契税、土地增值税、城镇土地使用税的征税范围，能够正确进行房产税、契税、土地增值税、城镇土地使用税的计算，能够正确进行房产税、契税、土地增值税、城镇土地使用税的纳税申报。

（三）素养目标

激发社会责任感，引导树立纳税光荣意识，培养坚定的爱党爱国情怀。

任务一　房地产税收法律制度

导课

住房一直是关系到百姓安居乐业的一项大事。2016年中央经济工作会议中提出“房子是用来住的，不是用来炒的”，要求回归住房的居住属性，一系列的举措应运而生。与房地产相关的税种有哪些？是如何征收税款的？

考点归纳

1. 主要知识点

房产税；城镇土地使用税；契税；土地增值税。

2. 重难点

重点：房产税、契税、土地增值税、城镇土地使用税的纳税人、征税范围；房产税、契税、土地增值税、城镇土地使用税应纳税额的计算。

难点：房产税、契税、土地增值税、城镇土地使用税应纳税额的计算。

法律讲堂

一、房产税

(一) 房产税的征税范围、纳税人和税率

房产税是以房屋为征税对象，以房屋的计税余值或租金收入为计税依据，向房屋产权所有人或经营管理人征收的一种财产税。

《中华人民共和国房产税暂行条例》(以下简称《房产税暂行条例》)规定，房产税的征税范围为城市、县城、建制镇和工矿区的房产。

在我国城市、县城、建制镇和工矿区拥有房屋产权的单位和个人，为房产税的纳税人。

我国现行房产税采用比例税率，依据房产的用途是自用还是出租，分为从价计征和从租计征，设置不同的房产税税率。其中：

(1) 从价计征的，房产税税率为1.2%。

(2) 从租计征的，房产税税率为12%。对个人出租住房，减按4%的税率征收房产税。

(二) 房产税应纳税额的计算

1. 计税依据

(1) 从价计征房产税的计税依据。从价计征是对纳税人自用房产的计征办法，以房产余值为计税依据。

(2) 从租计征房产税的计税依据。从租计征是对纳税人出租房产的计征办法，以房屋出租取得的租金收入为计税依据。房产税的租金收入不含增值税。

课堂讨论

对出租房产，约定有免收租金期限的，在免收租金期间如何缴纳房产税？

2. 应纳税额的计算

(1) 从价计征的房产税应纳税额的计算。从价计征是指按房产的原值减除一定比例后的余值计征，其计算公式为：

$$应纳税额=应税房产原值\times(1-扣除比例)\times1.2\%$$

上述公式中，扣除比例幅度为10%～30%，具体扣除比例幅度由省、自治区、直辖市人民政府规定。

(2) 从租计征的房产税应纳税额的计算。从租计征是按房产的租金收入计征，其计算公式为：

$$应纳税额=租金收入\times12\%(或4\%)$$

课堂练习

【计算题】A公司为增值税一般纳税人，拥有一处原值500万元的仓库。2023年5月A公司将仓库由自用转为出租，并于当月将仓库交付给承租方乙公司使用；至年底共收取当年不含增值税租金7万元。已知当地规定的房产税扣除比例为30%。A公司该仓库2023年度应缴纳房产税是多少？

答案：从价计征的房产税应纳税额=500×(1-30%)×1.2%÷12×5=1.75(万元)

从租计征的房产税应纳税额=7×12%=0.84(万元)

A公司2023年度房产税应纳税额=1.75+0.84=2.59(万元)

(三) 房产税的税收优惠

依据《房产税暂行条例》规定，下列房产免征房产税：

(1) 国家机关、人民团体、军队自用的房产。

(2) 由国家财政部门拨付事业经费的单位自用的房产。

(3) 宗教寺庙、公园、名胜古迹自用的房产。

(4) 个人拥有的非营业用房产。

(四) 房产税的征收管理

1. 纳税义务发生时间

(1) 纳税人将原有房产用于生产经营，从生产经营之月起，缴纳房产税。

(2) 纳税人自行新建房屋，用于生产经营，从建成至次月起，缴纳房产税。

(3) 纳税人委托施工企业建设的房屋，从办理验收手续的次月起，缴纳房产税。

(4) 纳税人购置新建商品房，自房屋交付使用之次月，缴纳房产税。

(5) 纳税人购置存量房，自办理房屋权属转移、变更登记手续，房地产权属登记机关签发房屋权属证书之次月起，缴纳房产税。

(6) 纳税人出租、出借房产，自交付出租、出借房产之次月起，缴纳房产税。

(7) 房地产开发企业自用、出租、出借本企业建造的商品房，自房屋使用或交付之次月起，缴纳房产税。

2. 纳税期限

房产税实行按年计算、分期缴纳的征收办法。具体纳税期限由省、自治区、直辖市人民政府规定。

3. 纳税地点

房产税在房产所在地缴纳。对房产不在同一地方的纳税人，应按房产的坐落地点分别向房产所在地的税务机关申报纳税。

二、城镇土地使用税

(一) 城镇土地使用税的纳税人、征税范围和税率

城镇土地使用税，是指国家在城市、县城、建制镇、工矿区范围内，对使用土地的单位和个人，以其实际占用的土地面积为计税依据，按照规定的税额计算征收的一种税。

1. 城镇土地使用税的纳税人

(1) 拥有土地使用权的单位或个人。

(2) 拥有土地使用权的纳税人不在土地所在地的，由代管人或实际使用人纳税。

(3) 土地使用权未确定或权属纠纷未解决的，由实际使用人纳税。

(4) 土地使用权共有的，由共有各方分别纳税。

(5) 纳税单位无偿使用免税单位的土地，由纳税单位照章纳税。

2. 城镇土地使用税的征税范围

城镇土地使用税的征税范围包括在城市、县城、建制镇和工矿区内的国家所有和集体所有的土地。

知识驿站

用于特殊用途的土地可以免征城镇土地使用税，包括以下几种：

(1) 国家机关、人民团体、军队自用的土地。但如果对外出租、经营用则应交土地使用税。

(2) 由国家财政部门拨付事业经费的单位自用的土地。

(3) 宗教寺庙、公园、名胜古迹自用的土地。经营用地则不免。

(4) 市政街道、广场、绿化地带等公共用地。

(5) 直接用于农、林、牧、渔业的生产用地。

(6) 经批准开山填海整治的土地和改造的废弃土地，从使用的月份起免缴城镇土地使用税5～10年。

(7) 企业办的学校、医院、托儿所、幼儿园，其用地能与企业其他用地明确区分的，免征城镇土地使用税。

(8) 由财政部另行规定免税的能源、交通、水利设施用地和其他用地。

纳税人缴纳土地使用税确有困难需要定期减免的，由县以上税务机关批准。

3. 城镇土地使用税适用的税率

城镇土地使用税采用有差别的幅度定额税率。《中华人民共和国城镇土地使用税暂行

条例》规定定额幅度，但具体的实施办法由省、自治区、直辖市人民政府制定。

城镇土地使用税税率如表 10-1 所示。

表 10-1　城镇土地使用税税率表

级别	人口(人)	每年每平方米税额(元)
大城市	50 万以上	1.5～30
中等城市	20 万～50 万	1.2～24
小城市	20 万以下	0.9～18
县城、建制镇、工矿区	—	0.6～12

(二) 城镇土地使用税应纳税额的计算

城镇土地使用税是以纳税人实际占用的土地面积为计税依据，按照规定的适用税额计算征收的。其计算公式为：

年应纳税额＝实际占用的应税土地面积×适用税额

(三) 城镇土地使用税的征收管理

1. 纳税期限

城镇土地使用税实行按年计算、分期缴纳的征收方法，具体纳税期限由省、自治区、直辖市人民政府确定。

2. 纳税义务发生时间

(1) 纳税人购置新建商品房，自房屋交付使用之次月起，缴纳城镇土地使用税。

(2) 纳税人购置存量房，自办理房屋权属转移、变更登记手续，房地产权属登记机关签发房屋权属证书之次月起，缴纳城镇土地使用税。

(3) 纳税人出租、出借房产，自交付出租、出借房产之次月起，缴纳城镇土地使用税。

(4) 以出让或转让方式有偿取得土地使用权的，应由受让方从合同约定交付土地时间的次月起缴纳城镇土地税；合同未约定交付土地时间的，由受让方从合同签订的次月起缴纳城镇土地使用税。

(5) 纳税人新征用的耕地，自批准征用之日起满 1 年时开始缴纳城镇土地使用税。

(6) 纳税人新征用的非耕地，自批准征用次月起缴纳城镇土地使用税。

3. 纳税地点

城镇土地使用税在土地所在地缴纳。

三、契税

(一) 契税的征税范围、纳税人和税率

契税是以在中华人民共和国境内转移土地、房屋权属为征税对象，向产权承受人征收的一种财产税。

1. 契税的征税范围

契税的征税范围为境内转移的土地使用权和房屋所有权，具体包括：①国有土地使用权出让；②土地使用权转让；③房屋买卖；④房屋赠与；⑤房屋交换；⑥视同销售行为。

知识驿站

契税的税收优惠如下：

(1) 国家机关、事业单位、社会团体、军事单位承受土地、房屋用于办公、教学、医疗、科研和军事设施的，免征契税。

(2) 因不可抗力灭失住房而重新购买住房的，酌情准予减征或者免征。

(3) 土地、房屋被县级以上人民政府征用、占用后，重新承受土地、房屋权属的，是否减征或者免征契税，由省级人民政府确定。

(4) 纳税人承受荒山、荒沟、荒丘、荒滩土地使用权，用于农、林、牧、渔业生产的，免征契税。

(5) 外国驻华使馆、领事馆、联合国驻华机构及其外交代表、领事官员和其他外交人员承受土地、房屋权属的，经外交部确认，可以免征契税。

(6)《中华人民共和国继承法》规定的法定继承人(包括配偶、子女、父母、兄弟姐妹、祖父母、外祖父母)继承土地、房屋权属的，不征契税。

(7) 公租房经营管理单位购买住房作为公租房的，免征契税。

2. 契税的纳税人

在中华人民共和国境内转移土地、房屋权属，承受的单位和个人为契税的纳税人。

3. 契税适用的税率

契税采用比例税率，实行3%～5%的幅度税率。实行幅度税率是考虑到我国经济发展的不平衡，各地经济差别较大的实际情况。因此，各省、自治区、直辖市人民政府在3%～5%的范围内，按照本地区的实际情况确定，并报财政部和国家税务总局备案。

(二) 契税应纳税额的计算

1. 计税依据

(1) 按成交价格计税。以成交价格作为契税的计税依据，主要适用于国有土地使用权出让、土地使用权转让、房屋买卖。

(2) 按市场价格计税。赠与土地使用权、房屋所有权，由征收机关参照土地使用权出售、房屋买卖的市场价格核定，而不是原值作为契税的计税依据。

(3) 按交换差价计税。土地使用权交换、房屋交换，计税依据为所交换的土地使用权、房屋的价格差额。

(4) 按土地收益计税。以划拨方式取得土地使用权，经批准转让房地产时，由房地产转让者以补缴的土地出让价款为依据缴纳契税。

2. 应纳税额的计算

契税应纳税额依照适用税率和规定的计税依据计算，其计算公式如下：

应纳税额＝计税依据×税率

(三) 契税的征收管理

(1) 纳税义务发生时间：契税的纳税义务发生时间是纳税人签订土地、房屋权属转移合同的当天，或者纳税人取得其他具有土地、房屋权属转移合同性质凭证的当天。

(2) 纳税期限：纳税人应当自纳税义务发生之日起10日内，向土地、房屋所在地的契税征收机关办理纳税申报，并在契税征收机关核定的期限内缴纳税款。

(3) 纳税地点：契税在土地、房屋所在地的征收机关缴纳。

四、土地增值税

(一) 土地增值税的纳税人、征税范围和税率

1. 土地增值税的纳税人

土地增值税的纳税人，是指转让国有土地使用权及地上建筑物和其他附着物产权、并取得收入的单位和个人。

课堂讨论

房地产转让涉及哪些税种?

2. 土地增值税的征税范围

(1) 应征土地增值税的情形：①对企业、单位和个人转让国有土地使用权；②转让地上建筑物及其他附着物产权；③单位之间交换房地产；④合作建房后转让产权；⑤房地产抵押期满后，以房抵债而发生房地产权属转让的；⑥企业改制重组中房地产的转移方或接受方为房地产开发企业。

(2) 免征土地增值税的情形：①个人互换自有居住用房地产，经当地税务机关核实的；②纳税人建造普通标准住宅出售，增值额未超过扣除项目金额 20%的；③因国家建设需要依法征用、收回的房地产；④企事业单位、社会团体及其他组织转让旧房作为公共租赁住房房源且增值额未超过扣除项目金额 20%的；⑤居民个人转让住房。

3. 土地增值税适用的税率

土地增值税按照四级超率累进税率进行征收。对比超额累进税率可知，超额累进税率累进的依据是数额差，超率累进税率累进的依据的数额比。土地增值税累进依据的数额比是增值额与扣除项目金额的比率，其具体的税率如表 10-2 所示。

表 10-2　　土地增值税税率表

级数	计税依据	适用税率	速算扣除率
1	增值额未超过扣除项目金额 50%的部分	30%	0
2	增值额超过扣除项目金额 50%、未超过扣除项目金额 100%的部分	40%	5%
3	增值额超过扣除项目金额 100%、未超过扣除项目金额 200%的部分	50%	15%
4	增值额超过扣除项目金额 200%的部分	60%	35%

(二) 土地增值税应纳税额的计算

1. 计税依据

土地增值税是以转让房地产取得的收入，减除法定扣除项目金额后的增值额作为计税依据。

1) 应税收入的确定

从收入形式上看，应税收入包括货币收入、实物收入和其他收入。非货币收入要按照公允价值或评估价值确定应税收入。

2）扣除项目及金额的确定

（1）取得土地使用权所支付的金额。

（2）开发土地和新建房及配套设施的成本（以下简称房地产开发成本）。

（3）开发土地和新建房及配套设施的费用（以下简称房地产开发费用），具体包括与房地产开发有关的销售费用、管理费用、财务费用。其中：①利息支出能够单列，并提供金融机构证明的，允许据实扣除，但最高不能超过按商业银行同类同期贷款利率计算的金额，其他房地产开发费用按取得土地使用权所支付的金额及房地产开发成本之和的5%以内予以扣除。②利息支出不能提供金融机构证明的，利息不单独扣除，三项费用的扣除按取得土地使用权所支付的金额及房地产开发成本的10%以内计算扣除。

（4）与转让房地产有关的税金，是指在转让房地产时缴纳的城市维护建设税、印花税、教育费附加。

（5）加计扣除。对从事房地产开发的纳税人，可按取得土地使用权所支付的金额与房地产开发成本之和加计20%的扣除。

（6）旧房及建筑物的扣除金额为评估价格。

2. 应纳税额的计算

应纳税额的计算步骤如下：

（1）确定转让房地产取得的收入。

（2）确定扣除项目合计金额。

（3）计算增值额，计算公式如下：

增值额＝转让房地产取得的收入－扣除项目合计金额

（4）计算增值率，并根据增值率确定适用税率和速算扣除系数。其计算公式如下：

增值率＝增值额÷扣除项目金额

（5）计算应纳税额，其计算公式如下：

应纳税额＝增值额×适用税率－扣除项目金额×速算扣除系数

（三）土地增值税的征收管理

1. 纳税义务发生时间

土地增值税的纳税人应在转让房地产合同签订后的7日内，到房地产所在地主管税务机关办理纳税申报。

2. 纳税地点

土地增值税的纳税人应向房地产所在地主管税务机关办理纳税申报，并在税务机关核定的期限内缴纳。

任务实训

一、实训目标

锻炼学生的运用能力，深化学生对理论知识的理解。

二、实训内容

登录金税实训平台，完成房产税、城镇土地使用税、契税、土地增值税的纳税申报。

三、实训要求

能够正确填写房产税、城镇土地使用税、契税、土地增值税纳税申报表。

四、实训环节

①学生登录系统完成任务。②学生总结实训中涉及的理论知识并发言。③教师点评和打分。

五、实训考核

实训结束后,教师根据学生的表现确定考核成绩。

任务二　合同税收法律制度

导课

某生产企业和某大型超市签订了购销合同,购销合同的签订是否需要缴税?

考点归纳

1. 主要知识点

印花税的征税范围、纳税人和税率;印花税应纳税额的计算;印花税的征收管理。

2. 重难点

重点:印花税的征税范围、纳税人和税率;印花税应纳税额的计算。

难点:印花税应纳税额的计算。

法律讲堂

一、印花税的征税范围、纳税人和税率

印花税是以经济活动和经济交往中,书立、领受应税凭证的行为为征税对象征收的一种税。

(一) 印花税的征税范围

印花税的征税对象是应纳税凭证,包括纳税人以电子形式签订的各类应税凭证。列入应纳税凭证的具体范围有以下几大类:

(1) 合同(书面合同),包括建设工程合同、租赁合同、运输合同、保管合同、借款合同、融资租赁合同、买卖合同、承揽合同、财产保险合同、技术合同、仓储合同。

(2) 产权转移书据,包括土地使用权出让书据、土地使用权、房屋等建筑物和构筑物所有权转让书据、股权转让书据、商标专用权、著作权、专利权、专有技术使用权转移书据。

(3) 营业账簿,是指单位或者个人记载生产经营活动的财务会计核算账簿,包括单位和个人从事生产经济活动所设立的各种账册、生产经营用账册、记载资金的账簿等。

(4) 证券交易。

课堂讨论

不属于印花税征税范围的凭证有哪些？

知识驿站

下列凭证免纳印花税：

(1) 应税凭证的副本或者抄本。

(2) 依照法律规定应当予以免税的外国驻华使馆、领事馆和国际组织驻华代表机构为获得馆舍书立的应税凭证。

(3) 中国人民解放军、中国人民武装警察部队书立的应税凭证。

(4) 农民、家庭农场、农民专业合作社、农村集体经济组织、村民委员会购买农业生产资料或者销售农产品书立的买卖合同和农业保险合同。

(5) 无息或者贴息借款合同、国际金融组织向中国提供优惠贷款书立的借款合同。

(6) 财产所有权人将财产赠与政府、学校、社会福利机构、慈善组织书立的产权转移书据。

(7) 非营利性医疗卫生机构采购药品或者卫生材料书立的买卖合同。

(8) 个人与电子商务经营者订立的电子订单。

根据国民经济和社会发展的需要，国务院对居民住房需求保障、企业改制重组、破产、支持小型微型企业发展等情形可以规定减征或者免征印花税，报全国人民代表大会常务委员会备案。

(二) 印花税的纳税人

在中华人民共和国境内书立、领受、使用《中华人民共和国印花税暂行条例》所列举凭证的单位和个人，都是印花税的纳税人，具体包括立合同人、立账簿人、立据人、领受人和使用人等。

(三) 印花税适用的税率

印花税共有 13 个税目，并按应税凭证的类别，采用比例税率和定额税率两种形式。印花税税目税率表如表 10-3 所示。

表 10-3　　印花税税目税率表

序号	税目	税率	纳税人	说明
1	购销合同	按购销金额 0.3‰贴花	立合同人	—
2	加工承揽合同	按加工或承揽收入 0.5‰贴花	立合同人	—
3	建设工程勘察设计合同	按收取费用 0.5‰贴花	立合同人	—
4	建筑安装工程承包合同	按承包金额 0.3‰贴花	立合同人	—
5	财产租赁合同	按租赁金额 1‰贴花。税额不足 1 元的按 1 元贴花	立合同人	—
6	货物运输合同	按运输费用 0.5‰贴花	立合同人	单据作为合同使用的，按合同贴花
7	仓储保管合同	按仓储保管费用 1‰贴花	立合同人	仓单或栈单作为合同使用的，按合同贴花
8	借款合同	按借款金额 0.05‰贴花	立合同人	单据作为合同使用的，按合同贴花

（续表）

序号	税目	税率	纳税人	说明
9	财产保险合同	按投保金额 0.03‰贴花	立合同人	单据作为合同使用的，按合同贴花
10	技术合同	按所载金额 0.3‰贴花	立合同人	—
11	产权转移书据	按所载金额 0.5‰贴花	立据人	—
12	营业账簿	记载资金的账簿，按固定资产原值与自有流动资金总额 0.5‰贴花。其他账簿按件贴花 5 元	立账簿人	—
13	权利、许可证照	按件贴花 5 元	领受人	

课堂讨论

哪些属于记载资金的账簿？

二、印花税应纳税额的计算

纳税人的应纳税额，根据应纳税凭证的性质，分别按比例税率或定额税率计算，其计算公式为：

印花税应纳税额＝应税凭证计税金额（或应税凭证证件数）×适用税率

课堂练习

【计算题】某电厂与某运输公司签订了两份运输保管合同：第一份合同载明的金额合计 50 万元（运费和保管费并未分别记载）；第二份合同中注明运费为 30 万元、保管费为 10 万元。请分别计算该电厂第一份、第二份合同应缴纳的印花税。

答案：第一份合同中运费和保管费并未分别记载，从高适用税率。

第一份合同应缴纳印花税税额＝500 000×1‰＝500（元）

第二份合同应缴纳印花税税额＝300 000×0.3‰＋100 000×1‰＝190（元）

三、印花税的征收管理

（一）纳税义务发生时间

印花税的纳税义务发生时间为纳税人书立应税凭证或者完成证券交易的当日。证券交易印花税扣缴义务发生时间为证券交易完成的当日。

（二）纳税期限

印花税按季、按年或者按次计征。实行按季、按年计征的，纳税人应当自季度、年度终了之日起 15 日内申报缴纳税款；实行按次计征的，纳税人应当自纳税义务发生之日起 15 日内申报缴纳税款。证券交易印花税按周解缴，证券交易印花税扣缴义务人应当自每周终了之日起 5 日内申报解缴税款及银行结算的利息。

（三）纳税地点

纳税人为单位的，应当向其机构所在地的主管税务机关申报缴纳印花税；纳税人为个人的，应当向应税凭证书立地或者纳税人居住地的主管税务机关申报缴纳印花税。不动产产权发生转移的，纳税人应当向不动产所在地的主管税务机关申报缴纳印花税。

证券登记结算机构为证券交易印花税的扣缴义务人，应当向其机构所在地的主管税务机关申报解缴税款以及银行结算的利息。

任务实训

一、实训目标

锻炼学生的运用能力，深化学生对理论知识的理解。

二、实训内容

登录金税实训平台，完成印花税的纳税申报。

三、实训要求

能够正确填写印花税纳税申报表。

四、实训环节

①学生登录系统完成任务。②学生总结实训中涉及的理论知识并发言。③教师点评和打分。

五、实训考核

实训结束后，教师根据学生的表现确定考核成绩。

任务三　车辆船舶税收法律制度

导课

随着时代的发展，现在几乎每家每户都有车，如电瓶车、摩托车、小汽车等，这些车需不需要缴税？

考点归纳

1. 主要知识点

车船税、船舶吨税的纳税人、征税范围；车船税、船舶吨税应纳税额的计算；车船税、船舶吨税的税收优惠、征收管理。

2. 重难点

重点：车船税、船舶吨税的纳税人、征税范围；车船税、船舶吨税应纳税额的计算。

难点：车船税、船舶吨税应纳税额的计算。

法律讲堂

一、车船税

(一) 车船税的纳税人、征税范围

车辆、船舶(以下简称车船)的所有人或者管理人，为车船税的纳税人。从事机动车交通事故责任强制保险业务的保险机构为机动车车船税的扣缴义务人。

车船税的征税范围如下：

（1）车辆，包括乘用车、商用车客车（包括电车）、商用货车（包括半挂牵引车、三轮汽车和低速载货汽车等）、挂车、摩托车和其他车辆（不包括拖拉机）

（2）船舶，包括机动船舶和非机动船舶。

课堂讨论

上牌、未上牌的车是否都要征收车船税？

（二）车船税应纳税额的计算

1. 车船税的计税依据

（1）乘用车、商用客车和摩托车，以辆数为计税依据。

（2）商用货车、专用作业车和轮式专用机械车，以整备质量吨位数为计税依据。

（3）机动船舶、非机动船舶、拖船，以净吨位数为计税依据。

（4）游艇以艇深长度为计税依据。

2. 车船税适用的税率

我国车船税实行有幅度的定额税率，即对各类车船分别规定一个最低到最高限度的年税额，适用税额按照车船税税目税额表执行，如表 10-4 所示。

表 10-4　车船税税目税额表

税目		计税单位	年基准税额	备注
乘用车[按发动机汽缸容量(排气量)分档]	1.0 升(含)以下的	每辆	60 元至 360 元	核定载客人数 9 人(含)以下
	1.0 升以上至 1.6 升(含)的		300 元至 540 元	
	1.6 升以上至 2.0 升(含)的		360 元至 660 元	
	2.0 升以上至 2.5 升(含)的		660 元至 1 200 元	
	2.5 升以上至 3.0 升(含)的		1 200 元至 2 400 元	
	3.0 升以上至 4.0 升(含)的		2 400 元至 3 600 元	
	4.0 升以上的		3 600 元至 5 400 元	
商用车	客车	每辆	480 元至 1 440 元	核定载客人数 9 人以上，包括电车
	货车	整备质量每吨	16 元至 120 元	包括半挂牵引车、三轮汽车和低速载货汽车等
挂车		整备质量每吨	按照货车税额的 50%计算	
其他车辆	专用作业车	整备质量每吨	16 元至 120 元	不包括拖拉机
	轮式专用机械车		16 元至 120 元	
摩托车		每辆	36 元至 180 元	
船舶	机动船舶	净吨位每吨	3 元至 6 元	拖船、非机动驳船分别按照机动船舶税额的 50%计算
	游艇	艇身长度每米	600 元至 2 000 元	

车辆的具体适用税额由省、自治区、直辖市人民政府按照税目税率表规定的税额幅度和国务院的规定确定，并报国务院备案。

3. 应纳税额的计算

（1）各类车辆应纳税额的计算公式如下：

乘用车、客车和摩托车的应纳税额＝辆数×适用年基准税额

货车、专用作业车和轮式专用机械车的应纳税额＝整备质量吨位数×适用年基准税额

机动船舶的应纳税额＝净吨位数×适用年基准税额

游艇的应纳税额＝艇身长度×适用年基准税额

课堂练习

【单项选择题】2023 年甲公司拥有小汽车 2 辆、整备质量均为 1.5 吨的挂车 3 辆。已知乘用车车船税年基准税额为每辆 360 元，货车车船税年基准税额为整备质量每吨 16 元。下列计算甲公司应缴纳车船税税额的算式中，正确的是（　　）。

A. 2×360×50%＋3×1.5×16＝432(元)

B. 2×360＋3×1.5×16×50%＝756(元)

C. 2×360×50%＋3×1.5×16×50%＝396(元)

D. 2×360＋3×1.5×16＝792(元)

答案:B

（三）车船税的税收优惠

捕捞、养殖渔船，新能源车船，免征车船税。免征车船税的新能源汽车，是指纯电动商用车、插电式(含增程式)混合动力汽车、燃料电池商用车。纯电动乘用车和燃料电池乘用车不属于车船税征税范围，对其不征车船税。

（四）车船税的征收管理

车船税纳税义务发生时间为取得车船所有权或者管理权的当月。购置的新机动车，购置当年的应纳税款从购买日期的当月起至该年度终了按月计算。

车船税按年申报，分月计算，一次性缴纳。纳税年度为公历 1 月 1 日至 12 月 31 日。具体申报纳税期限由省、自治区、直辖市人民政府规定。

二、船舶吨税

（一）船舶吨税的征税范围和纳税人

自中华人民共和国境外港口进入境内港口的船舶（以下简称应税船舶），应当缴纳船舶吨税。以应税船舶负责人为纳税人。

（二）船舶吨税的计税依据和税率

船舶吨税的计税依据是注册净吨位。净吨位是指由船籍国（地区）政府授权签发的船舶吨位证明书上标明的净吨位。船舶吨税的税目税率，如表 10-5 所示。

表 10-5　　船舶吨税税目税率表

税目 （按船舶净吨位划分）	税率（元/净吨）						备注
	普通税率 （按执照期限划分）			优惠税率 （按执照期限划分）			
	1 年	90 日	30 日	1 年	90 日	30 日	
不超过 2 000 净吨	12.6	4.2	2.1	9.0	3.0	1.5	1. 拖船按照发动机功率每千瓦折合净吨位 0.67 吨。 2. 无法提供净吨位证明文件的游艇，按照发动机功率每千瓦折合净吨位 0.05 吨。 3. 拖船和非机动驳船分别按相同净吨位船舶税率的 50% 计征税款
超过 2 000 净吨，但不超过 10 000 净吨	24.0	8.0	4.0	17.4	5.8	2.9	
超过 10 000 净吨，但不超过 50 000 净吨	27.6	9.2	4.6	19.8	6.6	3.3	
超过 50 000 净吨	31.8	10.6	5.3	22.8	7.6	3.8	

(三) 船舶吨税应纳税额的计算

船舶吨税按船舶吨位证书中净吨位计征。其计算公式为：

应纳税额＝净吨位×船舶吨税税率（元/净吨）

(四) 船舶吨税的免税规定

下列船舶免征吨税：

(1) 应纳税额在人民币 50 元以下的船舶。

(2) 自境外以购买、受赠、继承等方式取得船舶所有权的初次进口到港的空载船舶。

(3) 吨税执照期满后 24 小时内不上下客货的船舶。

(4) 非机动船舶(不包括非机动驳船)。

(5) 捕捞、养殖渔船。

(6) 避难、防疫隔离、修理、改造、终止运营或者拆解，并不上下客货的船舶。

(7) 军队、武装警察部队专用或者征用的船舶。

(8) 警用船舶。

(9) 依照法律规定应当予以免税的外国驻华使领馆、国际组织驻华代表机构及其有关人员的船舶。

(10) 国务院规定的其他船舶。

任务实训

一、实训目标

锻炼学生的运用能力，深化学生对理论知识的理解。

二、实训内容

登录金税实训平台，完成车船税、船舶吨税的纳税申报。

三、实训要求

能够正确填写车船税、船舶吨税纳税申报表。

四、实训环节

①学生登录系统完成任务。②学生总结实训中涉及的理论知识并发言。③教师点评和打分。

五、实训考核

实训结束后，教师根据学生的表现确定考核成绩。

任务四　城建与教育税收法律制度

导课

企业的生产经营需要占用城镇的资源和空间，经营成果的高低也与城镇基础设施的完善与否密切相关。城市维护建设税（以下简称城建税）的征收将企业、单位对城市建设承担的公共事业义务法治化，也确保了地方政府进行城市建设、发展的资金来源。为了贯彻落实《中共中央关于教育体制改革的决定》中提出的加快发展地方教育事业、扩大地方教育经费的资金来源的要求，政府通过征收教育费附加，为教育事业的发展提供必要的资金保障，同时提高教育的质量和公平性。

考点归纳

1. 主要知识点

城建税、教育费附加的纳税人、征税范围、税率、应纳税额的计算、征收管理。

2. 重难点

重点：城建税、教育费附加的纳税人、征税对象、税率、应纳税额的计算。

难点：城建税、教育费附加应纳税额的计算。

法律讲堂

一、城建税

城建税是为了加强城市的维护建设，扩大和稳定城市维护建设资金的来源，对从事工商经营，缴纳消费税、增值税的单位和个人征收的一种税。

（一）城建税的纳税人

凡在中华人民共和国境内缴纳消费税、增值税的单位和个人就是城建税的纳税人，任何单位或个人，只要缴纳消费税、增值税中的一种，就必须同时缴纳城市维护建设税。

（二）城建税的征税范围

城建税的征税范围包括城市、县城、建制镇及税法规定征税的其他地区，以增值税、消费税实际缴纳的税额之和为计税依据。

（三）城建税适用的税率

城建税按纳税人所在地不同，设置了3档地区差别比例税率：

（1）纳税人所在地在市区的，税率为7%。

（2）纳税人所在地在县城、镇的，税率为5%。

(3) 纳税人所在地不在市区、县城、县属镇的,税率为1%。

课堂讨论

由受托方代收、代扣的,城建税适用受托方所在地还是委托方所在地的税率?

(四) 城建税应纳税额的计算

城建税应纳税额是由纳税人实际缴纳的消费税和增值税税额决定的,其计算公式为:

应纳税额=(增值税税额+消费税税额)×税率

课堂练习

【计算题】 市区某企业2023年4月实际缴纳增值税400 000元、消费税300 000元,计算该企业应缴纳的城建税。

答案:应纳税额=(400 000+300 000)×7%=49 000(元)

(五) 城建税的税收优惠

城建税原则上不单独设置减免税,随增值税、消费税进行减免,当增值税和消费税发生减免时,城建税也相应发生减免。但进口货物海关代征的增值税、消费税不征收城建税;对增值税和消费税实行先征后返、即征即退等办法征收的,一律不退还随税附征的城建税。

(六) 城建税的征收管理

城建税为附加税,其纳税地点、纳税期限规定与增值税和消费税规定相一致。

二、教育费附加

教育费附加是对缴纳增值税、消费税的单位和个人,就其实际缴纳的税额为计税依据,以实现特定目的一种附加税。

教育费附加以纳税人实际缴纳的增值税、消费税税额为计征依据,分别与增值税、消费税同时缴纳。教育费附加的计征比率为3%,地方教育附加的计征比率为2%。其计算公式为:

应纳的教育费附加=(实际缴纳的增值税+消费税税额)×征收比率

任务实训

一、实训目标

锻炼学生的运用能力,深化学生对理论知识的理解。

二、实训内容

登录金税实训平台,完成城建税、教育费附加的纳税申报。

三、实训要求

能够正确填写城建税、教育费附加纳税申报表。

四、实训环节

①学生登录系统完成任务。②学生总结实训中涉及的理论知识并发言。③教师点评和打分。

五、实训考核

实训结束后，教师根据学生的表现确定考核成绩。

任务五　自然资源与环境保护税收法律制度

导课

地球是人类栖身之所，衣食之源。然而地球上的资源并不是取之不尽、用之不竭的，尤其是那些难以再生的自然资源。如何节约资源、保护资源，光靠人们的自觉性是不够的，还应通过征税来约束人们的行为，从而促使纳税人合理地开发和利用自然资源。

考点归纳

1. 主要知识点

资源税、环境保护税的纳税人、征税对象和税率、应纳税额的计算、税收优惠、征收管理。

2. 重难点

重点：资源税、环境保护的税纳税人、征税对象、应纳税额的计算。

难点：资源税、环境保护税应纳税额的计算。

法律讲堂

一、资源税

（一）资源税的纳税人、扣缴义务人和税率

资源税是对在我国领域及管辖海域从事应税矿产品开采和生产盐（以下统称开采或者生产应税产品）的单位和个人课征的一种税，属于对自然资源占用课税的范畴。

1. 资源税的纳税人与扣缴义务人

1）纳税人

在中华人民共和国领域及管辖海域从事开采或者生产应税产品的单位和个人，为资源税的纳税人。纳税人以应税产品投资、分配、抵债、赠与、以物易物等，视同销售，应按规定缴纳资源税。

2）扣缴义务人

收购未税矿产品的单位为资源税的扣缴义务人。

2. 资源税的税率

资源税采取从价定率或者从量定额的办法计征，实施级差调节原则。运用资源税对因资源贮存状况、开采条件、资源优劣、地理位置等客观存在的差别而产生的资源级差收入，通过实施差别税率或差别税额标准进行调节。具体税目税率如表10-6所示。

表 10-6　　资源税税目税率表

税目			征税对象	税率
能源矿产	原油		原矿	6%
	天然气、页岩气、天然气水合物		原矿	6%
	煤		原矿或者选矿	2%～10%
	煤成(层)气		原矿	1%～2%
	铀、钍		原矿	4%
	油页岩、油沙、天然沥青、石煤		原矿或者选矿	1%～4%
	地热		原矿	1%～20%或者每立方米 1～30 元
金属矿产	黑色金属	铁、锰、铬、钒、钛	原矿或者选矿	1%～9%
	有色金属	铜、铅、锌、锡、锑、镁、钴、铋、汞	原矿或者选矿	2%～10%
		铝土矿	原矿或者选矿	2%～9%
		钨	选矿	6.5%
		钼	选矿	8%
		金、银	原矿或者选矿	2%～6%
		铂、钯、钌、锇、铱、铑	原矿或者选矿	5%～10%
		轻稀土	选矿	7%～12%
		中重稀土	选矿	20%
		铍、锂、锆、锶、铷、铯、铌、钽、锗、镓、铟、铊、铪、铼、镉、硒、碲	原矿或者选矿	2%～10%
非金属矿产	矿物类	高岭土	原矿或者选矿	1%～6%
		石灰岩	原矿或者选矿	1%～6%或者每吨(或者每立方米)1～10 元
		磷	原矿或者选矿	3%～8%
		石墨	原矿或者选矿	3%～12%
		萤石、硫铁矿、自然硫	原矿或者选矿	1%～8%
		天然石英砂、脉石英、粉石英、水晶、工业用金刚石、冰洲石、蓝晶石、硅线石(矽线石)、长石、滑石、刚玉、菱镁矿、颜料矿物等	原矿或者选矿	1%～12%
		叶蜡石、硅灰石、透辉石、珍珠岩、云母、沸石、重晶石、毒重石、方解石、蛭石、透闪石、工业用电器石、白垩、石棉、蓝石棉、红柱石、石榴子石、石膏	原矿或者选矿	2%～12%
		其他粘土(铸型类粘土、砖瓦类粘土、陶粒用粘土、水泥配料用红土、水泥配料用黄土、水泥配料用泥岩、保温材料用粘土)	原矿或者选矿	1%～5%或者每吨(或者每立方米)0.1～5 元
	岩石类	大理石、花岗岩、白云岩、石英岩、砂岩、辉绿岩、安山岩、闪长岩、板岩、玄武岩、片麻岩等	原矿或者选矿	1%～10%

(续表)

税目			征税对象	税率
非金属矿产	岩石类	砂石(天然砂、卵石、机制砂石)	原矿或者选矿	1%～5%或者每吨(或者每立方米)0.1～5元
	宝玉石类	宝石、玉石、宝石级金刚石、玛瑙、黄玉、碧玺	原矿或者选矿	4%～20%
水气矿产	二氧化碳气、硫化氢气、氦气、氡气		原矿	2%～5%
	矿泉水		原矿	1%～20%或者每立方米1～30元
盐	钠盐、钾盐、镁盐、锂盐		选矿	3%～15%
	天然卤水		原矿	3%～15%或者每吨(或者每立方米)1～10元
	海盐			2%～5%

3. 资源税的计税依据

资源税的计税依据为应税产品的销售额或销售量。

1) 从价定率征收的计税依据

实行从价定率征收资源税的销售额,包括纳税人销售应税产品向购买方收取的全部价款和价外费用,不包括增值税销项税额和运杂费用。

课堂讨论

运杂费用有哪些?

2) 从量定额征收的计税依据

课税数量确定的基本情况如下:

(1) 各种应税产品,凡直接对外销售的,以实际销售数量为课税数量。

(2) 各种应税产品,凡自产自用的,以视同销售的自用数量为课税数量。

(3) 纳税人不能准确提供应税产品销售数量或移送使用数量的,以应税产品的产量或主管税务机关确定的折算比换算成的数量为课税数量。

(二) 资源税应纳税额的计算

1. 从价定率应纳税额的计算

应纳税额=销售额×适用税率

2. 从量定额应纳税额的计算

应纳税额=课税数量×适用的单位税额

3. 收购未税矿产品的扣缴义务人代扣代缴资源税应纳税额的计算

代扣代缴应纳税额=收购的未税矿产品数量(对应的价款)×适用的单位税额(税率)

课堂练习

【计算题】甲煤矿为增值税一般纳税人,2023年销售原煤不含增值税价435万元,其中包含运输费15万元,装卸费8万元,均取得增值税发票。已知资源税税率为2%,计算甲煤矿应缴资源税税额。

答案：甲应缴资源税税额＝(435－15－8)×2%＝8.24(万元)

(三) 资源税的征收管理

1. 纳税义务发生时间

(1) 纳税人销售自产应税产品的纳税义务发生时间：①纳税人采用分期收款结算方式的，为销售合同规定的收款日期的当天；②纳税人采取预收货款结算方式的，为发出应税产品的当天；③纳税人采取其他结算方式的，为收讫销售款或者取得索取销售款凭据的当天。

(2) 纳税人自产自用应税产品的纳税义务发生时间，为移送使用应税产品的当天。

(3) 扣缴义务人代扣代缴税款的纳税义务发生时间，为支付首笔货款或首次开具支付货款凭据的当天。

2. 纳税期限

资源税的纳税期限为1日、3日、5日、10日、15日或者1个月，由主管税务机关根据实际情况具体核定。不能按固定期限计算纳税的，可以按次计算纳税。

纳税人以1个月为一期纳税的，自期满之日起10日内申报纳税；以1日、3日、5日、10日或者15日为一期纳税的，自期满之日起5日内预缴税款，于次月1日起10日内申报纳税并结清上月税款。

3. 纳税地点

纳税人应当向矿产品的开采地或生产地缴纳资源税。

二、环境保护税

(一) 环境保护税的征税范围、纳税人和税率

1. 环境保护税的征税范围

环境保护税的征税范围是直接向环境排放下列内容的应税污染物：

(1) 大气污染物。大气污染物是指向大气排放，导致大气污染的物质，包括二氧化硫、氮氧化物、粉尘等。

(2) 水污染物。水污染物是指直接或者间接向水体排放的，能导致水体污染的物质，包括重金属、悬浮物、动植物油等。

(3) 固体废物。固体废物是指在生产、生活和其他活动中产生的丧失原有利用价值或者虽未丧失利用价值但被抛弃或者放弃的固态、半固态和置于容器中的气态的物品、物质，以及法律行政法规规定纳入固体废物管理的物品、物质，包括煤矸石、尾矿等。

(4) 噪声。噪声是指工业噪声，即在工业生产活动中使用固定的设备时产生的超过国家规定的环境噪声排放标准的、干扰周围生活环境的声音。

知识驿站

下列情形，暂予免征环境保护税：

(1) 农业生产(不包括规模化养殖)排放应税污染物的。

(2) 机动车、铁路机车、非道路移动机械、船舶和航空器等流动污染源排放应税污染物的。

(3) 依法设立的城乡污水集中处理、生活垃圾集中处理场所排放相应应税污染物，不超过国家和地方规定的排放标准的。

(4) 纳税人综合利用的固体废物，符合国家和地方环境保护标准的。

(5) 国务院批准免税的其他情形(由国务院报全国人民代表大会常务委员会备案)。

2. 环境保护税的纳税人

在中华人民共和国领域和中华人民共和国管辖的其他海域，直接向环境排放应税污染物的企业事业单位和其他生产经营者为环境保护税的纳税人。

3. 环境保护税适用的税率

环境保护税采取定额税率计征，主要有大气污染物、水污染物、固体废物和噪声四大税目。具体税目税率如表 10-7 所示。

表 10-7　　环境保护税税目税额表

<table>
<tr><th colspan="2">税目</th><th colspan="2">计税单位</th><th>税额</th></tr>
<tr><td colspan="2">大气污染物</td><td colspan="2">每污染当量</td><td>1.2～12 元</td></tr>
<tr><td colspan="2">水污染物</td><td colspan="2">每污染当量</td><td>1.4～14 元</td></tr>
<tr><td rowspan="4">固体废物</td><td>危险废物</td><td colspan="2">每吨</td><td>1 000 元</td></tr>
<tr><td>煤矸石</td><td colspan="2">每吨</td><td>5 元</td></tr>
<tr><td>尾矿</td><td colspan="2">每吨</td><td>15 元</td></tr>
<tr><td>冶炼渣、粉煤灰、炉渣、其他固体废物(含半固态、液态废物)</td><td colspan="2">每吨</td><td>25 元</td></tr>
<tr><td rowspan="6">噪声</td><td rowspan="6">工业噪声</td><td>超标 1～3 分贝</td><td>每月 350 元</td><td rowspan="6">1. 一个单位边界上有多处噪声超标，根据最高一处超标声级计算应纳税额；当沿边界长度超过 100 米有两处以上噪声超标，按照两个单位计算应纳税额。
2. 一个单位有不同地点作业场所的，应当分别计算应纳税额，合并计征。
3. 昼、夜均超标的环境噪声，昼、夜分别计算应纳税额，累计计征。
4. 声源一个月内超标不足 15 天的，减半计算应纳税额。
5. 夜间频繁突发和夜间偶然突发厂界超标噪声，按等效声级和峰值噪声两种指标中超标分贝值高的一项计算应纳税额</td></tr>
<tr><td>超标 4～6 分贝</td><td>每月 700 元</td></tr>
<tr><td>超标 7～9 分贝</td><td>每月 1 400 元</td></tr>
<tr><td>超标 10～12 分贝</td><td>每月 2 800 元</td></tr>
<tr><td>超标 13～15 分贝</td><td>每月 5 600 元</td></tr>
<tr><td>超标 16 分贝以上</td><td>每月 11 200 元</td></tr>
</table>

(二) 环境保护税应纳税额的计算

1. 计税依据

(1) 应税大气污染物、水污染物按照污染物排放量折合的污染当量数确定计税依据。其计算公式如下：

应税大气污染物、水污染物的污染当量数＝该污染物的排放量÷该污染物的污染当量值

每一排放口或者没有排放口的应税大气污染物，按照污染当量数从大到小排序，对前三

项污染物征收环境保护税；每一排放口的应税水污染物，按照应税污染物和当量值表，区分第一类水污染物和其他类水污染物，按照污染当量数从大到小排序，对第一类水污染物按照前五项征收环境保护税，对其他类水污染物按照前三项征收环境保护税。

（2）应税固体废物按照固体废物的排放量确定计税依据。其计算公式如下：

固体废物的排放量＝当期固体废物的产生量－当期固体废物的综合利用量－当期固体废物的贮存量－当期固体废物的处置量

（3）应税噪声按照超过国家规定标准的分贝数确定计税依据。

工业噪声按超过国家规定标准分贝数确定每月税额，超过国家规定标准分贝数是指实际产生的工业噪声与国家规定的工业噪声排放标准限值之间的差值。

2. 应纳税额的计算

（1）大气污染物应纳税额的计算公式如下：

大气污染物应纳环境保护税＝污染当量数×定额税率

（2）水污染物应纳税额的计算公式如下：

水污染物应纳环境保护税＝污染当量数×定额税率

（3）固体污染物应纳税额的计算公式如下：

固体污染物应纳环境保护税＝排放量×定额税率

＝（当期固体废物的产生量－当期固体废物的综合利用量－当期固体废物的贮存量－当期固体废物的处置量）×定额税率

（4）噪声应纳税额的计算公式如下：

噪声应纳环境保护税＝排放月数×定额税率

（三）环境保护税的征收管理

1. 纳税期限

环境保护税纳税义务发生时间为纳税人排放应税污染物的当日。环境保护税按月计算，按季申报缴纳。不能按固定期限计算缴纳的，可以按次申报缴纳。纳税人按季申报缴纳的，应当自季度终了之日起 15 日内，向税务机关办理纳税申报并缴纳税款。纳税人按次申报缴纳的，应当自纳税义务发生之日起 15 日内，向税务机关办理纳税申报并缴纳税款。

2. 纳税地点

纳税人应当向应税污染物排放地的税务机关申报缴纳环境保护税。

任务实训

一、实训目标

锻炼学生的运用能力，深化学生对理论知识的理解。

二、实训内容

登录金税实训平台，完成资源税、环境保护税的纳税申报。

三、实训要求

能够正确填写资源税、环境保护税纳税申报表。

四、实训环节

①学生登录系统完成任务。②学生总结实训中涉及的理论知识并发言。③教师点评和打分。

五、实训考核

实训结束后，教师根据学生的表现确定考核成绩。

思政案例

项目测试

一、单项选择题

1. 下列各项中，属于房产税征税范围的是(　　)。

A. 菜窖　　B. 室外游泳池
C. 建立在县城的办公楼　　D. 工厂的围墙

2. 下列各项中，应当缴纳契税的是(　　)。

A. 企业房产不等价互换　　B. 房屋继承
C. 房屋典当　　D. 土地使用权抵押

3. 某企业2023年年初拥有A、B两栋自用写字楼，A栋占地3 500平方米，B栋占地500平方米。于1月1日将B栋出租给另一企业用于办公，租期为1年。当地城镇土地使用税的单位税额为每平方米40元，该企业2023年应缴纳城镇土地使用税(　　)元。

A. 15 000　　B. 20 000　　C. 90 000　　D. 0

4. 下列各项中，不属于车船税税目的是(　　)。

A. 乘用车　　B. 商用车　　C. 挂车　　D. 拖拉机

5. 2023年6月，甲公司与乙公司签订一份承揽合同，合同载明由甲公司提供原材料200万元，支付乙公司加工费报酬30万元；甲公司又与丙公司签订了一份财产保险合同，保险金额1 000万元，支付保险费1万元。已知承揽合同印花税税率为0.3‰，财产保险合同印花税税率为1‰，则甲公司应缴纳的印花税为(　　)元。

A. 11 000　　B. 11 050　　C. 1 010　　D. 100

二、多项选择题

1. 下列各项中，以"整备质量吨位数"为计税依据计征车船税的有(　　)。

A. 客车　　B. 挂车　　C. 客货两用车　　D. 专用作业车

2. 下列资源税应税产品中，从价计征资源税的有(　　)。

A. 金锭　　B. 海盐　　C. 钨　　D. 砂石

3. 下列说法中，正确的有(　　)。

A. 城市维护建设税的计税依据为纳税人应缴纳的增值税、消费税税额
B. 对实行增值税期末留抵退税的纳税人，不允许其从城市维护建设税的计税依据

中扣除退还的增值税税额

C. 城市维护建设税按月或者按季计征。不能按固定期限计征的，可以按次计征

D. 实行按月或者按季计征的，纳税人应当于月度或者季度终了之日起15日内申报并缴纳税款

4. 下列关于环境保护税的说法中，正确的有(　　)。

A. 环境保护税由税务机关依法征收

B. 纳税义务发生时间为纳税人排放应税污染物的当日

C. 纳税人应当向应税污染物排放地的税务机关申报缴纳环境保护税

D. 环境保护税按月计算，按季申报缴纳，不能按固定期限计算缴纳的，可以按次申报缴纳

三、判断题

1. 个人出租住房，房产税税率为4%。(　　)

2. 契税的纳税义务发生时间为纳税人签订土地、房屋权属转移合同的当天，或者纳税人取得其他具有土地、房屋权属转移合同性质凭证的当天。(　　)

3. 城市维护建设税纳税义务发生时间为实际缴纳增值税、消费税的次日。(　　)

四、简答题

1. 简述房产税的征收范围。

2. 简述土地增值税的计算步骤。

五、案例分析题

位于某县城的房地产开发企业(增值税一般纳税人)在当地开发建造普通标准住宅，2015年6月取得土地使用权，支付金额1 000万元，缴纳相关税费40万元，发生房地产开发成本1 100万元，另发生利息支出80万元(含加罚利息10万元)，该利息支出能够按转让房地产项目计算分摊并能提供银行贷款证明。2023年12月，该房地产开发企业将开发的房地产全部销售，取得不含增值税销售收入3 000万元并签订产权转移书据。

已知：其他房地产开发费用的扣除比例为4%，该房地产开发企业转让不动产选择简易计税办法，适用的增值税征收率为5%，产权转移书据适用的印花税税率为0.5‰。

根据上述资料，回答下列问题。

1. 该房地产开发企业在计算土地增值税时准予扣除的“房地产开发费用”为(　　)万元。

A. 165.6　　B. 155.6　　C. 164　　D. 154

2. 关于该房地产开发企业转让房地产的行为，下列说法中，正确的是(　　)。

A. 应纳增值税=3 000×5%=150(万元)

B. 应纳城建税=3 000×5%×7%=10.5(万元)

C. 应纳印花税=3 000×0.5‰=1.5(万元)

D. 应纳教育费附加=3 000×5%×3%=4.5(万元)

3. 该房地产开发企业在计算土地增值税时允许加计扣除项目的金额为(　　)万元。

A. 210　　B. 420　　C. 214　　D. 428

4. 下列各项中，属于房地产开发成本的是(　　)。

A. 土地征用费　　B. 开发间接费用

C. 基础设施费　　D. 取得土地使用权时支付的契税

项目十一 公共产品与服务的法律保障

——税收征管法律制度

项目介绍

本项目为初级会计资格考试、中级会计资格考试、注册会计师考试、税务师考试的必考项目，主要对企业所得税、个人所得税的内容进行阐述。

项目导入

税收征管法律制度(以下简称税收征管法)是税法的重要组成部分，国家制定税收征管法的目的是加强税收征收管理，规范税收征纳行为，保障国家税收收入，保护纳税人的合法权益。

课前导学

搜索一些明星或网红偷税漏税的案件，分析其违反了哪些税收规定。

学习目标

(一) 知识目标

1. 了解税款征收原则及征收制度、税务检查的职责、违反税收法规要承担的法律责任。

2. 熟悉税收征管法的适用范围、遵守主体及其权利义务。

3. 掌握税务登记管理，发票、申报等基础管理的时间和主要程序，税务行政复议和税务行政诉讼的受案范围。

(二) 能力目标

初步知法、懂法，能够熟练运用税务管理、税款征收、税务检查的有关规定，能够正确运用税收征管法的有关规定，规范税收征纳行为。

(三) 素养目标

珍惜来之不易的纳税信用，树立依法纳税、诚信经营的意识。

任务一　税收征管法律制度概述

导课

近几年，很多明星、网红被查到偷逃税款，他们应该受到什么处罚？

考点归纳

1. 主要知识点

税收征管法的适用范围；税收征管法的主体；纳税人、扣缴义务人的权利与义务。

2. 重难点

重点：税收征管法的适用范围；税收征管法的主体；纳税人、扣缴义务人的权利与义务。

难点：税收征管法的主体；纳税人、扣缴义务人的权利与义务。

法律讲堂

为了加强税收征收管理，规范税收征收和缴纳行为，保障国家税收收入，保护纳税人的合法权益，促进经济和社会发展，制定《中华人民共和国税收征收管理法》（以下简称《税收征管法》）。

《税收征管法》是我国第一部以法律形式对国内税收和涉外税收作出统一规定的税收征管法，属于我国税收法律体系中的程序法。

一、税收征管法的适用范围

凡依法由税务机关征收的各种税收的征收管理，均适用《税收征管法》。我国税收的征收机关有税务机关和海关部门，税收征管法只适用于由税务机关征收的各种税收的征收管理。

课堂讨论

哪些税费不适用《税收征管法》？

二、税收征管法的主体

（一）税务征收管理主体——税务机关

国务院税务主管部门主管全国税收征收管理工作。各地税务部门应当按照国务院规定的税收征收管理范围分别进行征收管理。

（二）税务征收管理相对人——纳税人、扣缴义务人和其他有关单位

法律、行政法规规定负有纳税义务的单位和个人为纳税人；负有代扣代缴代收代缴税款义务的单位和个人为扣缴义务人。纳税人、扣缴义务人必须依照法律、行政法规的规定缴纳税款、代扣代缴、代收代缴税款，按照有关规定如实向税务机关提供与纳税和代扣代缴、收代

缴税款有关的信息。

三、纳税人、扣缴义务人的权利与义务

(一) 纳税人、扣缴义务人的权利

纳税人、扣缴义务人在履行纳税义务过程中，依法享有下列权利：知情权、要求保密权、税收监督权、纳税申报方式选择权，申请延期申报权、申请延期缴纳税款权、申请退还多缴税款权、依法享受税收优惠权、委托税务代理权、陈述与申辩权、拒绝检查权、税收法律救济权、依法要求听证的权利和索取有关税收凭证的权利。

课堂练习

【多项选择题】下列各项中，属于纳税人权利的有(　　)。

A. 陈述权　　B. 核定税款权

C. 税收监督权　　D. 税收法律救济权

答案：ACD

(二) 纳税人、扣缴义务人的义务

依照宪法，税收法律和行政法规的规定，纳税人、扣缴义务人在纳税过程中负有以下义务：依法进行税务登记的义务、依法设置保管账簿发票相关义务、财务会计制度核算软件备案的义务、依规定安装使用税控装置的义务、按时如实申报的义务、按时缴纳税款的义务、代扣代收税款的义务、接受依法检查的义务、及时提供信息的义务和报告其他涉税信息的义务。

任务实训

一、实训目标

深化学生对法的认识，使学生明确学习法律的意义，塑造遵法、学法、守法、用法的法治观念，锻炼学生的逻辑思维和法治思维。

二、实训内容

针对以下两方观点进行辩论。

正方观点：提高税法遵从度，法律比道德更重要。

反方观点：提高税法遵从度，道德比法律更重要。

三、实训要求

能够提出足够的论据支持论点。

四、实训环节

①学生自由选题、自由分组。②各组轮流开展辩论。③其余组评议和打分。④教师点评和打分。

五、实训考核

实训结束后，教师根据学生的表现确定考核成绩。

任务二　税务管理、税款征收管理与税务检查

导课

小张是某公司的会计，在没有真实业务往来的情况下，为好朋友小王开具了3份增值税普通发票，涉及金额50 000元。当地税务局稽查部门认定该行为属于为他人虚开增值税普通发票，并作出相应的行政处罚。企业什么情况下可以开发票？没有经济业务往来的情况下可以为熟人代开发票吗？

考点归纳

1. 主要知识点

税务管理；发票管理；纳税申报管理；税款征收管理；税务检查。

2. 重难点

重点：税务管理；发票管理；纳税申报管理。

难点：发票管理；纳税申报管理。

法律讲堂

一、税务管理

税务管理，是指税收征收管理机关为了贯彻执行国家税收法律制度，加强税收工作，协调征税关系而对纳税人和扣缴义务人适时的基础性的管理制度和管理行为。

（一）税务登记

1. 税务登记申请人

企业，企业在外地设立的分支机构和从事生产、经营的场所，个体工商户和从事生产、经营的事业单位，都应当办理税务登记。

2. 税务登记主管机关

县以上（含本级，下同）税务局（分局）是税务登记的主管机关，负责税务登记的设立登记、变更登记、注销登记及非正常户处理、报验登记等有关事项。

县以上税务局（分局）按照国务院规定的税收征收管理范围，实施属地管理，办理税务登记。有条件的城市，可以按照“各区分散受理、全市集中处理”的原则办理税务登记。

（二）账簿和凭证管理

1. 设置账簿的范围

（1）纳税人、扣缴义务人应当按照有关法律、行政法规和国务院财政、税务主管部门的有关规定，从领取营业执照或者发生纳税义务之日起15日内按规定设置账簿（包括总账、明细账、日记账及其他辅助性账簿），根据合法、有效凭证记账和核算。

（2）生产经营规模小又确无建账能力的纳税人，可聘请经批准从事会计代理记账业务

的专业机构或者经税务机关认可的财会人员代为建账和办理账务。

(3) 扣缴义务人应当按照法律、行政法规规定的扣缴义务发生之日起10日之内,按照所代扣代征的税种分别设置代扣代缴、代收代缴账簿。

2. 备案制度

纳税人的财务、会计制度或者财务、会计处理方法和会计核算软件,应当在办理税务登记证件之日起15日内报送主管税务机关备案。

课堂练习

【分析题】张某和李某于本年1月成立了一家有限责任公司,并于本年1月20日领取了营业执照,在领取“一照一码”营业执照后,便没有再到税务机关办理任何手续。张某和李某认为:反正我们的公司规模不大,况且国家已经在全国全面推行“多证合一、一照一码”登记改革,因此不需再到税务机关办理任何手续。你认为张某和李某的说法对吗?

分析:在领取“一照一码”营业执照后,企业无需再到质监、社保、统计等部门办理任何手续,但应在领取执照后15日内,将其财务、会计制度或处理办法报送主管税务机关备案,并向税务机关报告企业全部存款账号。

(三) 发票管理

税务机关是发票的主管机关,负责发票的印制、领购、开具、取得、保管、缴销的管理和监督。

销售商品、提供服务及从事其他经营活动的单位和个人,对外发生经营业务收取款项,收款方应当向付款方开具发票;特殊情况下,由付款方向收款方开具发票。

增值税专用发票由国务院税务主管部门指定的企业印制;其他发票按照国务院税务主管部门的规定,分别由省、自治区、直辖市税务局指定企业印制。未经规定的税务机关指定,不得印制发票。

课堂练习

【分析题】甲公司在乙商场设立销售专柜,由商场统一收款,请问开具发票时,是以乙商场的名义开具还是以甲公司的名义开具?

分析:《中华人民共和国发票管理办法》规定,销售商品、提供服务及从事其他经营活动的单位和个人,对外发生经营业务收取款项,收款方应当向付款方开具发票。考虑经营实质内容,商场统一收款,因此,应由乙商场开具发票。

(四) 纳税申报管理

1. 纳税申报的基本规定

纳税申报,是指纳税人按照税法规定的期限和内容,向税务机关提交有关纳税事项书面报告的法律行为。纳税申报的基本规定如表11-1所示。

表11-1　　纳税申报的基本规定

基本要点	主要规定
办理纳税申报的对象	包括负有纳税义务的单位、个人和扣缴义务人
纳税申报的内容	在各种纳税申报表和代扣代缴、代收代缴税款报告中体现
纳税申报的方式	①直接申报;②邮寄申报;③数据电文

2. 纳税申报的具体要求

纳税人、扣缴义务人,不论当期是否发生纳税义务,除经税务机关批准外,均应当按照规定办理纳税申报或者报送代扣代缴、代收代缴税款报告表。

纳税人享受减税、免税待遇的,在减税、免税期间应当按照规定办理纳税申报。

纳税人、扣缴义务人按照规定的期限办理纳税申报或者报送代扣代缴、代收代缴税款报告表确有困难,需要延期的,应当在规定的期限内向税务机关提出书面延期申请,经税务机关核准,在核准的期限内办理。

课堂讨论

甲公司从事免税项目,但未办理纳税申报。后来税务机关上门查出了该问题,对甲公司进行了处罚。请问税务机关的做法正确吗?

二、税款征收管理

(一)税款的征收方式

税款征收方式主要有:查账征收、查定征收、查验征收、定期定额征收、委托代征税款、邮寄纳税、其他方式。

(二)税款的征收制度

1. 延期纳税

纳税人因有特殊困难,不能按期缴纳税款的,经省、自治区、直辖市税务局批准,可以延期缴纳税款,但最长不得超过3个月。

"特殊困难"主要体现在:①因不可抗力;②当期货币资金在扣除应付职工工资、社会保险费后,不足以缴纳税款的。

2. 滞纳金

纳税人未按照规定期限缴纳税款的,扣缴义务人未按照规定期限解缴税款的,税务机关除责令限期缴纳外,从滞纳税款之日起,按日加收滞纳税款0.5‰的滞纳金。

3. 减免税收制度

减免税具体规定必须在税收实体法中体现,各级人民政府及其主管部门、单位和个人都不可擅自作出减免税决定;纳税人减免期内也要进行纳税申报;纳税人享受减免条件变化及时报告;减免期满次日起恢复征税。

4. 税收保全措施与强制执行措施

税收保全措施,是指税务机关对可能由于纳税人的行为或者某种客观原因,致使以后税款的征收不能保证或难以保证的案件,采取限制纳税人处理或转移商品、货物或其他财产的措施。

税收强制执行措施,是指当事人不履行法律、行政法规规定的义务,有关国家机关采用法定的强制手段,强迫当事人履行义务的行为。

税务机关采取税收强制执行措施时,必须坚持告诫在先的原则。税收保全措施与强制执行措施的区别与联系,如表11-2所示。

表 11-2　　税收保全措施与强制执行措施的区别与联系

对比分析		税收保全措施	税收强制执行措施
主要不同点	被执行人范围不同	只涉及从事生产、经营的纳税人	除了涉及从事生产、经营的纳税人，还涉及扣缴义务人、纳税担保人
	基本措施不同	(1) 书面通知纳税人开户银行或者其他金融机构冻结纳税人的金额相当于应纳税款的存款。 (2) 扣押、查封纳税人的价值相当于应纳税款的商品、货物或其他财产	(1) 书面通知其开户银行或者其他金融机构从其存款中扣缴税款。 (2) 扣押、查封、依法拍卖或者变卖其价值相当于应纳税款的商品、货物或其他财产，以拍卖或者变卖所得抵缴税款
	执行限度有差异	以应纳税额为限	纳税人、扣缴义务人、纳税担保人未缴纳的税额、滞纳金必须同时强制执行
主要相同点	批准级次相同	县以上税务局(分局)局长批准	
	基本人权保障相同	个人及其所扶养的家属维持生活必需的住房和用品，不在税收保全措施和强制执行措施范围之内	
两项措施之间的关系		税收强制执行措施与税收保全措施之间只有可能的连续关系，但没有必然的因果关系	

课堂讨论

哪些财产不在税收保全措施和强制执行措施的范围之内？

5. 税款的退还和追征制度

税款的退还和追征制度包括溢征、补征和追征，具体内容如表 11-3 所示。

表 11-3　　税款的退还和追征制度

情况	征管法规定
溢征	(1) 税务机关发现后应立即退回。 (2) 纳税人发现自结算缴纳税款之日起 3 年内可书面申请退税并加算银行同期存款利息
补征	因税务机关责任，致使纳税人、扣缴义务人未缴或者少缴税款的，税务机关可以在 3 年内补征税款，不得加收滞纳金
追征	①一般计算失误情况，税务机关发现在 3 年内追征；②特殊计算失误情况(累计金额在 10 万元以上的)，追征期延长至 5 年；③偷、抗、骗税的无追征期限制，按日加收 5‰的滞纳金

三、税务检查

(一) 税务检查的方法

(1) 从税务检查的内容和范围的角度来划分，税务检查方法分为全查法和抽查法。

(2) 从税务检查实施的先后顺序来划分，税务检查方法分为顺查法和逆查法。

(3) 从税务检查实施的地点来划分，税务检查方法分为实地检查法和调账检查法。

(4) 从会计指标的不同运用来划分，税务检查方法分为比较分析法和控制计算法。

(二) 税务检查的职责

(1) 税务机关进行税务检查时的权利主要有：查账权、场地检查权、责成提供资料权、询问权、在交通要道和邮政企业的查证权、查询存款账户权。

(2) 税务机关采取税收保全措施的期限一般不得超过 6 个月；重大案件需要延长的，应当报国家税务总局批准。

(3) 税务机关调查税务违法案件时，对与案件有关的情况和资料，可以记录、录音、录像、照相和复制。

(4) 税务机关派出人员在进行检查时，必须出示税务检查证和税务检查通知书。

任务实训

一、实训目标

深化学生对税款征收制度的理解，提高学生活学活用的能力。

二、实训内容

税收征收管理。

三、实训案例

2023 年 6 月，某县税务局在调查摸底的基础上，对某纳税户的税收定额从 7 月进行调整，将其税收定额由原来的 40 000 元调整为 45 000 元并书面通知该纳税户。该纳税户不服，表示不准备缴纳 7 月的税款。7 月 25 日，税务机关经过调查，有根据认为该企业有逃避纳税的行为，于是书面责令该纳税户必须于 8 月 5 日前缴纳该月税款。8 月 2 日，税务机关发现该纳税户已开始转移财产，便责令该纳税户提供纳税担保，但该纳税户没有提供纳税担保。8 月 3 日，税务机关书面通知该纳税户的开户银行从其存款中扣缴了 7 月份的税款。

四、实训要求

根据上述资料，回答下列问题：①税务机关的行政行为是否合法？为什么？②就该纳税户的行为，税务机关应提出哪些处理意见？

五、实训环节

①学生自由分组。②各组讨论并分享答案。③其余组评议和打分。④教师点评和打分。

六、实训考核

实训结束后，教师根据学生的表现确定考核成绩。

任务三　税收法律责任、税务行政复议与诉讼

导课

某县税务局稽查局查处一起重大税务案件，按规定提交县税务局重大案件审委会审理后，根据审委会主任签发的《重大税务案件审理意见书》，制作《税务处理决定书》和《税务行政处罚决定书》，并送达执行。

纳税人对行政处罚决定不服，按《税务行政处罚决定书》的要求向县税务局申请行政复议，县税务局作出“维持原决定”的复议决定。纳税人仍不服，依法向县人民法院起诉，法院

判决:《税务行政处罚决定书》中“如对本决定不服,可以自收到本决定之日起60日内依法向县税务局申请行政复议,或者自收到本决定之日起6个月内依法向人民法院起诉”,属于执法程序性错误,侵犯了纳税人的合法权益,依法撤销稽查局作出的税务行政处罚决定书。请问:税务行政复议机关如何判定?

考点归纳

1. 主要知识点

违反税收法规的法律责任;税务行政复议;税务行政诉讼。

2. 重难点

重点:税务行政复议;税务行政诉讼的受案范围。

难点:税务行政复议;税务行政诉讼的受案范围。

法律讲堂

一、对纳税人偷税、骗税、抗税、虚假申报、不申报的认定及其法律责任

(一) 偷税

行为特征:纳税人采取伪造、变造、隐匿、擅自销毁账簿、记账凭证,或者在账簿上多列支出或者不列、少列收入,或者经税务机关通知申报而拒不申报或者进行虚假的纳税申报,不缴或者少缴应纳税款的。

逃避缴纳税款数额较大并且占应纳税额10%以上的,属于“偷税罪”。

处罚规定:对于偷税行为,税务机关将追缴其不缴或少缴的税款、滞纳金,并处不缴或少缴税款50%以上5倍以下的罚款。

(二) 骗税

行为特征:纳税人以假报出口等欺骗手段,骗取国家出口退税款的。

处罚规定:由税务机关追缴其骗取的退税款,并处骗取税款1倍以上5倍以下的罚款;构成犯罪的,由司法机关追究刑事责任。

骗取国家出口退税款的,税务机关可在规定期间内停止为其办理出口退税。

(三) 抗税

行为特征:纳税人以暴力、威胁方法拒不缴纳税款的。

处罚规定:除由税务机关追缴其拒缴的税款、滞纳金外,由司法机关追究刑事责任;情节轻微,未构成犯罪的,由税务机关追缴其拒缴的税款、滞纳金,处以拒缴税款1倍以上5倍以下的罚款。触及刑法的,处3年以下有期徒刑或者拘役,并处拒缴税款1倍以上5倍以下罚金;情节严重的,处3年以上7年以下有期徒刑,并处拒缴税款1倍以上5倍以下罚金。

(四) 虚假申报

行为特征:纳税人编造虚假计税依据的。

处罚规定:由税务机关责令限期改正,并处50 000元以下的罚款。

(五) 不申报

行为特征:纳税人不申报、不缴或少缴应纳税款的。

处罚规定：由税务机关追缴其不缴或少缴的税款、滞纳金，并处不缴或少缴税款50%以上5倍以下的罚款。

二、违反税务代理的法律责任

税务代理人违反税收法律、行政法规，造成纳税人未缴或者少缴税款的，除由纳税人缴纳或者补缴应纳税款、滞纳金外，对税务代理人处纳税人未缴或者少缴税款50%以上3倍以下的罚款。

三、税务行政复议

税务行政复议是我国行政复议制度的一个重要组成部分。税务行政复议，是指当事人不服税务机关及其工作人员作出的税务具体行政行为，依法向上一级税务机关(复议机关)提出申请，复议机关经审理对原税务机关具体行政行为依法作出维持、变更、撤销等决定的活动。

(一) 税务行政复议的范围

税务行政复议的范围主要包括：①税务机关作出的征税行为；②税务机关作出的责令纳税人提供纳税担保行为；③税务机关作出的税收保全措施；④税务机关未及时解除税收保全措施，使纳税人等合法权益遭受损失的行为；⑤税务机关作出的税收强制执行措施；⑥税务机关作出的税务行政处罚行为；⑦税务机关不予依法办理或答复的行为；⑧税务机关作出的取消增值税一般纳税人资格的行为；⑨税务机关作出的通知出境管理机关阻止出境行为。

(二) 税务行政复议的管辖

(1) 对省级以下各级国家税务局作出的税务具体行政行为不服的，向其上一级机关申请行政复议；对省级国家税务局作出的具体行政行为不服的，向国家税务总局申请行政复议。

(2) 对省级以下各级地方税务局作出的税务具体行政行为不服的，向其上一级机关申请复议；对省级地方税务局作出的具体行政行为不服的，向国家税务总局或省级人民政府申请复议。

(3) 对国家税务总局作出的具体行政行为不服的，向国家税务总局申请行政复议。对行政复议决定不服的，申请人可以向人民法院提出行政诉讼；也可以向国务院申请裁决，国务院的裁决为终局裁决。

法律诊所

承接[导课]中的问题：税务行政复议机关如何判定？

分析：本案例作为重大税务案件，《税务处理决定书》《税务行政处罚决定书》经过了县局重大税务案件审理委员会的审理，虽然最终的行政执法文书是以县税务局稽查局的名义作出，但不应向“其所属税务局”——县税务局申请行政复议，而应依据《中华人民共和国行政复议法》的规定，向“审理委员会所在税务机关”——县税务局的“本级人民政府”申请行政复议，或向其“上一级主管部门”——市税务局申请行政复议。

在本案例中，县税务局受理了纳税人不服税务行政处罚的复议申请并作出了行政复议决定，超越了税务行政复议权限，税务行政复议决定失当。

四、税务行政诉讼

税务行政诉讼，是指纳税人和其他税务当事人认为税务机关及其工作人员作出的具体税务行政行为违法或者不当，侵犯了其合法权益，依法向人民法院提起行政诉讼，由人民法院对具体税务行为的合法性和适当性进行审理并作出裁决的司法活动。

（一）税务行政诉讼的受案范围

（1）税务机关作出的征税行为：①征收税款、加收滞纳金；②扣缴义务人、受税务机关委托的单位作出代扣代缴、代收代缴行为及代征行为。

（2）税务机关作出的责令纳税人提交纳税保证金或者纳税担保行为。

（3）税务机关作出的行政处罚行为：①罚款；②没收违法所得；③停止出口退税权；四是收缴发票和暂停供应发票。

（4）税务机关作出的通知出境管理机关阻止出境行为。

（5）税务机关作出的税收保全措施：①书面通知银行或者其他金融机构冻结存款；②扣押、查封商品、货物或者其他财产。

（6）税务机关作出的税收强制执行措施：①书面通知银行或者其他金融机构扣缴税款；②拍卖所扣押、查封的商品、货物或者其他财产抵缴税款。

（7）认为符合法定条件申请税务机关颁发税务登记证和发售发票，税务机关拒绝颁发、发售或者不予答复的行为。

（8）税务机关的复议行为：①复议机关改变了原具体行政行为；②期限届满，税务机关不予答复。

（二）税务行政诉讼的管辖

税务行政诉讼的管辖分为级别管辖、地域管辖和裁定管辖。

1. 级别管辖

级别管辖是上、下级人民法院之间受理第一审税务案件的分工和权限。根据《中华人民共和国行政诉讼法》的规定，基层人民法院管辖一般的税务行政诉讼案件；中、高级人民法院管辖本辖区内重大、复杂的税务行政诉讼案件；最高人民法院管辖全国范围内重大、复杂的税务行政诉讼案件。

2. 地域管辖

地域管辖是同级人民法院之间受理第一审行政案件的分工和权限，分一般地域管辖和特殊地域管辖两种。

3. 裁定管辖

裁定管辖是指人民法院依法自行裁定的管辖，包括移送管辖、指定管辖及管辖权的转移三种情况。

课堂讨论

对征税行为存在争议的，税务行政复议和税务行政诉讼是什么关系？对其他行为存在争议的，税务行政复议和税务行政诉讼是什么关系？

任务实训

一、实训目标

深化学生对税务行政复议的理解，提高学生运用理论知识解决实际问题的能力。

二、实训内容

税务行政复议。

三、实训案例

张某开的个体超市自2023年2月开业，因一直未申报纳税，县税务局几次通知其申报，其拒不申报。2023年10月14日，县税务局稽查核定该超市欠缴税款5万元，于2023年10月17日作出补缴税款、加收滞纳金、处以罚款10万元的决定，并送达税务行政处罚决定书。张某认为罚款过重，于2023年10月27日仅向税务机关缴纳了税款和滞纳金，并于同年11月14日以自己的名义邮寄了行政复议申请书。行政复议机关以张某未缴纳罚款为由作出了不予受理决定，并书面通知了张某。

四、实训要求

根据上述资料，回答下列问题：

(1) 县税务局的处理是否正确？请说明理由。

(2) 张某能否作为申请人申请行政复议？张某申请行政复议，行政复议被申请人、行政复议机关分别是谁？

(3) 张某应于多长时间内提出行政复议申请？

(4) 行政复议机关不予受理决定是否符合规定？请说明理由。

五、实训环节

①学生自由分组。②各组讨论并分享答案。③其余组评议和打分。④教师点评和打分。

六、实训考核

实训结束后，教师根据学生的表现确定考核成绩。

思政案例

项目测试

一、单项选择题

1. 下列税种中，由海关代征的是(　　)。

   A. 关税　　B. 车船税

   C. 车辆购置税　　D. 进口环节的消费税

2. 扣缴义务人应当自税收法律、行政法规规定的扣缴义务发生之日起(　　)日内，按照所代扣、代收的税种，分别设置代扣代缴、代收代缴税款账簿。

   A. 7　　B. 10　　C. 15　　D. 30

3. 下列关于账簿和凭证管理的说法中，不正确的是(　　)。

A. 从事生产、经营的纳税人应当自领取营业执照或者发生纳税义务之日起15日内,按规定设置账簿

B. 生产、经营规模小又确无建账能力的纳税人,可以聘请经批准从事会计代理记账业务的专业机构或者财会人员代为建账和办理账务

C. 账簿、会计凭证和报表,只能使用中文

D. 账簿、记账凭证、报表、完税凭证、发票、出口凭证以及其他有关涉税资料应当保存10年

二、多项选择题

1. 下列各项中,属于纳税主体权利的有(　　)。

A. 委托代征权　　B. 税收监督权

C. 索取有关税务凭证的权利　　D. 知情权

2. 下列关于征税主体义务的说法中,正确的有(　　)。

A. 宣传税收法律、行政法规,普及纳税知识是征税主体的义务

B. 税务人员不得索贿受贿、不得滥用职权是征税主体的义务

C. 税务人员核定应纳税额时遵守回避制度是征税主体的义务

D. 依法为纳税人的税收违法行为保密是征税主体的义务

3. 税务机关在发票管理中有权(　　)。

A. 检查领购发票的情况

B. 调出发票查验

C. 向当事各方询问与发票有关的问题与情况

D. 查阅与发票有关的凭证、资料,但无权复制

三、判断题

1. 根据税收征收管理法律制度的规定,按期、如实办理纳税申报是纳税主体的义务。(　　)

2. 根据税收征收管理法律制度的规定,对逃税行为,由税务机关追缴其不缴或者少缴的税款、滞纳金,并处不缴或者少缴的税款50%以上5倍以下的罚款。(　　)

3. 企业,企业在外地设立的分支机构和从事生产、经营的场所,个体工商户和从事生产、经营的事业单位,都应当办理税务登记。(　　)

四、简答题

简述税务行政复议和税务行政诉讼的受案范围。

五、案例分析题

甲公司为一家工业企业,2023年10月新任会计主管李丽在对该公司以往的涉税资料进行查阅时,发现该公司于2021年1月多缴了一笔税款,金额多达10万元。李丽及时向公司领导汇报并准备要求税务机关退还。

问题:

你认为甲公司可以要求税务机关退还这笔税款吗?为什么?

项目十二 金钱融通风险的防范法

——金融法律制度

项目介绍

本项目为初级会计资格考试、中级会计资格考试、注册会计师考试、税务师考试、银行从业资格考试、经济师考试的必考项目，主要对金融法最基础的内容进行阐述。

项目导入

什么是金融？为什么要学习金融法律制度（以下简称金融法）？市场交易主体频繁使用的金融工具有哪些？

课前导学

搜索并浏览证监会的官方网站，结合官网信息思考[项目导入]中的问题。

学习目标

（一）知识目标

1. 了解银行卡、汇兑、委托收款、电子支付、本票、支票、证券概述、上市公司收购、保险概述、信托概念、信托财产、信托的变更与终止。

2. 熟悉支付结算概述、汇票、人身保险合同特殊规定、财产保险合同特殊规定、信托的成立与生效。

3. 掌握银行结算账户、票据概述、证券发行、证券交易、保险合同一般规定。

（二）能力目标

初步知法、懂法，能够运用金融法解决纠纷。

（三）素养目标

能够关注当代金融理论改革的理论与实践，认识到当代国际范围内的金融法理论前沿与我国金融改革与实践的关系与联系。

任务一 支付结算法律制度

导课

现代生活中,哪些支付方式被频繁使用?

考点归纳

1. 主要知识点

支付结算;银行结算账户;银行卡;汇兑、委托收款;电子支付。

2. 重难点

重点:银行结算账户。

难点:银行结算账户。

法律讲堂

一、支付结算

支付结算,是指单位、个人在经济活动中使用票据、银行卡和汇兑、委托收款、托收承付及电子支付等结算方式进行货币给付及资金清算的行为。

二、银行结算账户

(一) 概念

银行结算账户,是指银行为存款人开立的办理资金收付结算的活期存款账户。

(二) 分类

按存款人不同,银行结算账户可分为单位银行结算账户、个人银行结算账户。

按用途不同,单位银行结算账户可分为基本存款账户、一般存款账户、专用存款账户与临时存款账户。

1. 基本存款账户

(1) 基本存款账户,是指存款人因办理日常转账结算和现金收付需要开立的银行结算账户。

(2) 适用范围:①企业法人、非法人企业、个体工商户;②机关、事业单位、团级以上军队、武警部队及分散执勤的支(分)队;③社会团体、民办非企业组织、异地常设机构、外国驻华机构;④居民委员会、村民委员会、社区委员会;⑤单位设立的独立核算的附属机构;⑥其他组织。

2. 一般存款账户

(1) 一般存款账户,是指存款人因借款或其他结算需要,在基本存款账户开户银行以外的银行营业机构开立的银行结算账户。

(2) 一般存款账户可以办理现金缴存,但不得办理现金支取。

3. 专用存款账户

(1) 专用存款账户,是指存款人按照法律、行政法规和规章,对其特定用途资金进行专项管理和使用而开立的银行结算账户。

(2) 适用范围:①基本建设资金;②更新改造资金;③粮、棉、油收购资金;④证券交易结算资金;⑤期货交易保证金;⑥信托基金;⑦政策性房地产开发资金;⑧住房基金;⑨社会保障基金;⑩收入汇缴资金和业务支出资金;⑪党、团、工会设在单位的组织机构经费;⑫其他需要专项管理和使用的资金。

4. 临时存款账户

(1) 临时存款账户,是指存款人因临时需要并在规定期限内使用而开立的银行结算账户。

(2) 适用范围:①设立临时机构;②异地临时经营活动;③注册验资、增资;④军队、武警单位承担基本建设或异地执行作战、演习、抢险救灾、应对突发事件等临时任务。

课堂练习

【单项选择题】某电影制作企业临时到外地拍摄,其在外地设立的摄制组可以开立的账户是(　　)。

A. 基本存款账户　B. 一般存款账户　C. 专用存款账户　D. 临时存款账户

答案:D

三、银行卡

(一) 概念和分类

银行卡,是指经批准由商业银行向社会发行的具有消费信用、转账结算、存取现金等全部或部分功能的信用支付工具。

银行卡分类如下:

(1) 按是否具有透支功能,银行卡可分为信用卡、借记卡。

(2) 按币种不同,银行卡可分为人民币卡、外币卡。

(3) 按发行对象不同,银行卡可分为单位卡、个人卡。

(4) 按信息载体不同,银行卡可分为磁条卡、芯片卡。

(二) 计息和收费

1. 计息

(1) 发卡银行对准贷记卡及借记卡账户内的存款,按照中国人民银行规定的同期同档次存款利率及计息办法计付利息。

(2) 信用卡透支利率由发卡机构与持卡人自主协商确定。

2. 收费

(1) 对于持卡人违约逾期未还款的行为,发卡机构应与持卡人通过协议约定是否收取违约金,以及相关收取方式和标准。

(2) 发卡机构向持卡人提供超过授信额度用卡的,不得收取超限费。

课堂练习

【单项选择题】下列关于信用卡透支利率及利息管理的表述中，正确的是(　　)。

A. 透支的计结息方式由发卡机构和持卡人协商确定

B. 透支的利率标准由发卡机构与持卡人协商确定

C. 透支利率实行下限管理

D. 透支利率实行上限管理

答案：B

四、汇兑、委托收款

(一) 汇兑

汇兑，是指汇款人委托银行将其款项支付给收款人的结算方式。

汇兑按照汇款方式不同，可分为电汇、信汇、票汇。

单位和个人的各种款项的结算，均可使用汇兑结算方式。

(二) 委托收款

委托收款，是指收款人委托银行向付款人收取款项的结算方式。

单位和个人凭已承兑的商业汇票、债券、存单等付款人债务证明办理款项的结算，均可以使用委托收款结算方式。

课堂练习

【多项选择题】根据支付结算法律制度的规定，下列关于办理汇兑业务的表述中，正确的有(　　)。

A. 汇兑业务是汇款人委托银行将其款项支付给收款人的结算方式

B. 汇兑按照汇款方式不同可分为电汇、信汇、票汇

C. 单位和个人的各种款项的结算，均可使用汇兑结算方式

D. 只有单位的款项结算，可以使用汇兑结算方式

答案：ABC

五、电子支付

(一) 网上银行

网上银行，是银行在互联网上设立虚拟银行柜台，借助网络与信息技术手段开展银行服务。

网上银行分类如下：

(1) 按主要服务对象不同，网上银行可分为企业网上银行、个人网上银行。

(2) 按经营组织不同，网上银行可分为分支型网上银行、纯网上银行。

(二) 条码支付

条码支付，是指银行、支付机构应用条码技术，实现收付款人之间货币资金转移的业务活动。

条码支付业务包括付款扫码和收款扫码。

(三) 网络支付

网络支付,是指收款人或付款人通过计算机、移动终端等电子设备,依托公共网络信息系统远程发起支付指令,且付款人电子设备不与收款人特定专属设备交互,由支付机构为收付款人提供货币资金转移服务的活动。

任务实训

一、实训目标

深化学生对银行结算账户的认识,使学生明确学习支付结算法律制度的意义,塑造法治观念。

二、实训内容

2023 年 7 月,王某入职 A 公司。按照公司财务人员的要求,王某在银行申请开立Ⅰ类个人银行结算账户,用于领取工资。9 月王某收到公司在银行代办的社保卡,12 月开立一个Ⅱ类个人银行结算账户,并同时在银行申请一笔汽车消费贷款。请结合所学知识分析王某在办理上述业务时需提交的文件材料。

三、实训要求

符合现行法律规定。

四、实训环节

①学生自由分组。②各组开展讨论,并轮流分析结论。③其余组评议和打分。④教师点评和打分。

五、实训考核

实训结束后,教师根据学生的表现确定考核成绩。

任务二　票据法律制度

导课

什么是票据?票据与狭义上的证券存在哪些区别与联系?

考点归纳

1. 主要知识点

票据概述;汇票、本票、支票。

2. 重难点

重点:票据概述。

难点:汇票。

法律讲堂

一、票据概述

(一) 票据的概念

1. 汇票

汇票是出票人签发的,委托付款人在见票时或在指定日期无条件支付确定金额给收款人或持票人的票据。

2. 本票

本票是出票人签发的,承诺自己在见票时无条件支付确定金额给收款人或持票人的票据。

3. 支票

支票是出票人签发的,委托办理支票存款业务的银行或其他金融机构在见票时无条件支付确定的金额给收款人或者持票人的票据。

(二) 票据的种类

1. 汇票的种类

(1) 依出票人不同汇票可分为银行汇票、商业汇票。

(2) 依汇票到期日不同,汇票可分为即期汇票、远期汇票。

2. 本票的种类

我国本票仅限于银行本票,且为记名本票和即期本票。

3. 支票的种类

(1) 现金支票:只能用于支取现金。

(2) 转账支票:只能用于转账,不得用于支取现金。

(3) 普通支票:可以用于支取现金,也可以用于转账。

(三) 票据行为

票据行为,是指票据当事人以发生票据债务为目的,在票据上签章为权利义务成立要件的法律行为。票据行为成立,应具备如下条件:

(1) 行为人须具有票据行为能力。

(2) 行为人意思表示真实。

(3) 票据行为的内容与形式符合法律规定。

(三) 票据权利

票据权利,是指持票人向票据债务人请求支付票据金额的权利。票据权利主要包括付款请求权和追索权。

(1) 付款请求权,是指持票人向汇票的承兑人、本票的出票人、支票的付款人出示票据要求付款的权利。

(2) 追索权,是指持票人在提示承兑或提示付款,而未获承兑或未获付款时,依法向其前手请求偿还票据金额及其他金额的权利。

(四) 票据抗辩

1. 对物的抗辩

(1) 发生抗辩的事由:①票据行为不成立而为的抗辩;②依票据记载不能提出请求而为

的抗辩；③票据载明的权利已消灭或已失效而为的抗辩；④票据权利的保全手续欠缺而为的抗辩；⑤票据上有伪造、变造情形而为的抗辩。

（2）对物的抗辩可对任何持票人主张。

2. 对人的抗辩

（1）发生抗辩的事由：不履行约定义务。

（2）对人的抗辩仅可以对与自己有直接债权债务关系的持票人主张。

二、汇票

（一）汇票的出票

出票，是指出票人签发票据并将其交付给收款人的票据行为。出票的效力情况如下：

（1）出票人签发汇票后，即承担保证该汇票承兑和付款的责任。

（2）付款人不因出票负有付款义务。

（3）收款人取得票据权利。

（二）汇票的背书

背书，是指在票据背面或粘单上记载有关事项并签章的票据行为。

1. 背书转让的相关规定

（1）以背书转让的汇票，背书应当连续。

（2）背书不得附条件，所附条件不具有汇票的效力。

（3）将汇票金额的一部分转让的背书或将汇票金额分别转让给2人以上的背书无效。

（4）背书人在汇票上记载“不得转让”字样，其后手再背书转让的，原背书人对后手的被背书人不承担保证责任。

2. 委托收款背书

（1）背书记载“委托收款”字样的，被背书人有权代背书人行使被委托的汇票权利。

（2）被背书人不得再以背书转让汇票权利。

3. 质押背书

（1）汇票质押时，背书应当记载“质押”字样。

（2）以汇票设定质押时，出质人在汇票上只记载“质押”字样未在票据上签章的，或出质人未在汇票、粘单上记载“质押”字样而另行签订质押合同、质押条款的，不构成票据质押。

（三）汇票的承兑

承兑，是指汇票付款人承诺在汇票到期日支付汇票金额的票据行为。承兑的效力情况如下：

（1）承兑人应于汇票到期日必须向持票人无条件地支付汇票上的金额。

（2）承兑人必须对汇票上的一切权利人承担责任。

（3）承兑人不得以其与出票人之间的资金关系来对抗持票人。

（4）承兑人的票据责任不因持票人未在法定期限内提示付款而解除。

（四）汇票的保证

保证，是指汇票债务人以外的第三人对汇票债务承担保证责任的票据行为。保证的效力情况如下：

（1）保证人对合法取得汇票的持票人所享有的汇票权利承担保证责任，但被保证人的债务因票据记载事项欠缺而无效的除外。

(2) 保证人应当与被保证人对持票人承担连带责任。

(3) 保证人清偿汇票债务后,可以行使持票人对被保证人及其前手的追索权。

(五) 汇票的追索

1. 发生追索的原因

(1) 汇票到期被拒绝付款。

(2) 到期日前:①汇票被拒绝承兑的;②承兑人或付款人死亡、逃匿的;③承兑人或付款人被依法宣告破产的或者因违法被责令终止业务活动的。

2. 追索金额

(1) 首次追索权的追索金额:①被拒绝付款的汇票金额;②汇票金额从到期日或者提示付款日起至清偿日止,按照中国人民银行规定的利率计算的利息;③取得有关拒绝证明和发出通知书的费用。

(2) 再追索权的追索金额:①已清偿的全部金额;②前项金额自清偿日起至再追索日止,按中国人民银行规定的利率计算的利息;③发出通知书的费用。

任务实训

一、实训目标

深化学生对票据的认识,使学生明确学习票据法律制度的意义,塑造法治观念。

二、实训内容

甲公司与乙公司签订货物买卖合同,约定采用见票即付的商业汇票支付货款,乙公司以自己为付款人签发汇票并交付给甲公司。甲公司为生产上述货物,向丙公司购买原材料,便将该汇票背书转让给丙公司。丙公司持票向乙公司行使付款请求权时,乙公司以甲公司未供货为由拒付。已知:丙公司对甲公司未供货不知情。请结合所学知识分析丙公司应如何主张权利。

三、实训要求

能够提出足够的论据支持论点。

四、实训环节

①学生自由分组。②各组开展讨论,并轮流分析结论。③其余组评议和打分。④教师点评和打分。

五、实训考核

实训结束后,教师根据学生的表现确定考核成绩。

任务三　证券法律制度

导课

股份与股票之间存在哪些联系与区别?

考点归纳

1. 主要知识点

证券概述;证券发行;证券交易;上市公司收购。

2. 重难点

重点:证券发行;证券交易。

难点:证券发行。

法律讲堂

一、证券概述

证券,是指以证明或设定权利为目的的一种书面凭证,主要包括股票和债券。

股票,是指股份有限公司签发的,证明股东所持股份的凭证。

债券,是指政府、金融机构、公司企业等单位依照法定程序发行的、约定在一定期限还本付息的债权凭证。

二、证券发行

(一) 证券发行的分类

(1) 按发行对象不同,证券发行可分为公开发行、非公开发行。

(2) 按发行目的不同,证券发行可分为直接发行、间接发行。

(3) 按发行价格与证券票面金额的关系,证券发行可分为平价发行、溢价发行与折价发行。

(二) 股票发行条件

1. 首次公开发行股票的一般条件

(1) 具备健全且运行良好的组织机构。

(2) 具有持续经营能力。

(3) 最近3年财务会计报告被出具无保留意见审计报告。

(4) 发行人及其控股股东、实际控制人最近3年不存在贪污、贿赂、侵占财产、挪用财产或破坏社会主义市场经济秩序的刑事犯罪。

(5) 经国务院批准的国务院证券监督管理机构规定的其他条件。

2. 科创板、创业板上市公司发行股票的条件

(1) 具备健全且运行良好的组织机构。

(2) 现任董事、监事和高级管理人员符合法律、行政法规规定的任职要求。

(3) 具有完整的业务体系和直接面向市场独立经营的能力,不存在对持续经营有重大不利影响的情形。

(4) 会计基础工作规范,内部控制制度健全且有效执行,财务报表的编制和披露符合企业会计准则和相关信息披露规则的规定,在所有重大方面公允反映了上市公司的财务状况、经营成果和现金流量,最近3年财务会计报告被出具无保留意见审计报告。

(5) 除金融类企业外,最近一期期末不存在金额较大的财务性投资。

(三) 股票发行程序

发行人向不特定对象发行证券，法律、行政法规规定应当由证券公司承销的，发行人应当同证券公司签订承销协议。

股票承销方式如下：

(1) 代销：证券公司代发行人发售证券，在承销期结束时，将未售出的证券全部退还给发行人的承销方式。

(2) 包销：证券公司将发行人的证券按照协议全部购入或在承销期结束时将售后剩余证券全部自行购入的承销方式。

(四) 公司债券发行条件

1. 公开发行债券的条件

(1) 具备健全且运行良好的组织机构。

(2) 最近3年平均可分配利润足以支付公司债券1年的利息。

(3) 具有合理的资产负债结构和正常的现金流量。

(4) 国务院规定的其他条件。

2. 非公开发行债券的条件

(1) 发行对象：①专业投资者，每次发行对象不得超过200人；②发行人的董事、监事、高级管理人员及持股比例超过5%的股东，可以参与本公司非公开发行公司债券的认购与转让，不受专业投资者资质条件的限制。

(2) 非公开发行债券不得采用广告、公开劝诱和变相公开方式。

课堂练习

【多项选择题】根据法律规定，下列各项中，属于公司债券公开发行条件的有(　　)。

A. 具备健全且运行良好的组织机构

B. 最近3年平均可分配利润足以支付公司债券1年的利息

C. 具有合理的资产负债结构和正常的现金流量

D. 国务院规定的其他条件

答案：ABCD

三、证券交易

(一) 限制性规定

1. 证券从业人员

(1) 证券交易场所、证券公司和证券登记结算机构的从业人员，证券监督管理机构的工作人员及法律、行政法规规定禁止参与股票交易的其他人员，在任期或者法定限期内，不得直接或者以化名、借他人名义持有、买卖股票或其他具有股权性质的证券，也不得收受他人赠送的股票或者其他具有股权性质的证券。

(2) 任何人在成为上述所列人员时，其原已持有的股票或者其他具有股权性质的证券，必须依法转让。

2. 证券服务机构和人员

(1) 为证券发行出具审计报告或者法律意见书等文件的证券服务机构和人员，在该证券承销期内和期满后6个月内，不得买卖该证券。

（2）为发行人及其控股股东、实际控制人，或收购人、重大资产交易方出具审计报告或法律意见书等文件的证券服务机构和人员，自接受委托之日起至上述文件公开后5日内，不得买卖该证券。

（二）禁止的交易行为

1. 内幕交易行为

在内幕信息公开前，证券交易内幕信息的知情人和非法获取内幕信息的人不得买卖该公司的证券，或泄露该信息，或建议他人买卖该证券。

2. 利用未公开信息交易

证券交易场所、证券公司、证券登记结算机构、证券服务机构和其他金融机构的从业人员、有关监管部门或行业协会的工作人员禁止利用因职务便利获取的内幕信息及其他未公开的信息，从事与该信息相关的证券交易活动，或明示、暗示他人从事相关交易活动。

3. 操纵市场行为

（1）单独或通过合谋，集中资金优势、持股优势或利用信息优势联合或连续买卖。

（2）与他人串通，以事先约定的时间、价格和方式相互进行证券交易。

（3）在自己实际控制的账户之间进行证券交易。

（4）不以成交为目的，频繁或者大量申报并撤销申报。

（5）利用虚假或不确定的重大信息，诱导投资者进行证券交易。

（6）对证券、发行人公开作出评价、预测或投资建议，并进行反向证券交易。

（7）利用在其他相关市场的活动操纵证券市场。

（8）操纵证券市场的其他手段。

4. 虚假陈述行为

依法承担信息披露义务的人禁止在提交和公布的信息文件中作出违背事实真相的虚假记载、误导性陈述或发生重大遗漏的行为。

5. 欺诈客户行为

欺诈客户行为，是指证券公司及其从业人员：①违背客户的委托为其买卖证券；②不在规定时间内向客户提供交易的确认文件；③未经客户的委托，擅自为客户买卖证券，或假借客户的名义买卖证券；④为牟取佣金收入，诱使客户进行不必要的证券买卖；⑤其他违背客户真实意思表示，损害客户利益的行为。

课堂练习

【多项选择题】下列事项中，属于上市公司内幕信息的有（　　）。

A. 总经理辞职

B. 董事长病重无法履行职责

C. 持有1%股份的股东增持股份达到4%

D. 股东将所持公司3%的股份质押贷款

答案：AB

四、上市公司收购

上市公司收购，是指收购人通过证券交易所或其他合法方式收购上市公司股份达到一定程度，继而达到实际控制该上市公司的行为。

（一）要约收购

要约收购，是指收购人公开向被收购公司的股东发出要约，并按要约中的价格、期限等条件购买被收购公司股份的行为。要约收购的方式如下：

（1）全面要约，即收购全部股份。

（2）部分要约，即收购每个股东所持有的部分股份。

（二）协议收购

协议收购，是指收购人在证券交易所之外，通过与被收购公司的股东协商一致达成协议，受让其持有的上市公司的股份而进行的收购。

采取协议收购方式的，收购人收购或通过协议、其他安排与他人共同收购一个上市公司已发行的有表决权股份达到30%时，继续进行收购的，应当依法向该上市公司所有股东发出收购上市公司全部或部分股份的要约，转而进行要约收购。

任务实训

一、实训目标

深化学生对股票发行的认识，使学生明确学习证券法律制度的意义，塑造法治观念。

二、实训内容

甲股份公司欲向不特定对象发行股票，发行数量为100 000股，发行价格为每股10元。随后，甲股份公司选择乙证券公司进行代销，请为他们起草一份承销协议。

三、实训要求

协议内容合理、合法，符合承销协议的基本规范。

四、实训环节

①学生自由分组。②各组起草承销协议，并轮流上台展示。③其余组评议和打分。④教师点评和打分。

五、实训考核

实训结束后，教师根据学生的表现确定考核成绩。

任务四　保险法律制度

导课

什么是保险？保险有哪些作用？

考点归纳

1. 主要知识点

保险概述；保险合同一般规定；人身保险合同特殊规定；财产保险合同特殊规定。

2. 重难点

重点：保险合同一般规定。

难点：保险合同一般规定。

法律讲堂

一、保险概述

保险，是指投保人根据合同约定，向保险人支付保险费，保险人对于合同约定的可能发生的事故因其发生所造成的财产损失承担赔偿保险金责任，或当被保险人死亡、伤残、疾病或达到合同约定的年龄、期限等条件时承担给付保险金责任的行为。

(一) 保险合同当事人

保险合同当事人包括投保人和保险人。

(1) 投保人，是指与保险人订立保险合同，并按照合同约定负有支付保险费义务的人。

(2) 保险人，是指与投保人订立保险合同，并按照合同约定承担赔偿或给付保险金责任的保险公司。

(二) 保险合同关系人

保险合同关系人包括被保险人和受益人。

(1) 被保险人，是指其财产或人身受保险合同保障，享有保险金请求权的人。

(2) 受益人，是指人身保险合同中由被保险人或投保人指定的享有保险金请求权的人。

课堂练习

【多项选择题】根据法律规定，下列各项中，属于保险合同当事人的有(　　)。

A. 投保人　　B. 保险人　　C. 被保险人　　D. 受益人

答案：AB

二、保险合同一般规定

(一) 保险合同的订立

1. 人身保险的保险利益

(1) 投保人在保险合同订立时，对被保险人应当具有保险利益。订立合同时，投保人对被保险人不具有保险利益的，合同无效。保险合同订立后，因投保人丧失对被保险人的保险利益，当事人不得主张保险合同无效。

(2) 投保人对下列人员具有保险利益：①本人；②配偶、子女、父母；③前项以外与投保人有抚养、赡养或者扶养关系的家庭其他成员、近亲属；④与投保人有劳动关系的劳动者。

2. 财产保险的保险利益

(1) 被保险人在保险事故发生时，对保险标的应当具有保险利益。保险事故发生时，被保险人对保险标的不具有保险利益的，不得向保险人请求赔偿保险金。

(2) 财产保险中享有保险利益的人员范围主要有：①对财产享有法律上权利的人；②财产保管人；③合法占有财产的人。

(3) 订立保险合同,保险人就保险标的或被保险人的有关情况提出询问的,投保人应当如实告知。

(二) 保险合同的成立与生效

(1) 投保人提出保险要求,经保险人同意承保,保险合同成立。保险人应当及时向投保人签发保险单或其他保险凭证。

(2) 依法成立的保险合同,自成立时生效。投保人和保险人可以对合同的效力约定附条件或附期限。

(三) 保险合同的履行

1. 及时通知

(1) 投保人、被保险人或受益人知道保险事故发生后,应当及时通知保险人。

(2) 故意或因重大过失未及时通知,致使保险事故的性质、原因、损失程度等难以确定的,保险人对无法确定的部分,不承担赔偿或给付保险金的责任,但保险人通过其他途径已经及时知道或应当及时知道保险事故发生的除外。

2. 先行支付

(1) 保险人自收到赔偿或给付保险金的请求和有关证明、资料之日起 60 日内,对其赔偿或给付保险金的数额不能确定的,应当根据已有证明和资料可以确定的数额先予支付。

(2) 保险人最终确定赔偿或者给付保险金的数额后,应当支付相应的差额。

(四) 保险合同的变更与解除

1. 保险合同的变更

(1) 投保人和保险人可以协商变更合同内容。

(2) 变更保险合同的,应当由保险人在保险单或其他保险凭证上批注或附贴批单,或由投保人和保险人订立变更的书面协议。

2. 保险合同的解除

(1) 除法律另有规定或保险合同另有约定外,保险合同成立后,投保人可以解除合同,保险人不得解除合同。

(2) 未发生保险事故,被保险人或受益人谎称发生了保险事故,向保险人提出赔偿或给付保险金请求的,保险人有权解除合同,并不退还保险费。

(3) 投保人、被保险人故意制造保险事故的,保险人有权解除合同,不承担赔偿或给付保险金的责任。

课堂练习

【判断题】 保险合同成立后,保险人可以解除合同,投保人不得解除合同。( )

答案:×

三、人身保险合同特殊规定

(一) 以死亡为给付条件的保险合同

(1) 投保人不得为无民事行为能力人投保以死亡为给付保险金条件的人身保险,但父母为其未成年子女投保的人身保险除外。

(2) 以死亡为给付保险金条件的合同,未经被保险人同意并认可保险金额的,合同无效,但父母为其未成年子女投保的人身保险除外。

(二) 受益人

1. 受益人的指定

(1) 人身保险的受益人由被保险人或投保人指定,投保人指定受益人时须经被保险人同意。

(2) 投保人为与其有劳动关系的劳动者投保人身保险,不得指定被保险人及其近亲属以外的人为受益人。

(3) 被保险人为无民事行为能力人或限制民事行为能力人的,可由其监护人指定受益人。

2. 受益人的变更

(1) 被保险人或投保人可以变更受益人并书面通知保险人。保险人收到变更受益人的书面通知后,应当在保险单或其他保险凭证上批注或附贴批单。

(2) 投保人变更受益人时须经被保险人同意,变更行为自变更意思表示发出时生效,并通知保险人。

(三) 投保后自杀

(1) 被保险人自杀时为无民事行为能力人,保险人应给付保险金。

(2) 被保险人自杀时为非无民事行为能力人的:①成立 2 年内,保险人不承担给付保险金的责任,但应按照合同约定退还保险单的现金价值;②成立超过 2 年,保险人应给付保险金。

课堂练习

【单项选择题】 甲为其母亲乙投保人寿险,在确定具体受益人时二人发生争议,下列表述正确的是(　　)。

A. 受益人只能是甲

B. 受益人只能是乙

C. 受益人可以由甲指定,但必须经乙同意

D. 受益人只能由乙指定

答案:C

四、财产保险合同特殊规定

(一) 保险标的转让

(1) 保险标的转让的,保险标的的受让人承继被保险人的权利和义务。

(2) 保险标的已交付受让人,但尚未依法办理所有权变更登记,承担保险标的的毁损灭失风险的受让人可依照法律规定主张行使被保险人权利。

(3) 除货物运输保险合同与另有约定除外,保险标的转让的,被保险人或受让人应及时通知保险人。

(二) 重复保险分摊制度

(1) 重复保险,是指投保人对同一保险标的、同一保险利益、同一保险事故分别与 2 个

以上保险人订立保险合同，且保险金额总和超过保险价值的保险。

(2) 重复保险的投保人应当将重复保险的有关情况通知各保险人。

(3) 除另有约定外，各保险人按照其保险金额与保险金额总和的比例承担赔偿保险金的责任。

(三) 代位求偿

因第三者对保险标的的损害而造成保险事故的，保险人自向被保险人赔偿保险金之日起，在赔偿金额范围内代位行使被保险人对第三者请求赔偿的权利。

赔偿冲抵的情形：

(1) 保险事故发生后，被保险人已经从第三者取得损害赔偿的，保险人赔偿保险金时，可以相应扣减被保险人从第三者已取得的赔偿金额。

(2) 保险人依照规定行使代位请求赔偿的权利，不影响被保险人就未取得赔偿的部分向第三者请求赔偿的权利。

被保险人放弃向第三人请求赔偿的权利的情形：

(1) 保险合同订立前，保险人放弃对第三者请求赔偿的权利，保险人不得主张行使代位求偿权。

(2) 保险事故发生后，保险人未赔偿保险金之前，被保险人放弃对第三者请求赔偿的权利，保险人不承担赔偿保险金的责任。

(3) 保险人向被保险人赔偿保险金后，被保险人未经保险人同意放弃对第三者请求赔偿的权利的，该行为无效。

任务实训

一、实训目标

深化学生对保险的认识，使学生明确学习保险法的意义，塑造法治观念。

二、实训内容

大学生小张经充分调研后，提出“挂科险”的新型保险设计方案，主要承保对象为在校大学生，当大学生投保后，期末考试挂科时启动保险理赔。请为其起草一份适用于“挂科险”的保险合同。

三、实训要求

合同内容合理、合法，符合保险合同的基本规范。

四、实训环节

①学生自由分组。②各组起草保险合同，并轮流上台展示。③其余组评议和打分。④教师点评和打分。

五、实训考核

实训结束后，教师根据学生的表现确定考核成绩。

任务五 信托法律制度

导课

什么是信托？信托有哪些特点？

考点归纳

1. 主要知识点

信托的成立与生效；信托财产；信托的变更与终止。

2. 重难点

重点：信托的成立与生效。

难点：信托财产。

法律讲堂

信托，是指委托人基于对受托人的信任，将其财产权委托给受托人，由受托人按委托人的意愿以自己的名义，为受益人的利益或特定目的进行管理和处分的行为。

一、信托的成立与生效

（一）信托的成立

信托的成立以委托人和受托人达成设立信托的意思表示一致为条件。

信托的成立时间如下：

（1）采取信托合同形式设立信托的，信托合同签订时信托成立。

（2）采取其他书面形式设立信托的，受托人承诺信托时信托成立。

（二）信托的生效

（1）信托的当事人规定：①委托人应当是具有完全民事行为能力的自然人、法人或依法成立的其他组织；②受托人应当是具有完全民事行为能力的自然人、法人；③受益人可以是自然人、法人或者依法成立的其他组织。

（2）意思表示应当真实，并采取信托合同、遗嘱等书面形式。

（3）信托内容的有关规定：①信托财产应具有确定性、合法性与可转让性；②信托目的不能违反法律、行政法规的强制性规定或损害公共利益；③禁止设置专门以诉讼或讨债为目的的信托。

二、信托财产

（一）信托财产的条件

1. 确定性

（1）确定性财产包括金钱、不动产、动产、有价证券、知识产权等。

(2) 非确定性的财产不能成为信托财产,如:①商誉、经营控制权等营业上的利益;②姓名权、名誉权、身份权等具有专属性质的权利。

2. 合法性

信托财产必须是委托人合法所有的财产或财产性权利,非法所得的财产或财产性权利不得设置信托。

3. 可转让性

(1) 法律规定禁止流通的财产,不得作为信托财产。

(2) 法律规定规限制流通的财产,依法经有关主管部门批准后,可以作为信托财产。

(二) 信托财产的范围

(1) 受托人因承诺信托而取得的财产。

(2) 受托人因信托财产的管理运用而取得的财产。

(3) 受托人因信托财产的处分而取得的财产。

(4) 受托人因其他情形而取得的财产。

三、信托的变更与终止

(一) 信托的变更

信托的变更,是指在信托生效后,当法定或约定的事由出现时,信托关系人依法对信托法律关系进行改变。具体包括:

(1) 信托财产管理方法的变更。

(2) 受托人的变更。

(3) 受托人报酬的变更。

(4) 受益人变更。

(二) 信托的终止

1. 信托终止的事由

除永续信托外,有下列情形之一的,信托终止:

(1) 信托文件规定的终止事由发生。

(2) 信托的存续违反信托目的。

(3) 信托目的已经实现或不能实现。

(4) 信托当事人协商同意。

(5) 信托被撤销。

2. 信托终止后的信托财产归属

信托终止后,信托财产归属于信托文件规定的人;信托文件未规定的顺序,按下列顺序确定:①受益人或其继承人;②委托人或者其继承人。

任务实训

一、实训目标

深化学生对信托的认识,使学生明确学习信托法律制度的意义,塑造法治观念。

二、实训内容

小张作为上市公司总经理,欲将其多年积攒的500万元现金设立财产信托,受益人为小张与小张的妻子小刘。请代表信托公司为其设计一份信托理财产品，并起草信托合同。

三、实训要求

信托内容合理、合法，符合设立要求。

四、实训环节

①学生自由分组。②各组依据各自设计的信托理财产品起草信托合同，并轮流上台展示。③其余组评议和打分。④教师点评和打分。

五、实训考核

实训结束后，教师根据学生的表现确定考核成绩。

思政案例

项目测试

一、单项选择题

1. 投保人申报的被保险人年龄不真实，并且其真实年龄不符合合同约定的年龄限制的，下列关于保险合同解除表述符合法律规定的是（　　）。
   A. 可以解除合同，并退还保险费
   B. 可以解除合同，并要求投保人承担违约责任
   C. 可以解除合同，并按照合同约定退还保险单的现金价值
   D. 不可以解除合同，但可要求投保人按照真实年龄调整保险费
2. 下列各项中，可以成为信托财产的是（　　）。
   A. 不动产
   B. 商誉、经营控制权等营业上的利益
   C. 姓名权
   D. 名誉权
3. 下列关于受益人的表述中，正确的是（　　）。
   A. 人身保险的受益人只能由投保人指定
   B. 人身保险的投保人指定受益人时无须经被保险人同意
   C. 被保险人为无民事行为能力人的，可以由其监护人指定受益人
   D. 投保人为与其有劳动关系的劳动者投保人身保险，可以指定自己为受益人
4. 下列行为中，不属于操纵市场的是（　　）。
   A. 单独或通过合谋，集中资金优势、持股优势或利用信息优势联合或连续买卖
   B. 与他人串通，以事先约定的时间、价格和方式相互进行证券交易
   C. 在自己实际控制的账户之间进行证券交易
   D. 以成交为目的的频繁买卖股票
5. 下列关于公开发行公司债券的表述中，正确的是（　　）。
   A. 公开发行公司债券筹集的资金可以用于弥补亏损
   B. 公开发行公司债券的条件之一是最近 3 年的利润总额足以支付公司债券 1 年的

利息

C. 公开发行公司债券应经国务院证券监督管理机构审批

D. 公开发行公司债券包括向普通投资者公开发行和向专业投资者公开发行两种方式

6. 下列各项中,不属于票据的是(　　)。

A. 汇票　　B. 本票　　C. 支票　　D. 股票

7. 下列各项中,不属于借记卡功能的是(　　)。

A. 网上支付　　B. 消费　　C. 透支　　D. 转账

8. 下列各项中,属于欺诈行为的是(　　)。

A. 证券公司挪用客户账户的资金

B. 上市公司在夸大净资产金额

C. 公司之间相互交易以抬高证券价格

D. 公司董事提前泄露公司增资计划以使第三人获利

9. 下列各项中,属于上市公司持续信息披露的文件是(　　)。

A. 中期报告　　B. 招股说明书　　C. 上市公告书　　D. 债券募集说明书

10. 甲为其妻子投保人身险,在保险责任期内双方离婚,下列关于保险合同效力表述正确的是(　　)。

A. 保险合同有效　　B. 保险合同自双方离婚之日起无效

C. 保险合同的效力由甲自主选择　　D. 保险合同因丧失保险利益而自始无效

11. 根据法律规定,人寿保险以外的其他保险,其诉讼时效期间是(　　)年。

A. 2　　B. 3　　C. 4　　D. 5

12. 下列选项中,信托财产不可以强制执行的是(　　)。

A. 房屋抵押后,设立房屋信托,抵押权人依法实现抵押权

B. 设立房屋信托后,出租该房屋应缴纳的相关税费

C. 设立房产信托后,受托人依信托目的而设立抵押,债权人要求实现抵押权

D. 受托人发生的与信托无关的个人债务不足清偿

二、多项选择题

1. 下列行为中,属于变造票据的有(　　)。

A. 原记载人更改付款人名称并在更改处签章证明

B. 剪接票据改变票据记载事项

C. 涂改出票金额

D. 假冒他人在票据上背书签章

2. 下列各项中,可向银行申请开立基本存款账户的有(　　)。

A. 有限责任公司　　B. 民族舞蹈研究会

C. 蔬菜种植合作社　　D. 社区委员会

3. 下列各项中,属于证券公开发行情形的有(　　)。

A. 向不特定对象发行证券的

B. 向累计不超过 200 人的不特定对象发行证券的

C. 向累计不超过 200 人的特定对象发行证券的

D. 采取电视广告方式发行证券的

4. 下列情形中，会导致汇票无效的有（　　）。

A. 出票时未记载付款人名称

B. 出票时未记载付款日期

C. 在汇票上记载“收货后付款”

D. 将中文大写“伍万元整”的汇票数额记载为“5 000”

5. 根据法律规定，当事人合法取得票据权利的方式有（　　）。

A. 税收　　B. 继承　　C. 赠与　　D. 背书转让

6. 下列关于保险利益的表述中，正确的有（　　）。

A. 保险利益必须是得到法律认可和保护的合法利益

B. 人身保险的投保人在保险合同订立时，对被保险人应当具有保险利益

C. 保险利益必须是确定的、客观存在的利益，包括现有利益和期待利益

D. 财产保险的被保险人在保险事故发生时，对保险标的应当具有保险利益

7. 信托文件无特别规定时，下列属于信托终止事由的有（　　）。

A. 信托当事人协商同意　　B. 信托目的已经实现或不能实现

C. 信托的存续违反信托目的　　D. 信托文件规定的终止事由发生

三、判断题

1. 票据伪造和票据变造是欺诈行为，构成犯罪的应追究刑事责任。（　　）

2. 支付机构向客户提供基于条码技术付款服务的，应当取得银行卡收单业务许可和网络支付业务许可。（　　）

3. 专业投资者与证券公司发生证券业务纠纷，普通投资者提出调解请求的，证券公司不得拒绝。（　　）

4. 委托人被宣告破产，委托人为唯一受益人，信托终止。（　　）

四、简答题

1. 简述信托终止的事由。

2. 简述首次公开发行股票的一般条件。

五、案例分析题

2022 年 8 月，父亲甲为其患有自闭症且完全不能辨认自己行为的女儿乙投保了以死亡为给付保险金条件的人身保险。2024 年 5 月，乙在甲外出买菜时自杀身亡。甲向保险公司提出赔付请求。对此，保险公司抗辩称：第一，投保人不得为无民事行为能力人购买死亡保险，因此该合同无效；第二，被保险人自杀时合同成立尚不足两年，保险公司没有给付保险金的义务。

问题：

（1）乙是否为保险合同的当事人？

（2）保险合同是否有效？

（2）保险公司的第二项抗辩是否成立？

项目十三 企业资不抵债的重要规制

——破产法律制度

项目介绍

本项目为注册会计师考试、税务师考试的必考项目，主要对破产法律制度的基本内容进行阐述。

项目导入

社会经济不景气时，大量企业会面临破产，那么什么是破产？为什么会破产？

课前导学

搜索著名的企业破产案例，总结发生的原因和教训，结合案例思考[项目导入]中的问题。

学习目标

(一) 知识目标

1. 了解破产的意义。
2. 熟悉破产法律制度的基本规定。

(二) 能力目标

初步知法、懂法，能够依法完成未来工作中遇到的企业破产申请的问题，能够依法解决企业过程中遇到的破产程序问题，能够依法完成对破产企业的财产清算。

(三) 素养目标

正确认识破产对破产企业、债权人和整个社会的意义，深刻理解企业破产的重要性，在学习的过程中学会遵法、守法、用法。

任务一　破产概述

导课

中华人民共和国成立以来，第一个破产的是哪一个企业？

考点归纳

1. 主要知识点

破产；《企业破产法》的立法宗旨、适用范围。

2. 重难点

重点：破产；《企业破产法》的适用范围。

难点：《企业破产法》的适用范围。

法律讲堂

破产，是指对不能清偿到期债务并且资产不足以清偿全部债务或者明显缺乏清偿能力的企业，由人民法院强制清算其全部财产并公平地清偿全体债权人的法律制度。

我国于2006年8月27日制定了《中华人民共和国企业破产法》（以下简称《企业破产法》），并陆续出台了《最高人民法院关于修改〈最高人民法院关于破产企业国有划拨土地使用权应否列入破产财产等问题的批复〉等二十九件商事类司法解释的决定》等大量的司法解释。

一、《企业破产法》的立法宗旨

《企业破产法》的立法宗旨是：规范企业破产程序，公平清理债权债务，保护债权人和债务人的合法权益，维护社会主义市场经济秩序。

二、《企业破产法》的适用范围

《企业破产法》适用于所有的企业法人及可以参照适用破产法的个人独资企业、合伙企业、民办学校、农村合作社等。《企业破产法》除了适用于中国境内的破产，还对债务人在中国领域外的财产发生效力。《企业破产法》自2007年6月1日起生效。

任务实训

一、实训目标

强化学生对破产法律制度的理解，使学生形成破产法律思维和法治意识。

二、实训内容

讨论《企业破产法》制定的社会意义和对财经商贸类工作的启示。

三、实训要求

充分讨论、梳理论据、形成结论，完成文字材料。

四、实训环节

①学生思考。②学生发言。③学生记录心得，撰写结论。④教师点评和总结。

五、实训考核

实训结束后，教师根据学生的表现确定考核成绩。

任务二　破产申请与受理

导课

如果你的企业想申请破产，或者你想申请别人的企业破产，应该如何实施？

考点归纳

1. 主要知识点

破产原因；破产申请的受理。

2. 重难点

重点：破产条件的管辖；破产申请的受理。

难点：破产原因。

法律讲堂

一、破产原因

破产原因，也称破产界限，是指债务人不能清偿到期债务，债权人可以向人民法院提出对债务人进行破产申请的法律事实。破产的具体原因如下：

（1）债务履行期限届满但债务人的资产负债表，或者审计报告、资产评估报告等显示资产不足以清偿全部债务。

（2）明显缺乏清偿能力。虽然债务人账面资产大于负债，但存在下列情形之一的，依然认定为资不抵债：①因资金严重不足或者财产不能变现等原因，无法清偿债务；②法定代表人下落不明且无其他人员负责管理财产，无法清偿债务；③经人民法院强制执行，无法清偿债务；④长期亏损且经营扭亏困难，无法清偿债务；⑤导致债务人丧失清偿能力的其他情形。

二、提出破产申请

（一）提出破产申请的当事人

债权人和债务人都可以向人民法院提出重整或破产清算申请，但债权人不能提出和解申请。

课堂练习

【判断题】 债务人可以提出和解申请。(　　)

答案:√

知识驿站

(1) 即使担保物的价款足以清偿所担保的债权,担保债权人同样享有破产申请权。

(2) 清算组在清理公司财产、编制资产负债表和财产清单后,发现公司财产不足以清偿债务的,应当依法向人民法院申请宣告破产。

(3) 商业银行、证券公司、保险公司等金融机构有破产情形的,国务院金融监督管理机构可以向人民法院提出对该金融机构进行重整或者破产清算的申请。国务院金融监督管理机构依法对出现重大经营风险的金融机构采取接管、托管等措施的,可以向人民法院申请中止以该金融机构为被告或者被执行人的民事诉讼程序或者执行程序。

(二) 破产案件的管辖

破产案件由债务人住所地人民法院管辖,即债务人主要办事机构所在地的人民法院。如果主要办事机构所在地不明确的,由其注册登记地人民法院管辖。其中,县区市监局核准登记企业的破产案件由基层人民法院管辖,其余企业的破产案件由中级人民法院管辖。

(三) 当事人提出破产申请时的举证责任

当事人向人民法院提出破产申请,应当提交破产申请书。破产申请书应当载明下列事项:

(1) 申请人、被申请人的基本情况。

(2) 申请目的,即申请破产清算还是申请重整或和解。

(3) 申请的事实和理由。

(4) 人民法院认为应当载明的其他事项。

此外,如果是债权人提出破产申请,还应当提交债务人不能清偿到期债务的证据。

三、破产申请的受理

(一) 人民法院对破产申请的审查

人民法院收到破产申请后应当及时对申请人的主体资格、债务人的主体资格和破产原因,以及有关材料和证据等进行审查。认为申请人应当补充、补正相关材料的,应当自收到破产申请之日起 5 日内告知申请人,补充、补正相关材料的期间不计入审查期限。债务人对债权人的申请未在法定期限内向人民法院提出异议或者异议不成立的,人民法院应当依法裁定受理破产申请。债务人对债权人提出的破产申请有异议的,应当自收到人民法院的通知之日起 7 日内向人民法院提出。人民法院可以组织债权人与债务人等利害关系人进行听证,听证会期间不计入法定受理期间。

(二) 人民法院对破产申请的受理

人民法院应当自债务人提出异议期满之日起 10 日内裁定是否受理。除上述情形外,人民法院应当自收到破产申请之日起 15 日内裁定是否受理。经上一级人民法院批准,可以延长15日。人民法院受理破产申请的，应当自作出裁定之日起5日内送达申请人。人民法院裁定不受理破产申请的，应当将裁定自作出之日起5日内送达申请人并说明理由。申请人对裁定不服的，可以自裁定送达之日起10日内向上一级人民法院提起上诉。

（三）破产申请的驳回

人民法院受理破产申请后发现债务人未发生破产原因的，可以裁定驳回申请。但是，破产案件受理后债务人发生破产原因的除外。如果案件受理时债务人存在破产原因，受理后破产原因消失的，不影响破产案件的受理与审理。

（四）破产申请受理裁定的法律效力

人民法院裁定受理破产申请的，应当同时指定管理人，并在裁定受理破产申请之日起25日内通知已知债权人，并予以公告。

（1）通知和公告应当载明下列事项：①申请人、被申请人的名称或者姓名；②人民法院受理破产申请的时间；③申报债权的期限、地点和注意事项；④管理人的名称或者姓名及其处理事务的地址；⑤债务人的债务人或者财产持有人应当向管理人清偿债务或者交付财产的要求；⑥第一次债权人会议召开的时间和地点；⑦人民法院认为应当通知和公告的其他事项。

（2）自人民法院受理破产申请的裁定送达债务人之日起至破产程序终结之日，债务人的有关人员承担下列义务：①妥善保管其占有和管理的财产、印章和账簿、文书等资料；②根据人民法院、管理人的要求进行工作，并如实回答询问；③列席债权人会议并如实回答债权人的询问；④未经人民法院许可，不得离开住所地；⑤不得新任其他企业的董事、监事、高级管理人员。

其中，债务人的有关人员，是指企业的法定代表人；经人民法院决定，可以包括企业的财务管理人员和其他经营管理人员。债务人的有关人员违反法律规定，擅自离开住所地的，人民法院可以予以训诫、拘留，可以依法并处罚款。

（3）人民法院受理破产申请后的其他规定：①管理人对破产申请受理前成立而债务人和对方当事人均未履行完毕的合同有权决定解除或者继续履行，并通知对方当事人。管理人自破产申请受理之日起2个月内未通知对方当事人，或者自收到对方当事人催告之日起30日内未答复的，视为解除合同。②管理人决定继续履行合同的，对方当事人应当履行；但是，对方当事人有权要求管理人提供担保。管理人不提供担保的，视为解除合同。③有关债务人财产的保全措施应当解除，执行程序应当中止。④已经开始而尚未终结的有关债务人的民事诉讼或者仲裁应当中止；在管理人接管债务人的财产后，该诉讼或者仲裁继续进行。⑤有关债务人的民事诉讼，只能向受理破产申请的人民法院提起。

四、执行案件移送破产审查

执行案件移送破产审查，简称执转破，是实现执行程序与破产程序衔接的重要措施，由被执行人住所地人民法院管辖，以中级人民法院管辖为原则、基层人民法院管辖为例外。执行案件移送破产审查，应同时符合下列条件：

（1）被执行人为企业法人。

（2）被执行人或者有关被执行人的任何一个执行案件的申请执行人书面同意将执行案件移送破产审查。

(3) 被执行人不能清偿到期债务,并且资产不足以清偿全部债务或者明显缺乏清偿能力。

课堂讨论

甲公司因无法偿还货款被债权人乙公司依法申请破产,乙公司所在地丙人民法院受理了破产申请。甲公司表示,自己只是股票暂时无法变现,并非没有能力清偿到期债务。经查,甲公司异议属实,但丙人民法院自甲公司提出异议期满之日起30日后裁定受理。

请问:

(1) 本案是否违反《企业破产法》规定。

(2) 在丙人民法院宣告甲公司破产前,甲公司依法还可以采取什么措施?

任务实训

一、实训目标

强化学生对破产申请与受理的理解,使学生熟悉破产程序,形成法治意识。

二、实训内容

模拟破产申请案件。

三、实训要求

事实清楚,程序正确。

四、实训环节

①学生分组搜寻案例。②各组轮换案例进行模拟。③其余组评议和打分。④教师点评和总结。

五、实训考核

实训结束后,教师根据学生的表现确定考核成绩。

任务三　管理人制度

导课

什么是管理人?为什么破产案件要设置管理人?

考点归纳

1. 主要知识点

管理人的资格;管理人的职责。

2. 重难点

重点:管理人的资格;管理人的职责。

难点:管理人的职责。

法律讲堂

管理人，是指接管破产企业并负责破产清算事务的机构或人员。

一、管理人的资格

(一) 禁止担任管理人的情形

有下列情形之一的，不得担任管理人：①因故意犯罪受过刑事处罚；②曾被吊销相关专业执业证书；③与本案有利害关系；④人民法院认为不宜担任管理人的其他情形。

课堂练习

【判断题】只要不是经济犯罪就可以担任管理人。(　　)

答案：×

(二) 利害关系的认定

有下列情形，可以认定为有利害关系：①与债务人、债权人有未了结的债权债务关系；②在人民法院受理破产申请前3年内，曾为债务人提供相对固定的中介服务；③现在是或者在人民法院受理破产申请前3年内曾经是债务人、债权人的控股股东或者实际控制人或董事、监事、高级管理人员；④现在担任或者在人民法院受理破产申请前3年内曾经担任债务人、债权人的财务顾问、法律顾问；⑤现在担任或者在人民法院受理破产申请前3年内曾经担任债务人、债权人的；⑥与债权人或者债务人的控股股东、董事、监事、高级管理人员存在夫妻、直系血亲、三代以内旁系血亲或者近姻亲关系；⑦人民法院认为可能影响其忠实履行管理人职责的其他情形。

(三) 管理人的指定

管理人由人民法院指定，管理人无正当理由不得拒绝。

管理人不能依法、公正执行职务或者有其他不能胜任职务的，债权人会议可以申请人民法院予以更换。具体情形包括：①执业许可证或者营业执照被吊销或者注销；②出现解散、破产事由或者丧失承担执业责任风险的能力；③与本案有利害关系；④履行职务时，因故意或者重大过失导致债权人利益受到损害；⑤社会中介机构或者个人有重大债务纠纷或者因涉嫌违法行为正被相关部门调查的；⑥失踪、死亡或者丧失民事行为能力；⑦因健康原因无法履行职务；⑧执业责任保险失效。

二、管理人的职责

根据《企业破产法》的规定，管理人应履行下列职责：

(1) 接管债务人的财产、印章和账簿、文书等资料。

(2) 调查债务人财产状况，制作财产状况报告。

(3) 决定债务人的内部管理事务。

(4) 决定债务人的日常开支和其他必要开支。

(5) 在第一次债权人会议召开之前，决定继续或者停止债务人的营业。

(6) 管理和处分债务人的财产。

(7) 代表债务人参加诉讼、仲裁或者其他法律程序。

(8) 提议召开债权人会议。

(9) 人民法院认为管理人应当履行的其他职责。

课堂讨论

甲公司因无清偿能力依法申请破产,甲公司所在地乙人民法院受理了破产申请。甲公司的担保人丙公司向乙人民法院申请担任管理人,乙人民法院表示同意。此外,乙人民法院还向全社会公告公开选拔管理人。刚因为贪污罪入狱刑满释放的前总会计师丁、因为故意犯罪被吊销律师执业证的前律师戊、甲公司的金融顾问已、甲公司常年审计合作单位会计师事务所辛分别当选为管理人。

请问:本案是否违反《企业破产法》的规定?

任务实训

一、实训目标

强化学生对管理人制度的理解,使学生熟悉管理人的法律规定,形成法治意识。

二、实训内容

模拟管理人的组成。

三、实训要求

事实清楚,程序正确。

四、实训环节

①学生分组搜寻管理人的合法身份和禁止身份,选择身份。②各组轮换身份进行模拟。③其余组评议和打分。④教师点评和总结。

五、实训考核

实训结束后,教师根据学生的表现确定考核成绩。

任务四 债务人财产

导课

企业破产前一年无偿赠与出去的财产是不是破产财产?

考点归纳

1. 主要知识点

债务人财产的范围;债务人处分财产行为的撤销与无效;债务人财产的取回;抵销权;破产费用与共益债务。

2. 重难点

重点：债务人财产的范围；债务人处分财产行为的撤销与无效。

难点：债务人财产的取回。

法律讲堂

一、债务人财产的范围

债务人财产包括破产申请受理时属于债务人的全部财产，以及破产申请受理后至破产程序终结前债务人取得的财产。

课堂练习

【多项选择题】债务人财产包括（　　）。

A. 破产申请受理时属于债务人的全部财产

B. 破产申请受理后至破产程序终结前债务人取得的财产

C. 破产申请受理 3 年前债务人赠与的全部财产

D. 破产申请受理 2 年前债务人赠与的全部财产

答案：AB

二、债务人处分财产行为的撤销与无效

（一）债务人处分财产行为的撤销

人民法院受理破产申请前 1 年内，涉及债务人财产的下列行为，管理人有权请求人民法院予以撤销：①无偿转让财产的；②以明显不合理的价格进行交易的；③对没有财产担保的债务提供财产担保的；④对未到期的债务提前清偿的；⑤放弃债权的。

（二）债务人处分财产行为不得撤销的情形

人民法院受理破产申请前 6 个月内，债务人仍对个别债权人进行清偿的，管理人有权请求人民法院予以撤销，个别清偿使债务人财产受益的除外。

债务人对债权人进行的以下个别清偿，不予撤销：①债务人为维系基本生产需要而支付水费、电费等的；②债务人支付劳动报酬、人身损害赔偿金的；③使债务人财产受益的其他个别清偿。

（三）债务人处分财产行为的无效

涉及债务人财产的下列行为无效：①为逃避债务而隐匿、转移财产的；②虚构债务或者承认不真实的债务的。

（四）破产撤销权行使的期限

在破产清算程序终结后 2 年内，债权人可以行使破产撤销权或针对债务人的无效行为而追回财产。在此期间内追回的财产，应用于对全体债权人的分配。

三、债务人财产的取回

（1）人民法院受理破产申请后，债务人占有的不属于债务人的财产，该财产的权利人可以通过管理人取回。

（2）人民法院受理破产申请后，债务人的出资人尚未完全履行出资义务的，管理人应当要求该出资人缴纳所认缴的出资，而不受出资期限的限制。

（3）债务人的董事、监事和高级管理人员利用职权从企业获取的非正常收入和侵占的企业财产，管理人应当追回。

（4）人民法院受理破产申请后，管理人可以通过清偿债务或者提供为债权人接受的担保，取回质物、留置物。在质物或者留置物的价值低于被担保的债权额时，以该质物或者留置物当时的市场价值为限。

（5）人民法院受理破产申请后，债务人占有的不属于债务人的财产，该财产的权利人可以通过管理人取回。

（6）人民法院受理破产申请时，出卖人已将买卖标的物向作为买受人的债务人发运，债务人尚未收到且未付清全部价款的，出卖人可以取回在运途中的标的物。但是，管理人可以支付全部价款，请求出卖人交付标的物。

四、抵销权

债权人在破产申请受理前对债务人负有债务的，可以向管理人主张抵销。但是有下列情形之一的，不得抵销：

（1）债务人的债务人在破产申请受理后取得他人对债务人的债权的。

（2）债权人已知债务人有不能清偿到期债务或者破产申请的事实，对债务人负担债务的；债权人因为法律规定或者有破产申请1年前所发生的原因而负担债务的除外。

（3）债务人的债务人已知债务人有不能清偿到期债务或者破产申请的事实，对债务人取得债权的；债务人的债务人因为法律规定或者有破产申请1年前所发生的原因而取得债权的除外。

五、破产费用与共益债务

（一）破产费用

破产费用，是指在破产程序中所发生的必需费用。

人民法院受理破产申请后发生的下列费用，确认为破产费用：①破产案件的诉讼费用；②管理、变价和分配债务人财产的费用；③管理人执行职务的费用、报酬和聘用工作人员的费用；④破产前发生的，债务人尚未支付的公司强制清算费用、未终结的执行程序中产生的评估费、公告费、保管费等执行费用，以及案件受理费、执行申请费。

（二）共益债务

共益债务，是指在破产过程中发生的、应由债务人财产清偿的债务。

人民法院受理破产申请后发生的下列债务为共益债务：①因管理人或者债务人请求对方当事人履行双方均未履行完毕的合同所产生的债务；②债务人财产受无因管理所产生的债务；③因债务人不当得利所产生的债务；④为债务人继续营业而应支付的劳动报酬和社会保险费用以及由此产生的其他债务；⑤管理人或者相关人员执行职务致人损害所产生的债务；⑥债务人财产致人损害所产生的债务。

破产费用和共益债务由债务人财产随时清偿。债务人财产不足以清偿所有破产费用和共益债务的，先行清偿破产费用。债务人财产不足以清偿所有破产费用或者共益债务的，按照比例清偿。债务人财产不足以清偿破产费用的，管理人应当提请人民法院终结破产程序。人民法院应当自收到请求之日起 15 日内裁定终结破产程序，并予以公告。

课堂讨论

为什么债务人财产不足以清偿所有破产费用和共益债务的，先行清偿破产费用？

任务实训

一、实训目标

强化学生对债务人财产的理解，使学生熟悉相关的法律规定，形成法治意识。

二、实训内容

甲公司为黄金加工代工企业，2024 年 1 月 1 日向人民法院申请破产。管理人清理甲公司资产的结果如下：

(1) 甲公司账上还有现金 100 万元，各类固定资产价值 100 万元。

(2) 2023 年 12 月 2 日，甲公司与乙公司签订黄金买卖合同并按合同约定向乙公司支付购买款 1 000 万元。

(3) 丙公司依照合同约定为甲公司打造金首饰若干，甲公司本应于 2023 年 2 月 1 日支付丙公司承揽费 200 万元，结果甲公司以无流动资金为由未付。

(4) 2021 年 1 月 1 日，因商业伙伴丁金店上市，甲公司为表示祝贺向丁金店赠送劳斯莱斯库里南一辆，价值 500 万元。

(5) 戊金店从甲公司处购买金首饰应支付 500 万元价款，支付时间为 2022 年 1 月 1 日，戊金店以首饰没有卖出为由一直没有支付。

请问：

(1) 甲公司是否符合破产条件？

(2) 管理人应该如何产生？

(3) 管理人是否有权请求人民法院撤销甲公司赠与行为？

(4) 甲公司的债务人财产还有多少？负债一共为多少？

三、实训要求

事实清楚、程序正当、适用法律正确。

四、实训环节

①学生分组进行讨论。②各组进行案例分析。③其余组评议和打分。④教师点评和总结。

五、实训考核

实训结束后，教师根据学生的表现确认考核成绩。

任务五 破产债权

导课

企业破产时的负债中哪些是破产债权?

考点归纳

1. 主要知识点

破产债权的申报;破产债权申报的核查与异议。

2. 重难点

重点:破产债权的申报;破产债权申报的核查与异议。

难点:破产债权的申报。

法律讲堂

一、破产债权的申报

破产债权,是指破产前就存在的,破产后经债权人申报人民法院确认的,可从破产财产中获得清偿的债权。

(一) 申报期限

债权申报期限自人民法院发布受理破产申请公告之日起计算,最短不得少于30日,最长不得超过3个月。未到期的债权,在破产申请受理时视为到期。附利息的债权自破产申请受理时起停止计息。

(二) 特殊事项

债务人所欠职工的工资和医疗、伤残补助、抚恤费用,所欠的应当划入职工个人账户的基本养老保险、基本医疗保险费用,以及法律、行政法规规定应当支付给职工的补偿金,不必申报,由管理人调查后列出清单并予以公示。职工对清单记载有异议的,可以要求管理人更正;管理人不予更正的,职工可以向人民法院提起债权确认诉讼。

债权人申报债权时,应当书面说明债权的数额和有无财产担保,并提交有关证据。连带债权人可以由其中一人代表全体连带债权人申报债权,也可以共同申报债权。

在人民法院确定的债权申报期限内,债权人未申报债权的,可以在破产财产最后分配前补充申报;但是,此前已进行的分配,不再对其补充分配。为审查和确认补充申报债权的费用,由补充申报人承担。

课堂练习

【单项选择题】债权申报期限最短不得少于(　　)日。

A. 7　　B. 10　　C. 30　　D. 90

答案:C

二、破产债权申报的核查与异议

管理人收到债权申报材料后,应当登记造册,对申报的债权进行审查,并编制债权表。债权表和债权申报材料由管理人保存,供利害关系人查阅。编制的债权表,应当提交第一次债权人会议核查。债务人、债权人对债权表记载的债权无异议的,由人民法院裁定确认。债务人、债权人对债权表记载的债权有异议的,可以向受理破产申请的人民法院提起诉讼。

课堂讨论

为什么未到期的债权在破产申请受理时视为到期?

任务实训

一、实训目标

强化学生对破产债权的理解,使学生熟悉破产债权的申报流程,形成法治意识。

二、实训内容

模拟破产债权的申报。

三、实训要求

事实清楚,程序正确。

四、实训环节

①学生分组搜索破产债权的申报案例,并选择身份。②各组轮换身份进行模拟。③其余组评议和打分。④教师点评和总结。

五、实训考核

实训结束后,教师根据学生的表现确定考核成绩。

任务六　债权人会议

导课

企业破产时债权人之间是如何进行利益分配的?

考点归纳

1. 主要知识点

债权人会议的成员;债权人会议的召集与职权;债权人委员会。

2. 重难点

重点:债权人会议的召集与职权。

难点：区分债权人会议与债权人委员会。

法律讲堂

债权人会议，是指所有依法完成债权申报的债权人以保障债权人共同利益为目的的履行法定职权、讨论决定破产事务的议事机构。

一、债权人会议的成员

债权人会议的成员如下：

(1) 依法申报债权的债权人为债权人会议的成员，有权参加债权人会议，享有表决权。

(2) 债权尚未确定的债权人，除人民法院能够为其行使表决权而临时确定债权额的外，不得行使表决权。

(3) 对债务人的特定财产享有担保权的债权人，未放弃优先受偿权利的，对于通过和解协议和通过破产财产的分配方案以外的事项享有表决权。

(4) 债权人可以委托代理人出席债权人会议，行使表决权。代理人出席债权人会议，应当向人民法院或者债权人会议主席提交债权人的授权委托书。

(5) 债权人会议应当有债务人的职工和工会的代表参加，对有关事项发表意见。

(6) 债权人会议设主席一人，主持债权人会议，由人民法院从有表决权的债权人中指定。

二、债权人会议的召集与职权

(一) 债权人会议的召集

(1) 第一次债权人会议由人民法院召集，自债权申报期限届满之日起 15 日内召开。以后的债权人会议，在人民法院认为必要时，或者管理人、债权人委员会、占债权总额 1/4 以上的债权人向债权人会议主席提议时召开。

(2) 召开债权人会议，管理人应当提前 15 日通知已知的债权人。

(3) 债权人会议的决议，由出席会议的有表决权的债权人过半数通过，并且其所代表的债权额占无财产担保债权总额的 1/2 以上。债权人认为债权人会议的决议违反法律规定，损害其利益的，可以自债权人会议作出决议之日起 15 日内，请求人民法院裁定撤销该决议，责令债权人会议依法重新作出决议。

债权人会议的决议，对全体债权人均有约束力。

(二) 债权人会议的职权

债权人会议行使下列职权：①核查债权；②申请人民法院更换管理人，审查管理人的费用和报酬；③监督管理人；④选任和更换债权人委员会成员；⑤决定继续或者停止债务人的营业；⑥通过重整计划；⑦通过和解协议；⑧通过债务人财产的管理方案；⑨通过破产财产的变价方案；⑩通过破产财产的分配方案；⑪人民法院认为应当由债权人会议行使的其他职权。

课堂练习

【单项选择题】召开债权人会议，管理人应当提前(　　)日通知已知的债权人。

A. 5　　B. 7　　C. 15　　D. 30

答案:C

三、债权人委员会

(一) 债权人委员会的成员

债权人会议可以决定设立债权人委员会。债权人委员会由债权人会议选任的债权人代表和一名债务人的职工代表或者工会代表组成。债权人委员会成员不得超过 9 人。债权人委员会成员应当经人民法院书面决定认可。

(二) 债权人委员会的职权

债权人委员会行使下列职权:①监督债务人财产的管理和处分;②监督破产财产分配;③提议召开债权人会议;④债权人会议委托的其他职权。

管理人、债务人的有关人员拒绝接受监督的,债权人委员会有权就监督事项请求人民法院作出决定,人民法院应当在 5 日内作出决定。

(三) 管理人应及时报告债权人委员会的事项

管理人实施下列行为,应当及时报告债权人委员会:①涉及土地、房屋等不动产权益的转让;②探矿权、采矿权、知识产权等财产权的转让;③全部库存或者营业的转让;④借款;⑤设定财产担保;⑥债权和有价证券的转让;⑦履行债务人和对方当事人均未履行完毕的合同;⑧放弃权利;⑨担保物的取回;⑩对债权人利益有重大影响的其他财产处分行为。

课堂讨论

为什么要成立债权人委员会?

任务实训

一、实训目标

强化学生对债权人会议和债权人委员会制度的理解,使学生熟悉债权人会议和债权人委员会的法律规定,形成法治意识。

二、实训内容

模拟债权人会议和债权人委员会。

三、实训要求

事实清楚,程序正确。

四、实训环节

①学生分组搜寻案例,并选择身份。②各组轮换案例进行模拟。③其余组评议和打分。④教师点评和总结。

五、实训考核

实训结束后,教师根据学生的表现确定考核成绩。

任务七　重　　整

导课

如果债务人自己不想被破产，有没有两全其美的办法？

考点归纳

1. 主要知识点

重整申请；重整期间；重整计划。

2. 重难点

重点：重整申请；重整计划的制定；重整计划的执行。

难点：重整的概念与意义。

法律讲堂

一、重整的概念与意义

重整，是指经债务人或债权人申请，人民法院裁定，债务人在管理人的监督下自行管理财产和营业事务，以摆脱资不抵债困境的法律制度。

重整体现了破产债务人的自救和债权人、人民法院对债务人的拯救，其目的是尽可能地为值得挽救的债务人提供避免破产的机会。

二、重整申请和重整期间

（一）重整申请

（1）债务人或债权人可以依法直接向人民法院申请对债务人进行重整。

（2）债权人申请对债务人进行破产清算的，在人民法院受理破产申请后、宣告债务人破产前，出资额占债务人注册资本1/10以上的出资人，可以向人民法院申请重整。

（二）重整期间

自人民法院裁定债务人重整之日起至重整程序终止，为重整期间。

在重整期间，经债务人申请，人民法院批准，债务人可以在管理人的监督下自行管理财产和营业事务。债务人自行管理和经营的，已接管债务人财产和营业事务的管理人应当向债务人移交财产和营业事务，管理人的职权由债务人行使。

（三）重整期间职权与限制

（1）在重整期间，对债务人的特定财产享有的担保权暂停行使。但是，担保物有损坏或者价值明显减少的可能，足以危害担保权人权利的，担保权人可以向人民法院请求恢复行使担保权。

（2）在重整期间，债务人或者管理人为继续营业而借款的，可以为该借款设定担保。

(3) 债务人合法占有的他人财产,该财产的权利人在重整期间要求取回的,应当符合事先约定的条件。

(4) 债务人的出资人不得请求投资收益分配。

(5) 债务人的董事、监事、高级管理人员不得向第三人转让其持有的债务人的股权。但是,经人民法院同意的除外。

(四) 终止重整的情形

在重整期间,有下列情形之一的,经管理人或者利害关系人请求,人民法院应当裁定终止重整程序,并宣告债务人破产:①债务人的经营状况和财产状况继续恶化,缺乏挽救的可能性;②债务人有欺诈、恶意减少债务人财产或者其他显著不利于债权人的行为;③由于债务人的行为致使管理人无法执行职务。

课堂练习

【单项选择题】 申请人可以包括出资额占债务人注册资本(　　)以上的出资人。

A. 1/2　　B. 1/3　　C. 1/5　　D. 1/10

答案:D

三、重整计划的制定与批准

(一) 重整计划的制定

1. 制定期限

债务人或者管理人应当自人民法院裁定债务人重整之日起 6 个月内,同时向人民法院和债权人会议提交重整计划草案。经债务人或者管理人请求,有正当理由的,人民法院可以裁定延期 3 个月。债务人或者管理人未按期提出重整计划草案的,人民法院应当裁定终止重整程序,并宣告债务人破产。

2. 重整计划草案的内容

重整计划草案应当包括下列内容:①债务人的经营方案;②债权分类;③债权调整方案;④债权受偿方案;⑤重整计划的执行期限;⑥重整计划执行的监督期限;⑦有利于债务人重整的其他方案。

(二) 重整计划草案的表决

债权人参加讨论重整计划草案的债权人会议,依照下列债权分类,分组对重整计划草案进行表决:①对债务人的特定财产享有担保权的债权;②债务人所欠职工的工资和医疗、伤残补助、抚恤费用,所欠的应当划入职工个人账户的基本养老保险、基本医疗保险费用,以及法律、行政法规规定应当支付给职工的补偿金;③债务人所欠税款;④普通债权;⑤人民法院在必要时可以决定在普通债权组中设小额债权组对重整计划草案进行表决。

重整计划不得规定减免债务人欠缴的《企业破产法》第 82 条第 1 款第 2 项规定以外的社会保险费用,该项费用的债权人不参加重整计划草案的表决。

(三) 重整计划草案的批准

(1) 人民法院应当自收到重整计划草案之日起 30 日内召开债权人会议,对重整计划草案进行表决。出席会议的同一表决组的债权人过半数同意重整计划草案,并且其所代表的债权额占该组债权总额的 2/3 以上的,即为该组通过重整计划草案。

(2) 债务人或者管理人应当向债权人会议就重整计划草案作出说明,并回答询问。债务人的出资人代表可以列席讨论重整计划草案的债权人会议。重整计划草案涉及出资人权益调整事项的,应当设出资人组,对该事项进行表决。

(3) 各表决组均通过重整计划草案时,重整计划即为通过。

(4) 自重整计划通过之日起 10 日内,债务人或者管理人应当向人民法院提出批准重整计划的申请。人民法院经审查认为符合本法规定的,应当自收到申请之日起 30 日内裁定批准,终止重整程序,并予以公告。

(5) 部分表决组未通过重整计划草案的,债务人或者管理人可以同未通过重整计划草案的表决组协商。该表决组可以在协商后再表决一次。双方协商的结果不得损害其他表决组的利益。

(6) 未通过重整计划草案的表决组拒绝再次表决或者再次表决仍未通过重整计划草案,但重整计划草案符合下列条件的,债务人或者管理人可以申请人民法院批准重整计划草案:①按照重整计划草案,《企业破产法》第 82 条第 1 款第 1 项所列债权就该特定财产将获得全额清偿,其因延期清偿所受的损失将得到公平补偿,并且其担保权未受到实质性损害,或者该表决组已经通过重整计划草案;②按照重整计划草案,《企业破产法》第 82 条第 1 款第 2 项、第 3 项所列债权将获得全额清偿,或者相应表决组已经通过重整计划草案;③按照重整计划草案,普通债权所获得的清偿比例,不低于其在重整计划草案被提请批准时依照破产清算程序所能获得的清偿比例,或者该表决组已经通过重整计划草案;④重整计划草案对出资人权益的调整公平、公正,或者出资人组已经通过重整计划草案;⑤重整计划草案公平对待同一表决组的成员,并且所规定的债权清偿顺序不违反《企业破产法》第 113 条的规定;⑥债务人的经营方案具有可行性。

人民法院经审查认为重整计划草案符合规定的,应当自收到申请之日起 30 日内裁定批准,终止重整程序,并予以公告。

(四) 重整计划草案不批准的法律效力

重整计划草案未获得通过且未获得批准,或者已通过的重整计划未获得批准的,人民法院应当裁定终止重整程序,并宣告债务人破产。

四、重整计划的执行

(一) 执行重整计划的基本规定

(1) 重整计划由债务人负责执行。

(2) 人民法院裁定批准重整计划后,已接管财产和营业事务的管理人应当向债务人移交财产和营业事务。

(3) 自人民法院裁定批准重整计划之日起,在重整计划规定的监督期内,由管理人监督重整计划的执行。在监督期内,债务人应当向管理人报告重整计划执行情况和债务人财务状况。

(4) 监督期届满时,管理人应当向人民法院提交监督报告。自监督报告提交之日起,管理人的监督职责终止。管理人向人民法院提交的监督报告,重整计划的利害关系人有权查阅。

(5) 经管理人申请,人民法院可以裁定延长重整计划执行的监督期限。

(6) 经人民法院裁定批准的重整计划,对债务人和全体债权人均有约束力。

(二) 不执行重整计划的法律后果

(1) 债务人不能执行或者不执行重整计划的,人民法院经管理人或者利害关系人请求,应当裁定终止重整计划的执行,并宣告债务人破产。

(2) 人民法院裁定终止重整计划执行的,债权人在重整计划中作出的债权调整的承诺失去效力。债权人因执行重整计划所受的清偿仍然有效,债权未受清偿的部分作为破产债权。

(3) 按照重整计划减免的债务,自重整计划执行完毕时起,债务人不再承担清偿责任。

课堂讨论

重整和破产的区别是什么?对于债权人和债务人各自有什么意义?

任务实训

一、实训目标

强化学生对重整的理解,使学生熟悉相关的法律规定,形成法治意识。

二、实训内容

甲公司由于扩张过度导致缺乏流动资金而无法清偿到期债务,债权人向人民法院申请甲公司破产,人民法院裁定受理此案。如果你是甲公司的管理层,你应如何向人民法院申请重整?

三、实训要求

事实清楚,程序正当,法律适用正确。

四、实训环节

①学生分组搜寻重整的理由。②各组轮流模拟甲公司、债权人和人民法院。③其余组评议和打分。④教师点评和总结。

五、实训考核

实训结束后,教师根据学生的表现确定考核成绩。

任务八 和 解

导课

企业破产时债务人是否可以与债权人达成一致让自己不破产?

考点归纳

1. 主要知识点

和解的程序;和解的效力;和解的终止。

2. 重难点

重点:和解的程序;和解的效力;和解的终止。

难点:和解的效力;和解的终止。

法律讲堂

一、和解的概念与程序

和解,是指破产原因发生后、破产宣告前后债务人都可以向人民法院申请的、通过与债权人达成协议暂时中止破产程序,并由人民法院依法裁定是否批准的法律制度。和解的作用是避免债务人破产。

债务人申请和解,应当提出和解协议草案。人民法院经审查认为和解申请符合本法规定的,应当裁定和解,予以公告,并召集债权人会议讨论和解协议草案。债权人会议通过和解协议的决议,由出席会议的有表决权的债权人过半数同意,并且其所代表的债权额占无财产担保债权总额的2/3以上。债权人会议通过和解协议的,由人民法院裁定认可,终止和解程序,并予以公告。

二、和解的效力

(1) 和解对债务人和全体和解债权人均有约束力,债务人应当按照和解协议规定的条件清偿债务,管理人应当向债务人移交财产和营业事务,并向人民法院提交执行职务的报告。

(2) 对债务人的特定财产享有担保权的权利人,自人民法院裁定和解之日起可以行使权利。和解债权人未申报债权的,在和解协议执行期间不得行使权利;在和解协议执行完毕后,可以按照和解协议规定的清偿条件行使权利。

(3) 人民法院受理破产申请后,债务人与全体债权人就债权债务的处理自行达成协议的,可以请求人民法院裁定认可,并终结破产程序。

课堂练习

【多项选择题】和解对(　　)有约束力。

A. 债务人　　B. 全体和解债权人

C. 全体债权人　　D. 人民法院

答案:AB

三、和解的终止

(一) 终止的情形

(1) 因债务人的欺诈或者其他违法行为而成立的和解协议,人民法院应当裁定无效,并宣告债务人破产。

(2) 债务人不能执行或者不执行和解协议的,人民法院经和解债权人请求,应当裁定终止和解协议的执行,并宣告债务人破产。

（二）终止的效力

人民法院裁定终止和解协议执行的，和解债权人在和解协议中作出的债权调整的承诺失去效力。和解债权人因执行和解协议所受的清偿仍然有效，和解债权未受清偿的部分作为破产债权。

课堂讨论

和解与重整的区别是什么？

任务实训

一、实训目标

强化学生对和解制度的理解，使学生熟悉相关的法律规定，形成法治意识。

二、实训内容

模拟和解程序。

三、实训要求

事实清楚，程序正确。

四、实训环节

①学生分组搜寻和解案例，并选择身份。②各组轮流进行模拟。③其余组评议和打分。④教师点评和总结。

五、实训考核

实训结束后，教师根据学生的表现确定考核成绩。

任务九　破产清算

导课

企业破产应该如何清算？

考点归纳

1. 主要知识点

破产财产的分配；破产程序的终结。

2. 重难点

重点：破产财产的分配。

难点：破产财产的分配顺序。

法律讲堂

一、破产宣告

人民法院宣告债务人破产的，应当自裁定作出之日起 5 日内送达债务人和管理人，自裁定作出之日起 10 内通知已知债权人，并予以公告。

债务人被宣告破产后，债务人称为破产人，债务人财产称为破产财产，人民法院受理破产申请时对债务人享有的债权称为破产债权。

破产宣告前，有下列情形之一的，人民法院应当裁定终结破产程序，并予以公告：①第三人为债务人提供足额担保或者为债务人清偿全部到期债务的；②债务人已清偿全部到期债务的。

课堂练习

【单项选择题】人民法院宣告债务人破产的，应当自裁定作出之日起(　　)日内送达债务人和管理人。

A. 3　　B. 5　　C. 7　　D. 10

答案：B

二、别除权

别除权，是指对破产人的特定财产享有担保权的权利人，对该特定财产享有优先受偿的权利。债权人行使优先受偿权利未能完全受偿的，其未受偿的债权作为普通债权；放弃优先受偿权利的，其债权作为普通债权。

三、破产财产的变价和分配

（一）破产财产的变价

管理人应当及时拟订破产财产变价方案，提交债权人会议讨论。管理人应当按照债权人会议通过的或者人民法院裁定的破产财产变价方案，适时变价出售破产财产。变价出售破产财产应当通过拍卖进行，但是债权人会议另有决议的除外。企业变价出售时，可以将其中的无形资产和其他财产单独变价出售。按照国家规定不能拍卖或者限制转让的财产，应当按照国家规定的方式处理。

（二）破产财产的分配

1. 破产财产的分配顺序

破产财产在优先清偿破产费用和共益债务后，依照下列顺序清偿：①破产人所欠职工的工资和医疗、伤残补助、抚恤费用，所欠的应当划入职工个人账户的基本养老保险、基本医疗保险费用，以及法律、行政法规规定应当支付给职工的补偿金；②破产人欠缴的除前项规定以外的社会保险费用和破产人所欠税款；③普通破产债权：破产财产不足以清偿同一顺序的清偿要求的，按照比例分配；破产企业的董事、监事和高级管理人员的工资按照该企业职工的平均工资计算。

2. 破产财产的分配方案

管理人应当及时拟订破产财产分配方案，提交债权人会议讨论。破产财产分配方案应当载明下列事项：①参加破产财产分配的债权人名称或者姓名、住所；②参加破产财产分配的债权额；③可供分配的破产财产数额；④破产财产分配的顺序、比例及数额；⑤实施破产财产分配的方法。

债权人会议通过破产财产分配方案后，由管理人将该方案提请人民法院裁定认可。破产财产分配方案经人民法院裁定认可后，由管理人执行。债权人未受领的破产财产分配额，管理人应当提存。债权人自最后分配公告之日起满 2 个月仍不领取的，视为放弃受领分配的权利，管理人或者人民法院应当将提存的分配额分配给其他债权人。破产财产分配时，对于诉讼或者仲裁未决的债权，管理人应当将其分配额提存。自破产程序终结之日起满 2 年仍不能受领分配的，人民法院应当将提存的分配额分配给其他债权人。

四、破产程序的终结

（一）破产程序终结的原因

破产程序终结的原因主要有：①和解、重整完成；②债务人清偿债务；③破产财产不足以支付破产费用；④破产财产分配完毕；⑤破产人无财产可供分配。

（二）破产终结的程序

管理人在最后分配完结后，应当及时向人民法院提交破产财产分配报告，并提请人民法院裁定终结破产程序。人民法院应当自收到管理人终结破产程序的请求之日起 15 日内作出是否终结破产程序的裁定。裁定终结的，应当予以公告。

（三）破产终结的法律效果

（1）管理人应当自破产程序终结之日起 10 日内，持人民法院终结破产程序的裁定，向破产人的原登记机关办理注销登记。

（2）管理人于办理注销登记完毕的次日终止执行职务。但是，存在诉讼或者仲裁未决情况的除外。

（3）破产人的保证人和其他连带债务人，在破产程序终结后，对债权人依照破产清算程序未受清偿的债权，依法继续承担清偿责任。

（四）追加分配破产财产

自破产程序终结之日起 2 年内，有下列情形之一的，债权人可以请求人民法院按照破产财产分配方案进行追加分配：

（1）发现有应当追回的财产的。

（2）发现破产人有应当供分配的其他财产的。有前款规定情形，但财产数量不足以支付分配费用的，不再进行追加分配，由人民法院将其上交国库。

课堂讨论

破产法律制度为什么这样规定破产财产分配顺序？

任务实训

一、实训目标

强化学生对破产制度的理解，使学生熟悉相关的法律规定，形成法治意识。

二、实训内容

模拟整个破产程序。

三、实训要求

事实清楚，程序正确。

四、实训环节

①学生分组搜寻破产案件，并选择身份。②各组轮流进行模拟。③其余组评议和打分。④教师点评和总结。

五、实训考核

实训结束后，教师根据学生的表现确定考核成绩。

思政案例

项目测试

一、单项选择题

1. 人民法院裁定受理破产申请的，应当同时指定管理人，并在裁定受理破产申请之日起(　　)日内通知已知债权人。

A. 5　　B. 15　　C. 25　　D. 30

2. 债务人对债权人提出的破产申请有异议的，应当自收到人民法院的通知之日起(　　)日内向人民法院提出。

A. 3　　B. 5　　C. 7　　D. 10

3. 人民法院应当自债务人提出异议期满之日起(　　)日内裁定是否受理。

A. 3　　B. 5　　C. 7　　D. 10

4. 下列主体中，可以担任管理人的是(　　)。

A. 因会计职务犯罪判刑10年的赵某　　B. 导致企业破产负有个人责任的钱某

C. 被吊销律师执业证书的孙某　　D. 债务人6年前的法律顾问李某

5. 下列关于管理人报酬的表述中，正确的是(　　)。

A. 破产管理人不收取报酬　　B. 破产管理人的报酬由债务人确定

C. 破产管理人的报酬由人民法院确定　　D. 破产管理人的报酬由债权人委员会确定

6. 管理人的产生方式为(　　)。

A. 人民法院指定　　B. 债权人推选

C. 债务人自己担任　　D. 债务人推选

7. 人民法院受理破产申请前(　　)个月内，债务人仍对个别债权人进行清偿的，管理人有权请求人民法院予以撤销。

A. 1　　B. 3　　C. 6　　D. 12

8. 债权申报期限自人民法院发布受理破产申请公告之日起计算,最长不得超过(　　)个月。

A. 3　　B. 1　　C. 5　　D. 6

9. 下列各项中,免于申报的破产债权是(　　)。

A. 社会保障债权　　B. 税收债权

C. 应当支付给职工的补偿金　　D. 职工劳动债权

10. 下列各项中,属于债权人会议成员的是(　　)。

A. 依法申报债权的债权人　　B. 债权尚未确定的债权人

C. 有担保权的债权人　　D. 人民法院

11. 第一次债权人会议由(　　)召集。

A. 人民法院　　B. 债权人会议主席

C. 债务人　　D. 管理人

12. 下列关于债权人委员会职权的表述中,正确的是(　　)。

A. 监督债务人财产的管理和处分　　B. 监督破产财产分配

C. 提议召开债权人会议　　D. 债权人会议委托的其他职权

13. 债权人委员会成员不得超过(　　)人。

A. 3　　B. 5　　C. 7　　D. 9

14. 下列主体中,可以执行重整计划的是(　　)。

A. 债权人　　B. 债务人　　C. 管理人　　D. 人民法院

15. 人民法院经审查认为重整计划草案符合规定的,应当自收到申请之日起(　　)日内裁定批准,终止重整程序,并予以公告。

A. 10　　B. 15　　C. 30　　D. 60

16. 债权人会议通过和解协议的决议,由出席会议的有表决权的(　　)债权人同意。

A. 全票　　B. 2/3　　C. 过半数　　D. 3/4

17. 人民法院宣告债务人破产的,应当自裁定作出之日起(　　)日内送达债务人和管理人。

A. 3　　B. 5　　C. 7　　D. 10

18. 人民法院宣告债务人破产的,应当自裁定作出之日起(　　)日内通知已知债权人。

A. 3　　B. 5　　C. 7　　D. 10

19. 自破产程序终结之日起(　　)年内,债权人可以请求人民法院按照破产财产分配方案进行追加分配。

A. 1　　B. 2　　C. 3　　D. 20

20.《企业破产法》自(　　)年生效。

A. 2007　　B. 2000　　C. 2024　　D. 1993

21. 债务人主要办事机构所在地不明确的,破产案件由(　　)人民法院管辖。

A. 分支机构所在地　　B. 注册登记地

C. 上级法院制定　　D. 债权人所在地

22. 人民法院认为申请人应当补充、补正相关材料的,应当自收到破产申请之日起

(　　)日内告知申请人。

A. 3　　B. 5　　C. 7　　D. 10

二、多项选择题

1.《企业破产法》的立法宗旨包括(　　)。

A. 规范企业破产程序

B. 公平清理债权债务

C. 保护债权人和债务人的合法权益

D. 维护社会主义市场经济秩序

2. (　　)可以向人民法院提出重整或破产清算申请。

A. 债权人　　B. 债务人　　C. 清算组　　D. 次债务人

3. 认定为资不抵债的情形包括(　　)。

A. 因资金严重不足或者财产不能变现等原因,无法清偿债务

B. 法定代表人下落不明且无其他人员负责管理财产,无法清偿债务

C. 经人民法院强制执行,无法清偿债务

D. 长期亏损且经营扭亏困难,无法清偿债务

4. 下列各项中,属于管理人职责的有(　　)。

A. 接管债务人的财产、印章和账簿、文书等资料

B. 调查债务人财产状况,制作财产状况报告

C. 决定债务人的内部管理事务

D. 决定债务人的日常开支和其他必要开支

5. 债权人会议申请人民法院予以更换管理人具体情形包括(　　)。

A. 执业许可证或者营业执照被吊销或者注销

B. 出现解散、破产事由

C. 丧失承担执业责任风险的能力

D. 失踪、死亡或者丧失民事行为能力

6. 债务人对债权人进行的以下个别清偿,不予撤销的有(　　)。

A. 债务人为维系基本生产需要而支付水费、电费等的

B. 债务人支付劳动报酬、人身损害赔偿金的

C. 使债务人财产受益的其他个别清偿

D. 不合理的低价转让财产的

7. 人民法院受理破产申请前1年内,涉及债务人财产的下列行为中,管理人有权请求人民法院予以撤销的有(　　)。

A. 无偿转让财产的

B. 以明显不合理的价格进行交易的

C. 对没有财产担保的债务提供财产担保的

D. 对未到期的债务提前清偿的

8. 下列费用中,属于破产费用的有(　　)。

A. 破产案件的诉讼费用

B. 管理、变价和分配债务人财产的费用

C. 管理人执行职务的费用、报酬和聘用工作人员的费用

D. 破产前发生的，债务人尚未支付的公司强制清算费用

9. 下列关于重整期间的说法中，正确的有(　　)。

A. 在重整期间，对债务人的特定财产享有的担保权暂停行使

B. 在重整期间，债务人或者管理人为继续营业而借款的，可以为该借款设定担保

C. 债务人合法占有的他人财产，该财产的权利人在重整期间要求取回的，应当符合事先约定的条件

D. 债务人的出资人不得请求投资收益分配

10. 有下列情形之一的，应当裁定终止重整程序(　　)。

A. 债务人的经营状况和财产状况继续恶化，缺乏挽救的可能性

B. 债务人有欺诈、恶意减少债务人财产或者其他显著不利于债权人的行为

C. 由于债务人的行为致使管理人无法执行职务

D. 债权人不想让债务人重整了

11. 下列各项中，属于重整计划草案内容的有(　　)。

A. 债权调整方案　　B. 债务人的经营方案

C. 债权分类　　D. 债权受偿方案

12. 债权人会议的职权包括(　　)。

A. 核查债权

B. 申请人民法院更换管理人，审查管理人的费用和报酬

C. 监督管理人

D. 选任和更换债权人委员会成员

13. 下列关于和解的表述中，正确的有(　　)。

A. 和解对债务人和全体和解债权人均有约束力

B. 对债务人的特定财产享有担保权的权利人，自人民法院裁定和解之日起可以行使权利

C. 人民法院受理破产申请后，债务人与全体债权人就债权债务的处理自行达成协议的，可以请求人民法院裁定认可，并终结破产程序

D. 和解对债务人和债权人均有约束力

14. 破产财产在优先清偿破产费用和共益债务后，清偿包括(　　)。

A. 破产费用

B. 共益债务

C. 职工的工资和医疗、伤残补助、抚恤费用

D. 税款

15. 下列各项中，属于破产程序终结原因的有(　　)。

A. 和解、重整完成　　B. 破产财产分配完毕

C. 破产财产不足以支付破产费用　　D. 债务人清偿债务

16. 下列情形中，可以认定为有利害关系的有(　　)。

A. 与债务人、债权人有未了结的债权债务关系

B. 在人民法院受理破产申请前3年内，曾为债务人提供相对固定的中介服务

C. 现在是债务人、债权人的控股股东或者实际控制人或董事、监事、高级管理人员

D. 现在担任债务人的财务顾问、法律顾问

17. 下列各项中，属于破产原因的有(　　)。

A. 资不抵债　　B. 明显缺乏清偿能力

C. 债务人申请　　D. 债权人申请

三、判断题

1.《企业破产法》于1996年制定。(　　)

2. 破产法的制定就是为了保护债权人的利益。(　　)

3.《企业破产法》适用于公立大学。(　　)

4. 人民法院受理破产申请前1年内，债务人仍对个别债权人进行清偿的，肯定可以撤销。(　　)

5. 破产案件由申请人所在地人民法院管辖。(　　)

6. 在人民法院确定的债权申报期限内，债权人未申报债权的，不可以补充申报。(　　)

7. 为审查和确认补充申报债权的费用，列为破产费用。(　　)

8. 附利息的债权自破产申请受理时起停止计息。(　　)

9. 和解债权人未申报债权的，在和解协议执行期间不得行使权利。(　　)

10. 人民法院裁定终止和解协议执行的，和解债权人在和解协议中作出的债权调整的承诺失去效力。(　　)

11. 债权人和债务人都可以向人民法院提出重整或破产清算申请。(　　)

12. 债权人能提出和解申请。(　　)

13. 管理人由人民法院指定，管理人无正当理由不得拒绝。(　　)

14. 人民法院受理破产申请前2年内，涉及债务人财产的行为，管理人有权请求人民法院予以撤销。(　　)

四、简答题

1. 简述终止重整的情形。

2. 简述债权人参加讨论重整计划草案的债权人会议分组对重整计划草案进行表决的分类。

3. 简述和解的效力。

4. 简述破产财产在优先清偿破产费用和共益债务后的顺序清偿。

5. 简述破产程序终结的原因。

五、案例分析题

2024年6月1日，人民法院裁定HD公司重整。2024年12月10日，HD公司管理人表示时间太紧张，无法在法定时间内完成重整计划草案，人民法院裁定可以延期6个月。2025年5月1日，HD公司管理人向债权人会议提交重整计划草案，并请求债权人会议通过后代为向人民法院提交重整计划草案。

问题：

本案中有几处做法违反了破产法律制度的规定？

项目十四 取之于民用之于民的保障

——财政法律制度

项目介绍

本项目为中级会计资格考试的必考项目，主要对财政法律制度的基本内容进行阐述。

项目导入

国家财政收入取之于民，也要用之于民，如何保证这些收入能用到该用的地方？

课前导学

搜索最新的政府工作报告，总结其中财政收入收支的情况，思考法律是如何保障这些收支取之于民、用之于民的。

学习目标

(一) 知识目标

1. 了解财政法律制度的意义。
2. 熟悉预算法律制度、国有资产管理法律制度与政府采购法律制度的基本规定。

(二) 能力目标

初步知法、懂法，能够依法完成未来工作中遇到的财政收支问题，能够依法解决未来国有资产管理工作中遇到的问题，能够依法完成未来的政府采购工作。

(三) 素养目标

正确认识财政法律制度对单位、纳税人和整个社会的意义，深刻理解财政收入依法收支的重要性，形成权利意识和法治意识，在学习的过程中学会遵法、守法、用法。

任务一　预算法律制度

导课

大家知道预算吗？你是如何控制大学期间每月的花销的？

考点归纳

1. 主要知识点

预算；预算的编制；预算的审查和批准；决算。

2. 重难点

重点：预算；决算。

难点：预算；决算。

法律讲堂

一、预算概述

（一）预算

预算，是指各级政府编制并提交本级人民代表大会审查批准的，由各级政府严格执行的年度财政收支计划。

课堂讨论

国家财政的收入具体来自哪里，支出具体用于哪里？

（二）预算法

国家为规范政府收支行为，强化预算约束，加强对预算的管理和监督，建立健全全面规范、公开透明的预算制度，保障经济社会的健康发展，于2018年12月29日修订了《中华人民共和国预算法》（以下简称《预算法》），于2020年8月3日修订了《中华人民共和国预算法实施条例》（以下简称《预算法实施条例》）。

《预算法》《预算法实施条例》及财政部门制定发布的一系列规章和规范性文件，构成了预算法律制度，后文统称预算法。

（三）预算体制

国家实行一级政府一级预算，设立中央，省、自治区、直辖市，设区的市、自治州，县、自治县、不设区的市、市辖区，乡、民族乡、镇五级预算。这五级预算可以分为两类，即中央预算和地方预算。

（四）预算的基本原则

各级预算应当遵循统筹兼顾、勤俭节约、量力而行、讲求绩效和收支平衡的原则。各级政府应当建立跨年度预算平衡机制。

(五) 预算批准与公开

(1) 经人民代表大会批准的预算,非经法定程序,不得调整。各级政府、各部门、各单位的支出必须以经批准的预算为依据,未列入预算的不得支出。

(2) 经人民代表大会或者人民代表大会常务委员会批准的预算、预算调整、决算、预算执行情况的报告及报表,应当在批准后 20 日内由本级政府财政部门向社会公开,并对本级政府财政转移支付安排、执行的情况及举借债务的情况等重要事项作出说明。经本级政府财政部门批复的部门预算、决算及报表,应当在批复后 20 日内由各部门向社会公开,并对部门预算、决算中机关运行经费的安排、使用情况等重要事项作出说明。各级政府、各部门、各单位应当将政府采购的情况及时向社会公开,涉及国家秘密的除外。

(六) 预算年度

预算年度自公历 1 月 1 日起,至 12 月 31 日止。

二、预算的种类

预算由预算收入和预算支出组成。政府的全部收入和支出都应当纳入预算。我国预算包括一般公共预算、政府性基金预算、国有资本经营预算和社会保险基金预算。

(一) 一般公共预算

一般公共预算是对以税收为主体的财政收入,安排用于保障和改善民生、推动经济社会发展、维护国家安全、维持国家机构正常运转等方面的收支预算。

1. 中央一般公共预算

中央一般公共预算包括中央各部门(含直属单位)的预算和中央对地方的税收返还、转移支付预算。中央一般公共预算收入包括中央本级收入和地方向中央的上解收入。中央一般公共预算支出包括中央本级支出、中央对地方的税收返还和转移支付。

2. 地方各级一般公共预算

地方各级一般公共预算包括本级各部门(含直属单位)的预算和税收返还、转移支付预算。地方各级一般公共预算收入包括地方本级收入、上级政府对本级政府的税收返还和转移支付、下级政府的上解收入。地方各级一般公共预算支出包括地方本级支出、对上级政府的上解支出、对下级政府的税收返还和转移支付。

(二) 政府性基金预算

政府性基金预算是对依照法律、行政法规的规定在一定期限内向特定对象征收、收取或者以其他方式筹集的资金,专项用于特定公共事业发展的收支预算。政府性基金预算应当根据基金项目收入情况和实际支出需要,按基金项目编制,做到以收定支。

(三) 国有资本经营预算

国有资本经营预算是对国有资本收益作出支出安排的收支预算。国有资本经营预算应当按照收支平衡的原则编制,不列赤字,并安排资金调入一般公共预算。

(四) 社会保险基金预算

社会保险基金预算是对社会保险缴款、一般公共预算安排和其他方式筹集的资金,专项用于社会保险的收支预算。社会保险基金预算应当按照统筹层次和社会保险项目分别编制,做到收支平衡。

三、一般公共预算收入

(一) 税收收入

国家实行中央和地方分税制。国家预算收入最主要来源于税收收入。

(二) 行政事业性收费收入

行政事业性收费收入,是指国家机关、事业单位在实施公共管理与服务时依法收取的费用形成的收入。

(三) 国有资源有偿使用收入

国有资源有偿使用收入,是指国有资源使用人,依法缴纳的使用收入。

(四) 转移性收入

转移性收入,是指上级税收返还和转移支付、下级上解收入、调入资金及按照财政部规定列入转移性收入的无隶属关系政府的无偿援助。

国家实行财政转移支付制度。财政转移支付应当规范、公平、公开,以推进地区间基本公共服务均等化为主要目标。财政转移支付包括中央对地方的转移支付和地方上级政府对下级政府的转移支付,以为均衡地区间基本财力、由下级政府统筹安排使用的一般性转移支付为主体。

专项转移支付用于办理特定事项,建立健全专项转移支付定期评估和退出机制,对评估后的专项转移支付,按照下列情形分别予以处理:①符合法律、行政法规和国务院规定,有必要继续执行的,可以继续执行;②设立的有关要求变更,或者实际绩效与目标差距较大、管理不够完善的,应当予以调整;③设立依据失效或者废止的,应当予以取消。市场竞争机制能够有效调节的事项不得设立专项转移支付。上级政府在安排专项转移支付时,不得要求下级政府承担配套资金。按照国务院的规定应当由上下级政府共同承担的事项除外。

四、一般公共预算支出

(一) 转移性支出

转移性支出包括上解上级支出、对下级的税收返还和转移支付、调出资金及按照财政部规定列入转移性支出的给予无隶属关系政府的无偿援助。

(二) 政府性基金预算支出

政府性基金预算支出包括与政府性基金预算收入相对应的各项目支出和转移性支出。

(三) 国有资本经营预算支出

国有资本经营预算支出包括资本性支出、费用性支出、向一般公共预算调出资金等转移性支出和其他支出。

(四) 社会保险基金预算支出

社会保险基金预算支出包括各项社会保险待遇支出、转移支出、补助下级支出、上解上级支出和其他支出。

课堂练习

【多项选择题】下列各项中,属于预算收支范围的有(　　)。

A. 一般公共预算收支　　B. 政府性基金预算收支

C. 国有资本经营预算收支　　D. 社会保险基金预算收支

答案：ABCD

五、预算的编制

（一）预算编制的概念

预算编制，是指预先制订预算资金使用年度草案的活动，它是预算管理程序中的第一个环节和步骤。

预算草案，是指各级政府、各部门、各单位编制的未经法定程序审查批准的预算。

（二）预算编制的基本要求

（1）地方各级政府财政部门应当根据财政部制定的预算支出标准，结合本地区经济社会发展水平、财力状况等，制定本地区或者本级的预算支出标准。

（2）各级政府应将收入与支出全部列入预算。

六、预算的审查和批准

只有经过审批的预算才是有法律效力的正式预算。

（一）权力机关的审批

（1）全国人民代表大会审查中央和地方预算草案及中央和地方预算执行情况的报告；批准中央预算和中央预算执行情况的报告；改变或者撤销全国人民代表大会常务委员会关于预算、决算的不适当的决议。

（2）全国人民代表大会常务委员会监督中央和地方预算的执行；审查和批准中央预算的调整方案；审查和批准中央决算；撤销国务院制定的同宪法、法律相抵触的关于预算、决算的行政法规、决定和命令；撤销省、自治区、直辖市人民代表大会及其常务委员会制定的同宪法、法律和行政法规相抵触的关于预算、决算的地方性法规和决议。

（3）县级以上地方各级人民代表大会审查本级总预算草案及本级总预算执行情况的报告；批准本级预算和本级预算执行情况的报告；改变或者撤销本级人民代表大会常务委员会关于预算、决算的不适当的决议；撤销本级政府关于预算、决算的不适当的决定和命令。

（4）县级以上地方各级人民代表大会常务委员会监督本级总预算的执行；审查和批准本级预算的调整方案；审查和批准本级决算；撤销本级政府和下一级人民代表大会及其常务委员会关于预算、决算的不适当的决定、命令和决议。

（5）乡、民族乡、镇的人民代表大会审查和批准本级预算和本级预算执行情况的报告；监督本级预算的执行；审查和批准本级预算的调整方案；审查和批准本级决算；撤销本级政府关于预算、决算的不适当的决定和命令。

知识驿站

乡镇人民代表大会没有设常务委员会。

（二）各级政府的编制与报备

（1）国务院编制中央预算、决算草案；向全国人民代表大会作关于中央和地方预算草案的报告；将省、自治区、直辖市政府报送备案的预算汇总后报全国人民代表大会常务委员会备案；组织中央和地方预算的执行；决定中央预算预备费的动用；编制中央预算调整方案；监督中央各部门和地方政府的预算执行；改变或者撤销中央各部门和地方政府关于预算、决算的不适当的决定、命令；向全国人民代表大会、全国人民代表大会常务委员会报告中央和地方预算的执行情况。

(2) 县级以上地方各级政府编制本级预算、决算草案；向本级人民代表大会作关于本级总预算草案的报告；将下一级政府报送备案的预算汇总后报本级人民代表大会常务委员会备案；组织本级总预算的执行；决定本级预算预备费的动用；编制本级预算的调整方案；监督本级各部门和下级政府的预算执行；改变或者撤销本级各部门和下级政府关于预算、决算的不适当的决定、命令；向本级人民代表大会、本级人民代表大会常务委员会报告本级总预算的执行情况。

(3) 乡、民族乡、镇政府编制本级预算、决算草案；向本级人民代表大会作关于本级预算草案的报告；组织本级预算的执行；决定本级预算预备费的动用；编制本级预算的调整方案；向本级人民代表大会报告本级预算的执行情况。经省、自治区、直辖市政府批准，乡、民族乡、镇本级预算草案、预算调整方案、决算草案，可以由上一级政府代编，并报乡、民族乡、镇的人民代表大会审查和批准。

(三) 财政部门的编制与报告

(1) 国务院财政部门具体编制中央预算、决算草案；具体组织中央和地方预算的执行；提出中央预算预备费动用方案；具体编制中央预算的调整方案；定期向国务院报告中央和地方预算的执行情况。

(2) 地方各级政府财政部门具体编制本级预算、决算草案；具体组织本级总预算的执行；提出本级预算预备费动用方案；具体编制本级预算的调整方案；定期向本级政府和上一级政府财政部门报告本级总预算的执行情况。

(四) 各部门、各单位的编制与报告

各部门编制本部门预算、决算草案；组织和监督本部门预算的执行；定期向本级政府财政部门报告预算的执行情况。

各单位编制本单位预算、决算草案；按照国家规定上缴预算收入，安排预算支出，并接受国家有关部门的监督。

(五) 审查预算并出具审查结果报告

(1) 全国人民代表大会和地方各级人民代表大会对预算草案及其报告、预算执行情况的报告重点审查下列内容：①上一年预算执行情况是否符合本级人民代表大会预算决议的要求；②预算安排是否符合《预算法》的规定；③预算安排是否贯彻国民经济和社会发展的方针政策，收支政策是否切实可行；④重点支出和重大投资项目的预算安排是否适当；⑤预算的编制是否完整，是否细化到符合预算法的规定；⑥对下级政府的转移性支出预算是否规范、适当；⑦预算安排举借的债务是否合法、合理，是否有偿还计划和稳定的偿还资金来源。

(2) 审查结果报告应当包括下列内容：①对上一年预算执行和落实本级人民代表大会预算决议的情况作出评价；②对本年度预算草案是否符合本法的规定，是否可行作出评价；③对本级人民代表大会批准预算草案和预算报告提出建议；④对执行年度预算、改进预算管理、提高预算绩效、加强预算监督等提出意见和建议；⑤与预算有关重要事项的说明是否清晰。

(六) 预算备案

(1) 乡、民族乡、镇政府应当及时将经本级人民代表大会批准的本级预算报上一级政府备案。县级以上地方各级政府应当及时将经本级人民代表大会批准的本级预算及下一级政府报送备案的预算汇总,报上一级政府备案。

(2) 县级以上地方各级政府将下一级政府依照前款规定报送备案的预算汇总后,报本级人民代表大会常务委员会备案。国务院将省、自治区、直辖市政府依照前款规定报送备案的预算汇总后,报全国人民代表大会常务委员会备案。

(七) 预算审批

(1) 国务院和县级以上地方各级政府对下一级政府报送备案的预算,认为有同法律、行政法规相抵触或者有其他不适当之处,需要撤销批准预算的决议的,应当提请本级人民代表大会常务委员会审议决定。

(2) 各级预算经本级人民代表大会批准后,本级政府财政部门应当在 20 日内向本级各部门批复预算。各部门应当在接到本级政府财政部门批复的本部门预算后 15 日内向所属各单位批复预算。

七、预算执行和调整

(一) 预算执行部门

各级预算由本级政府组织执行,具体工作由本级政府财政部门负责。各部门、各单位是本部门、本单位的预算执行主体,负责本部门、本单位的预算执行,并对执行结果负责。

(二) 预算执行

(1) 预算年度开始后,各级预算草案在本级人民代表大会批准前,可以安排下列支出:①上一年度结转的支出;②参照上一年同期的预算支出数额安排必须支付的本年度部门基本支出、项目支出,以及对下级政府的转移性支出;③法律规定必须履行支付义务的支出,以及用于自然灾害等突发事件处理的支出。

(2) 预算收入征收部门和单位,必须依照法律、行政法规的规定,及时、足额征收应征的预算收入。不得违反法律、行政法规规定,多征、提前征收或者减征、免征、缓征应征的预算收入,不得截留、占用或者挪用预算收入。各级政府不得向预算收入征收部门和单位下达收入指标。政府的全部收入应当上缴国家金库(以下简称国库),任何部门、单位和个人不得截留、占用、挪用或者拖欠。

(3) 各级政府财政部门必须依照法律、行政法规和国务院财政部门的规定,及时、足额地拨付预算支出资金,加强对预算支出的管理和监督。各级政府、各部门、各单位的支出必须按照预算执行,不得虚假列支。各级政府、各部门、各单位应当对预算支出情况开展绩效评价。各级预算的收入和支出实行收付实现制。特定事项按照国务院的规定实行权责发生制的有关情况,应当向本级人民代表大会常务委员会报告。

(4) 县级以上各级预算必须设立国库;具备条件的乡、民族乡、镇也应当设立国库。中央国库业务由中国人民银行经理,地方国库业务依照国务院的有关规定办理。各级国库应当按照国家有关规定,及时准确地办理预算收入的收纳、划分、留解、退付和预算支出的拨付。各级国库库款的支配权属于本级政府财政部门。除法律、行政法规另有规定外,未经本级政府财政部门同意,任何部门、单位和个人都无权冻结、动用国库库款或者以其他方式支配已入国库的库款。各级政府应当加强对本级国库的管理和监督,按照国务院的规定完善国库现金管理,合理调节国库资金余额。各级政府应当加强对本级国库的管理和监督。国家实行国库集中收缴和集中支付制度，对政府全部收入和支出实行国库集中收付管理。

(5) 各级预算预备费的动用方案，由本级政府财政部门提出，报本级政府决定。各级预算周转金由本级政府财政部门管理，不得挪作他用。各级一般公共预算年度执行中有超收收入的，只能用于冲减赤字或者补充预算稳定调节基金。各级一般公共预算的结余资金，应当补充预算稳定调节基金。省、自治区、直辖市一般公共预算年度执行中出现短收，通过调入预算稳定调节基金、减少支出等方式仍不能实现收支平衡的，省、自治区、直辖市政府报本级人民代表大会或者其常务委员会批准，可以增列赤字，报国务院财政部门备案，并应当在下一年度预算中予以弥补。

(三) 预算调整

(1) 经全国人民代表大会批准的中央预算和经地方各级人民代表大会批准的地方各级预算，在执行中出现下列情况之一的，应当进行预算调整：①需要增加或者减少预算总支出的；②需要调入预算稳定调节基金的；③需要调减预算安排的重点支出数额的；④需要增加举借债务数额的。在预算执行中，各级政府一般不制定新的增加财政收入或者支出的政策和措施，也不制定减少财政收入的政策和措施；必须作出并需要进行预算调整的，应当在预算调整方案中作出安排。

(2) 在预算执行中，各级政府对于必须进行的预算调整，应当编制预算调整方案。预算调整方案应当说明预算调整的理由、项目和数额。预算调整审查与批准程序如下：①国务院财政部门应当在全国人民代表大会常务委员会举行会议审查和批准预算调整方案的 30 日前，将预算调整初步方案送交全国人民代表大会财政经济委员会进行初步审查；②省、自治区、直辖市政府财政部门应当在本级人民代表大会常务委员会举行会议审查和批准预算调整方案的 30 日前，将预算调整初步方案送交本级人民代表大会有关专门委员会进行初步审查；③设区的市、自治州政府财政部门应当在本级人民代表大会常务委员会举行会议审查和批准预算调整方案的 30 日前，将预算调整初步方案送交本级人民代表大会有关专门委员会进行初步审查，或者送交本级人民代表大会常务委员会有关工作机构征求意见；④县、自治县、不设区的市、市辖区政府财政部门应当在本级人民代表大会常务委员会举行会议审查和批准预算调整方案的 30 日前，将预算调整初步方案送交本级人民代表大会常务委员会有关工作机构征求意见；⑤中央预算的调整方案应当提请全国人民代表大会常务委员会审查和批准。县级以上地方各级预算的调整方案应当提请本级人民代表大会常务委员会审查和批准；乡、民族乡、镇预算的调整方案应当提请本级人民代表大会审查和批准。未经批准，不得调整预算。

(3) 在预算执行中，地方各级政府因上级政府增加不需要本级政府提供配套资金的专项转移支付而引起的预算支出变化，不属于预算调整。

(4) 地方各级预算的调整方案经批准后，由本级政府报上一级政府备案。

八、决算

决算是对年度预算执行的总结，是预算管理程序的最后一个环节。

有关决算的基本规定如下：

(1) 决算草案由各级政府、各部门、各单位，在每一预算年度终了后按照国务院规定的时间编制。编制决算草案的具体事项，由国务院财政部门部署。

(2) 各部门对所属各单位的决算草案，应当审核并汇总编制本部门的决算草案，在规定的期限内报本级政府财政部门审核。各级政府财政部门对本级各部门决算草案审核后发现有不符合法律、行政法规规定的，有权予以纠正。

(3) 国务院财政部门编制中央决算草案，经国务院审计部门审计后，报国务院审定，由国务院提请全国人民代表大会常务委员会审查和批准。县级以上地方各级政府财政部门编制本级决算草案，经本级政府审计部门审计后，报本级政府审定，由本级政府提请本级人民代表大会常务委员会审查和批准。乡、民族乡、镇政府编制本级决算草案，提请本级人民代表大会审查和批准。

(4) 国务院财政部门应当在全国人民代表大会常务委员会举行会议审查和批准中央决算草案的 30 日前，将上一年度中央决算草案提交全国人民代表大会财政经济委员会进行初步审查；省、自治区、直辖市政府财政部门应当在本级人民代表大会常务委员会举行会议审查和批准本级决算草案的 30 日前，将上一年度本级决算草案提交本级人民代表大会有关专门委员会进行初步审查；设区的市、自治州政府财政部门应当在本级人民代表大会常务委员会举行会议审查和批准本级决算草案的 30 日前，将上一年度本级决算草案提交本级人民代表大会有关专门委员会进行初步审查，或者送交本级人民代表大会常务委员会有关工作机构征求意见；县、自治县、不设区的市、市辖区政府财政部门应当在本级人民代表大会常务委员会举行会议审查和批准本级决算草案的 30 日前，将上一年度本级决算草案送交本级人民代表大会常务委员会有关工作机构征求意见。

(5) 县级以上各级人民代表大会常务委员会和乡、民族乡、镇人民代表大会对本级决算草案，重点审查下列内容：①预算收入情况；②支出政策实施情况和重点支出、重大投资项目资金的使用及绩效情况；③结转资金的使用情况；④资金结余情况；⑤本级预算调整及执行情况；⑥财政转移支付安排执行情况；⑦经批准举借债务的规模、结构、使用、偿还等情况；⑧本级预算周转金规模和使用情况；⑨本级预备费使用情况；⑩超收收入安排情况，预算稳定调节基金的规模和使用情况；⑪本级人民代表大会批准的预算决议落实情况；⑫其他与决算有关的重要情况。

(6) 各级决算经批准后，财政部门应当在 20 日内向本级各部门批复决算。各部门应当在接到本级政府财政部门批复的本部门决算后 15 日内向所属单位批复决算。

(7) 地方各级政府应当将经批准的决算及下一级政府上报备案的决算汇总，报上一级政府备案。县级以上各级政府应当将下一级政府报送备案的决算汇总后，报本级人民代表大会常务委员会备案。

(8) 国务院和县级以上地方各级政府对下一级政府报送备案的决算，认为有同法律、行政法规相抵触或者有其他不适当之处，需要撤销批准该项决算的决议的，应当提请本级人民代表大会常务委员会审议决定；经审议决定撤销的，该下级人民代表大会常务委员会应当责成本级政府依照本法规定重新编制决算草案，提请本级人民代表大会常务委员会审查和批准。

九、预算监督

(一) 权力机关的监督

全国人民代表大会及其常务委员会对中央和地方预算、决算进行监督。县级以上地方各级人民代表大会及其常务委员会对本级和下级预算、决算进行监督。乡、民族乡、镇人民代表大会对本级预算、决算进行监督。

（二）政府的监督

各级政府监督下级政府的预算执行；下级政府应当定期向上一级政府报告预算执行情况。各级政府财政部门负责监督本级各部门及其所属各单位预算管理有关工作，并向本级政府和上一级政府财政部门报告预算执行情况。县级以上政府审计部门依法对预算执行、决算实行审计监督。对预算执行和其他财政收支的审计工作报告应当向社会公开。

（三）社会的监督

公民、法人或者其他组织发现有违反《预算法》的行为，可以依法向有关国家机关进行检举、控告。

任务实训

一、实训目标

强化学生对财政法律制度的理解，使学生熟悉财政法律规定，形成权利意识。

二、实训内容

模拟整个预算制定、审批和决算程序。

三、实训要求

事实清楚，程序正确。

四、实训环节

①学生分组搜索案例、报告，并选择身份。②各组轮流进行模拟。③其余组评议和打分。④教师点评和总结。

五、实训考核

实训结束后，教师根据学生的表现确定考核成绩。

任务二　国有资产管理法律制度

导课

国有资产归国家所有，即全民所有，如何才能杜绝“蛀虫”们对国有资产的侵吞和挥霍？

考点归纳

1. 主要知识点

国有资产；出资人和履行出资人职责的机构；行政事业性国有资产管理法律制度。

2. 重难点

重点：国有资产；行政事业性国有资产管理法律制度。

难点:行政事业性国有资产管理法律制度。

法律讲堂

一、国有资产概述

国有资产,是指国家对各种形式的出资所形成的权益。国有资产属于国家即全民所有。国有资产的类型包括企业国有资产和行政事业性国有资产。

国有资产管理法律制度,包括 2008 年制定的《中华人民共和国企业国有资产法》、2003 年制定的《企业国有资产监督管理暂行条例》和 2021 年制定的《行政事业性国有资产管理条例》。

二、出资人和履行出资人职责的机构与职权

(一) 国家出资企业

国家出资企业,是指国家出资的国有独资企业、国有独资公司及国有资本控股公司、国有资本参股公司。

(二) 出资人和履行出资人职责的机构

1. 出资人

国务院和地方人民政府依照法律、行政法规的规定,分别代表国家对国家出资企业履行出资人职责,享有出资人权益。国务院确定的关系国民经济命脉和国家安全的大型国家出资企业,重要基础设施和重要自然资源等领域的国家出资企业,由国务院代表国家履行出资人职责。其他的国家出资企业,由地方人民政府代表国家履行出资人职责。

2. 履行出资人职责的机构

代表本级人民政府履行出资人职责的机构、部门,统称履行出资人职责的机构。国务院国有资产监督管理机构和地方人民政府按照国务院的规定设立的国有资产监督管理机构,根据本级人民政府的授权,代表本级人民政府对国家出资企业履行出资人职责。国务院和地方人民政府根据需要,可以授权其他部门、机构代表本级人民政府对国家出资企业履行出资人职责。

3. 履行出资人职责的机构的职责

(1) 代表本级人民政府对国家出资企业依法享有资产收益、参与重大决策和选择管理者等出资人权利。

(2) 依照法律、行政法规的规定,制定或者参与制定国家出资企业的章程。

(3) 委派股东代表参加国有资本控股公司、国有资本参股公司召开的股东会会议、股东大会会议,提出提案、发表意见、行使表决权。

(4) 保障出资人权益,防止国有资产损失。

(5) 维护企业作为市场主体依法享有的权利,除依法履行出资人职责外,不得干预企业经营活动。

(6) 对本级人民政府负责,向本级人民政府报告履行出资人职责的情况,接受本级人民政府的监督和考核,对国有资产的保值增值负责。

(7) 按照国家有关规定,定期向本级人民政府报告有关国有资产总量、结构、变动、收益

等汇总分析的情况。

(三) 国家出资企业管理者的选择与考核

1. 国家出资企业管理者的选择

履行出资人职责的机构依照法律、行政法规及企业章程的规定，任免或者建议任免国家出资企业的下列人员：①任免国有独资企业的经理、副经理、财务负责人和其他高级经理人员；②任免国有独资公司的董事长、副董事长、董事、监事会主席和监事；③向国有资本控股公司、国有资本参股公司的股东会、股东大会提出董事、监事人选。

履行出资人职责的机构任命或者建议任命的董事、监事、高级管理人员，应当具备下列条件：①有良好的品行；②有符合职位要求的专业知识和工作能力；③有能够正常履行职责的身体条件；④法律、行政法规规定的其他条件。

2. 国家出资企业管理者的兼职限制

(1) 未经履行出资人职责的机构同意，国有独资企业、国有独资公司的董事、高级管理人员不得在其他企业兼职。未经股东会、股东大会同意，国有资本控股公司、国有资本参股公司的董事、高级管理人员不得在经营同类业务的其他企业兼职。

(2) 未经履行出资人职责的机构同意，国有独资公司的董事长不得兼任经理。未经股东会、股东大会同意，国有资本控股公司的董事长不得兼任经理。

(3) 董事、高级管理人员不得兼任监事。

3. 国家出资企业管理者的考核

国家建立国家出资企业管理者经营业绩考核制度。履行出资人职责的机构应当对其任命的企业管理者进行年度和任期考核，并依据考核结果决定对企业管理者的奖惩。履行出资人职责的机构应当按照国家有关规定，确定其任命的国家出资企业管理者的薪酬标准。国有独资企业、国有独资公司和国有资本控股公司的主要负责人，应当接受依法进行的任期经济责任审计。

课堂练习

【单项选择题】下列各项中，依照法律、行政法规的规定，代表国家对国家出资企业履行出资人职责的是(　　)。

A. 各级人民代表大会　　B. 国务院和地方人民政府

C. 各级财政部门　　D. 各级国资委

答案：B

(四) 关系企业国有资产出资人权益的重大事项

(1) 国有独资企业、国有独资公司合并、分立，增加或者减少注册资本，发行债券，分配利润，以及解散、申请破产，由履行出资人职责的机构决定。

(2) 重要的国有独资企业、国有独资公司、国有资本控股公司的合并、分立、解散、申请破产，以及法律、行政法规和本级人民政府规定应当由履行出资人职责的机构报经本级人民政府批准的重大事项，履行出资人职责的机构在作出决定或者向其委派参加国有资本控股公司股东会会议、股东会会议的股东代表作出指示前，应当报请本级人民政府批准。

(3) 国家出资企业的合并、分立、改制、解散、申请破产等重大事项，应当听取企业工会的意见，并通过职工代表大会或者其他形式听取职工的意见和建议。

三、与关联方的交易

关联方，是指本企业的董事、监事、高级管理人员及其近亲属，以及这些人员所有或者实际控制的企业。

与关联方交易的限制如下：

(1) 国家出资企业的关联方不得利用与国家出资企业之间的交易，谋取不当利益，损害国家出资企业利益。

(2) 国有独资企业、国有独资公司、国有资本控股公司不得无偿向关联方提供资金、商品、服务或者其他资产，不得以不公平的价格与关联方进行交易。

(3) 未经履行出资人职责的机构同意，国有独资企业、国有独资公司不得有下列行为：①与关联方订立财产转让、借款的协议；②为关联方提供担保；③与关联方共同出资设立企业，或者向董事、监事、高级管理人员或者其近亲属所有或者实际控制的企业投资。

(4) 国有资本控股公司、国有资本参股公司与关联方的交易，依照《公司法》和有关行政法规及公司章程的规定，由公司股东会或者董事会决定。由公司股东会决定的，履行出资人职责的机构委派的股东代表，应当依法行使权利。

四、国有资本经营预算

(1) 国家建立健全国有资本经营预算制度，对取得的国有资本收入及其支出实行预算管理。

(2) 国家取得的下列国有资本收入，以及下列收入的支出，应当编制国有资本经营预算：①从国家出资企业分得的利润；②国有资产转让收入；③从国家出资企业取得的清算收入；④其他国有资本收入。

(3) 国有资本经营预算按年度单独编制，纳入本级人民政府预算，报本级人民代表大会批准。国有资本经营预算支出按照当年预算收入规模安排，不列赤字。

(4) 国务院和有关地方人民政府财政部门负责国有资本经营预算草案的编制工作，履行出资人职责的机构向财政部门提出由其履行出资人职责的国有资本经营预算建议草案。

(5) 国有资本经营预算管理的具体办法和实施步骤，由国务院规定，报全国人民代表大会常务委员会备案。

五、企业国有资产的监督

(1) 各级人民代表大会常务委员会通过听取和审议本级人民政府履行出资人职责的情况和国有资产监督管理情况的专项工作报告，组织对本法实施情况的执法检查等，依法行使监督职权。

(2) 国务院和地方人民政府应当对其授权履行出资人职责的机构履行职责的情况进行监督。

(3) 国务院和地方人民政府审计机关依照《中华人民共和国审计法》的规定，对国有资本经营预算的执行情况和属于审计监督对象的国家出资企业进行审计监督。

(4) 国务院和地方人民政府应当依法向社会公布国有资产状况和国有资产监督管理工作情况，接受社会公众的监督。任何单位和个人有权对造成国有资产损失的行为进行检举和控告。

(5) 履行出资人职责的机构根据需要,可以委托会计师事务所对国有独资企业、国有独资公司的年度财务会计报告进行审计,或者通过国有资本控股公司股东会决议,由国有资本控股公司聘请会计师事务所对公司的年度财务会计报告进行审计,维护出资人权益。

六、行政事业性国有资产管理法律制度

(一) 行政事业性国有资产的范围

行政事业性国有资产,是指行政单位、事业单位通过以下方式取得或者形成的资产:①使用财政资金形成的资产;②接受调拨或者划转、置换形成的资产;③接受捐赠并确认为国有的资产;④其他国有资产。

(二) 行政事业性国有资产的管理体制

(1) 行政事业性国有资产属于国家所有,实行政府分级监管、各部门及其所属单位直接支配的管理体制。

(2) 各级人民政府建立健全行政事业性国有资产管理机制,加强对本级行政事业性国有资产的管理,审查、批准重大行政事业性国有资产管理事项。

(3) 国务院财政部门负责制定行政事业单位国有资产管理规章制度并负责组织实施和监督检查,牵头编制行政事业性国有资产管理情况报告。

(4) 国务院机关事务管理部门和有关机关事务管理部门会同有关部门依法依规履行相关中央行政事业单位国有资产管理职责,制定中央行政事业单位国有资产管理具体制度和办法并组织实施,接受国务院财政部门的指导和监督检查。

(5) 各部门及其所属单位管理行政事业性国有资产应当遵循安全规范、节约高效、公开透明、权责一致的原则,实现实物管理与价值管理相统一,资产管理与预算管理、财务管理相结合。

(三) 行政事业性国有资产的配置、使用和处置

1. 资产的配置

(1) 各部门及其所属单位应当根据依法履行职能和事业发展的需要,结合资产存量、资产配置标准、绩效目标和财政承受能力配置资产,合理选择资产配置方式。

(2) 各部门及其所属单位应当合理选择资产配置方式,资产配置重大事项应当经可行性研究和集体决策,资产价值较高的按照国家有关规定进行资产评估,并履行审批程序。

(3) 县级以上人民政府应当组织建立、完善资产配置标准体系,明确配置的数量、价值、等级、最低使用年限等标准。资产配置标准应当按照勤俭节约、讲求绩效和绿色环保的要求,根据国家有关政策、经济社会发展水平、市场价格变化、科学技术进步等因素适时调整。

(4) 各部门及其所属单位应当优先通过调剂方式配置资产;不能调剂的,可以采用购置、建设、租用等方式。

2. 资产的使用

(1) 行政单位不得以任何形式将国有资产用于对外投资或者设立营利性组织。

(2) 事业单位国有资产应当用于保障事业发展、提供公共服务。

(3) 各部门及其所属单位接受捐赠的资产，应当按照捐赠约定的用途使用。捐赠人意愿不明确或者没有约定用途的，应当统筹安排使用。

(4) 县级以上人民政府及其有关部门应当建立健全国有资产共享共用机制，采取措施引导和鼓励国有资产共享共用，统筹规划有效推进国有资产共享共用工作。各部门及其所属单位应当在确保安全使用的前提下，推进本单位大型设备等国有资产共享共用工作，可以对提供方给予合理补偿。

3. 资产的处置

(1) 各部门及其所属单位应当根据履行职能、事业发展需要和资产使用状况，经集体决策和履行审批程序，依据处置事项批复等相关文件及时处置行政事业性国有资产。

(2) 各部门及其所属单位应当将依法罚没的资产按照国家规定公开拍卖或者按照国家有关规定处理，所得款项全部上缴国库。

(3) 各部门及其所属单位应当对下列资产及时予以报废、报损：①因技术原因确需淘汰或者无法维修、无维修价值的资产；②涉及盘亏、坏账及非正常损失的资产；③已超过使用年限且无法满足现有工作需要的资产；④因自然灾害等不可抗力造成毁损、灭失的资产。

(4) 各部门及其所属单位发生分立、合并、改制、撤销、隶属关系改变或者部分职能、业务调整等情形，应当根据国家有关规定办理相关国有资产划转、交接手续。

(四) 行政事业性国有资产的基础管理

有下列情形之一的，各部门及其所属单位应当对行政事业性国有资产进行清查：

(1) 根据本级政府部署要求。

(2) 发生重大资产调拨、划转，以及单位分立、合并、改制、撤销、隶属关系改变等情形。

(3) 因自然灾害等不可抗力造成资产毁损、灭失。

(4) 会计信息严重失真。

(5) 国家统一的会计制度发生重大变更，涉及资产核算方法发生重要变化。

(6) 其他应当进行资产清查的情形。

国务院财政部门应当建立全国行政事业性国有资产管理信息系统，推行资产管理网上办理，实现信息共享。

(五) 行政事业性国有资产的报告

(1) 国家建立行政事业性国有资产管理情况报告制度。

(2) 国务院向全国人民代表大会常务委员会报告全国行政事业性国有资产管理情况。县级以上地方人民政府按照规定向本级人民代表大会常务委员会报告行政事业性国有资产管理情况。

(3) 行政事业性国有资产管理情况报告，主要包括资产负债总量，相关管理制度建立和实施，资产配置、使用、处置和效益，推进管理体制机制改革等情况。行政事业性国有资产管理情况按照国家有关规定向社会公开。

(4) 各部门所属单位应当每年编制本单位行政事业性国有资产管理情况报告，逐级报送相关部门。各部门应当汇总编制本部门行政事业性国有资产管理情况报告，报送本级政府财政部门。

(5) 县级以上地方人民政府财政部门应当每年汇总本级和下级行政事业性国有资产管

理情况，报送本级政府和上一级政府财政部门。

（六）行政事业性国有资产的监督

（1）县级以上人民政府应当接受本级人民代表大会及其常务委员会对行政事业性国有资产管理情况的监督，组织落实本级人民代表大会及其常务委员会审议提出的整改要求，并向本级人民代表大会及其常务委员会报告整改情况。乡、民族乡、镇人民政府应当接受本级人民代表大会对行政事业性国有资产管理情况的监督。

（2）县级以上人民政府对下级政府的行政事业性国有资产管理情况进行监督。下级政府应当组织落实上一级政府提出的监管要求，并向上一级政府报告落实情况。

（3）县级以上人民政府财政部门应当对本级各部门及其所属单位行政事业性国有资产管理情况进行监督检查，依法向社会公开检查结果。

（4）县级以上人民政府审计部门依法对行政事业性国有资产管理情况进行审计监督。

（5）各部门应当建立健全行政事业性国有资产监督管理制度，根据职责对本行业行政事业性国有资产管理依法进行监督。各部门所属单位应当制定行政事业性国有资产内部控制制度，防控行政事业性国有资产管理风险。

（6）公民、法人或者其他组织发现违反本条例的行为，有权向有关部门进行检举、控告。接受检举、控告的有关部门应当依法进行处理，并为检举人、控告人保密。任何单位或者个人不得压制和打击报复检举人、控告人。

课堂讨论

国有资产管理法律制度对自己、对社会、对国家的意义是什么？

任务实训

一、实训目标

强化学生对国有资产管理制度的理解，使学生熟悉国有资产管理法律规定，形成权利意识。

二、实训内容

模拟事业单位国有资产管理程序。

三、实训要求

事实清楚，程序正确。

四、实训环节

①学生分组搜寻事业单位国有资产管理程序，并选择身份。②各组轮流进行模拟。③其余组评议和打分。④教师点评和总结。

五、实训考核

实训结束后，教师根据学生的表现确定考核成绩。

任务三　政府采购法律制度

导课

如果政府想用财政收入买东西,是否和大家平时买东西一样?

考点归纳

1. 主要知识点

政府采购的概念;政府采购当事人;政府采购方式;政府采购的质疑与投诉。

2. 重难点

重点:政府采购当事人;政府采购方式。

难点:政府采购方式。

法律讲堂

一、政府采购概述

(一) 政府采购的概念

政府采购,是指各级国家机关、事业单位和团体组织,使用财政性资金采购依法制定的集中采购目录以内的或者采购限额标准以上的货物、工程和服务的行为。

2002 年 6 月 29 日全国人民代表大会常委会制定了《中华人民共和国政府采购法》(以下简称《政府采购法》),2014 年 12 月 31 日国务院制定了《中华人民共和国政府采购法实施条例》。《政府采购法》的立法宗旨是为了规范政府采购行为,提高政府采购资金的使用效益,维护国家利益和社会公共利益,保护政府采购当事人的合法权益,促进廉政建设。

(二) 政府采购的原则

政府采购应当遵循公开透明原则、公平竞争原则、公正原则和诚实信用原则。

(三) 政府采购的基本要求

(1) 政府采购实行集中采购和分散采购相结合。集中采购的范围由省级以上人民政府公布的集中采购目录确定。属于中央预算的政府采购项目,其集中采购目录由国务院确定并公布;属于地方预算的政府采购项目,其集中采购目录由省、自治区、直辖市人民政府或者其授权的机构确定并公布。纳入集中采购目录的政府采购项目,应当实行集中采购。

(2) 政府采购限额标准,属于中央预算的政府采购项目,由国务院确定并公布;属于地方预算的政府采购项目,由省、自治区、直辖市人民政府或者其授权的机构确定并公布。

(3) 政府采购应当有助于实现国家的经济和社会发展政策目标,包括保护环境,扶持不发达地区和少数民族地区,促进中小企业发展等。

(4) 政府采购应当采购本国货物、工程和服务。但有下列情形之一的除外:①需要采购的货物、工程或者服务在中国境内无法获取或者无法以合理的商业条件获取的;②为在中国境外使用而进行采购的;③其他法律、行政法规另有规定的。

(5) 政府采购的信息应当在政府采购监督管理部门指定的媒体上及时向社会公开发布,但涉及商业秘密的除外。

(6) 在政府采购活动中,采购人员及招标采购中评标委员会的组成人员,竞争性谈判采购中谈判小组的组成人员,询价采购中询价小组的组成人员等相关人员与供应商有利害关系的,必须回避。供应商认为采购人员及相关人员与其他供应商有利害关系的,可以申请其回避。

(7) 各级人民政府财政部门是负责政府采购监督管理的部门。

二、政府采购当事人

政府采购当事人,是指在政府采购活动中享有权利和承担义务的各类主体,包括采购人、供应商和采购代理机构等。

(一) 采购人和采购代理机构

采购人,是指依法进行政府采购的国家机关、事业单位、团体组织。

集中采购机构为采购代理机构,是非营利事业法人。设区的市、自治州以上人民政府根据本级政府采购项目组织集中采购的需要设立集中采购机构。集中采购机构进行政府采购活动,应当符合采购价格低于市场平均价格、采购效率更高、采购质量优良和服务良好的要求。采购人采购纳入集中采购目录的政府采购项目,必须委托集中采购机构代理采购;采购未纳入集中采购目录的政府采购项目,可以自行采购,也可以委托集中采购机构在委托的范围内代理采购。纳入集中采购目录属于通用的政府采购项目的,应当委托集中采购机构代理采购;属于本部门、本系统有特殊要求的项目,应当实行部门集中采购;属于本单位有特殊要求的项目,经省级以上人民政府批准,可以自行采购。

采购人可以委托集中采购机构以外的采购代理机构,在委托的范围内办理政府采购事宜。采购人有权自行选择采购代理机构,任何单位和个人不得以任何方式为采购人指定采购代理机构。

采购人依法委托采购代理机构办理采购事宜的,应当由采购人与采购代理机构签订委托代理协议,依法确定委托代理的事项,约定双方的权利义务。

(二) 供应商

供应商,是指向采购人提供货物、工程或者服务的法人、其他组织或者自然人。供应商参加政府采购活动应当具备下列条件:

(1) 具有独立承担民事责任的能力。

(2) 具有良好的商业信誉和健全的财务会计制度。

(3) 具有履行合同所必需的设备和专业技术能力。

(4) 有依法缴纳税金和社会保障资金的良好记录。

(5) 参加政府采购活动前3年内,在经营活动中没有重大违法记录。

(6) 法律、行政法规规定的其他条件。

采购人可以根据采购项目的特殊要求,规定供应商的特定条件,但不得以不合理的条件对供应商实行差别待遇或者歧视待遇。采购人可以要求参加政府采购的供应商提供有关资质证明文件和业绩情况,并根据本法规定的供应商条件和采购项目对供应商的特定要求,对供应商的资格进行审查。2个以上的自然人、法人或者其他组织可以组成一个联合体,以一个供应商的身份共同参加政府采购。

政府采购当事人不得相互串通损害国家利益、社会公共利益和其他当事人的合法权益;不得以任何手段排斥其他供应商参与竞争。供应商不得以向采购人、采购代理机构、评标委员会的组成人员、竞争性谈判小组的组成人员、询价小组的组成人员行贿或者采取其他不正当手段谋取中标或者成交。采购代理机构不得以向采购人行贿或者采取其他不正当手段谋取非法利益。

采购人或者采购代理机构有下列情形之一的,属于以不合理的条件对供应商实行差别待遇或者歧视待遇:①就同一采购项目向供应商提供有差别的项目信息;②设定的资格、技术、商务条件与采购项目的具体特点和实际需要不相适应或者与合同履行无关;③采购需求中的技术、服务等要求指向特定供应商、特定产品;④以特定行政区域或者特定行业的业绩、奖项作为加分条件或者中标、成交条件;⑤对供应商采取不同的资格审查或者评审标准;⑥限定或者指定特定的专利、商标、品牌或者供应商;⑦非法限定供应商的所有制形式、组织形式或者所在地;⑧以其他不合理条件限制或者排斥潜在供应商。

三、政府采购方式

政府采购方式主要有:①公开招标;②邀请招标;③竞争性谈判;④单一来源采购;⑤询价;⑥国务院政府采购监督管理部门认定的其他采购方式。

公开招标是政府采购的主要采购方式。

(一) 公开招标

采购人采购货物或者服务应当采用公开招标方式的,其具体数额标准,属于中央预算的政府采购项目,由国务院规定;属于地方预算的政府采购项目,由省、自治区、直辖市人民政府规定;因特殊情况需要采用公开招标以外的采购方式的,应当在采购活动开始前获得设区的市、自治州以上人民政府采购监督管理部门的批准。采购人不得将应当以公开招标方式采购的货物或者服务化整为零或者以其他任何方式规避公开招标采购。

采购人或者采购代理机构应当在招标文件、谈判文件、询价通知书中公开采购项目预算金额。招标文件的提供期限自招标文件开始发出之日起不得少于5个工作日。采购人或者采购代理机构可以对已发出的招标文件进行必要的澄清或者修改。澄清或者修改的内容可能影响投标文件编制的,采购人或者采购代理机构应当在投标截止时间至少15日前,以书面形式通知所有获取招标文件的潜在投标人;不足15日的,采购人或者采购代理机构应当顺延提交投标文件的截止时间。

招标文件要求投标人提交投标保证金的,投标保证金不得超过采购项目预算金额的2%。采购人或者采购代理机构应当自中标通知书发出之日起5个工作日内退还未中标供应商的投标保证金,自政府采购合同签订之日起5个工作日内退还中标供应商的投标保证金。

课堂练习

【单项选择题】招标文件的提供期限自招标文件开始发出之日起不得少于(　　)个工作日。

A. 3　　B. 5　　C. 7　　D. 10

答案:B

（二）邀请招标

符合下列情形之一的货物或者服务，可以采用邀请招标方式采购：

（1）具有特殊性，只能从有限范围的供应商处采购的。

（2）采用公开招标方式的费用占政府采购项目总价值的比例过大的。

（三）竞争性谈判

符合下列情形之一的货物或者服务，可以采用竞争性谈判方式采购：

（1）招标后没有供应商投标或者没有合格标的或者重新招标未能成立的。

（2）技术复杂或者性质特殊，不能确定详细规格或者具体要求的。

（3）采用招标所需时间不能满足用户紧急需要的。

（4）不能事先计算出价格总额的。

谈判文件不能完整、明确列明采购需求，需要由供应商提供最终设计方案或者解决方案的，在谈判结束后，谈判小组应当按照少数服从多数的原则投票推荐3家以上供应商的设计方案或者解决方案，并要求其在规定时间内提交最后报价。

（四）单一来源采购

符合下列情形之一的货物或者服务，可以采用单一来源方式采购：

（1）只能从唯一供应商处采购的。

（2）发生了不可预见的紧急情况不能从其他供应商处采购的。

（3）必须保证原有采购项目一致性或者服务配套的要求，需要继续从原供应商处添购，且添购资金总额不超过原合同采购金额10%的。

（五）询价

采购的货物规格、标准统一，现货货源充足且价格变化幅度小的政府采购项目，可以采用询价方式采购。询价通知书应当根据采购需求确定政府采购合同条款。在询价过程中，询价小组不得改变询价通知书所确定的政府采购合同条款。

四、政府采购程序

（1）负有编制部门预算职责的部门在编制下一财政年度部门预算时，应当将该财政年度政府采购的项目及资金预算列出，报本级财政部门汇总。部门预算的审批，按预算管理权限和程序进行。

（2）除国务院财政部门规定的情形外，采购人或者采购代理机构应当从政府采购评审专家库中随机抽取评审专家。政府采购评审专家应当遵守评审工作纪律，不得泄露评审文件、评审情况和评审中获悉的商业秘密。

（3）采购代理机构应当自评审结束之日起2个工作日内将评审报告送交采购人。采购人应当自收到评审报告之日起5个工作日内在评审报告推荐的中标或者成交候选人中按顺序确定中标或者成交供应商。采购人或者采购代理机构应当自中标、成交供应商确定之日起2个工作日内，发出中标、成交通知书，并在省级以上人民政府财政部门指定的媒体上公告中标、成交结果，招标文件、竞争性谈判文件、询价通知书随中标、成交结果同时公告。

（4）政府向社会公众提供的公共服务项目，验收时应当邀请服务对象参与并出具意见，验收结果应当向社会公告。

五、政府采购合同

(一) 合同适用的法律制度

政府采购合同适用《民法典》合同编。采购人和供应商之间的权利和义务,应当按照平等、自愿的原则以合同方式约定。政府采购合同应当采用书面形式。采购人可以委托采购代理机构代表其与供应商签订政府采购合同。由采购代理机构以采购人名义签订合同的,应当提交采购人的授权委托书,作为合同附件。国务院政府采购监督管理部门应当会同国务院有关部门,规定政府采购合同必须具备的条款。

(二) 合同的签订

采购人与中标、成交供应商应当在中标、成交通知书发出之日起 30 日内,按照采购文件确定的事项签订政府采购合同。中标、成交通知书对采购人和中标、成交供应商均具有法律效力。中标、成交通知书发出后,采购人改变中标、成交结果的,或者中标、成交供应商放弃中标、成交项目的,应当依法承担法律责任。政府采购项目的采购合同自签订之日起 7 个工作日内,采购人应当将合同副本报同级政府采购监督管理部门和有关部门备案。

采购文件要求中标或者成交供应商提交履约保证金的,供应商应当以支票、汇票、本票或者金融机构、担保机构出具的保函等非现金形式提交。履约保证金的数额不得超过政府采购合同金额的 10%。中标或者成交供应商拒绝与采购人签订合同的,采购人可以按照评审报告推荐的中标或者成交候选人名单排序,确定下一候选人为中标或者成交供应商,也可以重新开展政府采购活动。

采购人应当自政府采购合同签订之日起 2 个工作日内,将政府采购合同在省级以上人民政府财政部门指定的媒体上公告,但政府采购合同中涉及国家秘密、商业秘密的内容除外。

(三) 合同的履行

经采购人同意,中标、成交供应商可以依法采取分包方式履行合同。政府采购合同分包履行的,中标、成交供应商就采购项目和分包项目向采购人负责,分包供应商就分包项目承担责任。政府采购合同履行中,采购人需追加与合同标的相同的货物、工程或者服务的,在不改变合同其他条款的前提下,可以与供应商协商签订补充合同,但所有补充合同的采购金额不得超过原合同采购金额的 10%。

采购人应当按照政府采购合同规定,及时向中标或者成交供应商支付采购资金。

(四) 合同的变更与终止

政府采购合同的双方当事人不得擅自变更、中止或者终止合同。政府采购合同继续履行将损害国家利益和社会公共利益的,双方当事人应当变更、中止或者终止合同。有过错的一方应当承担赔偿责任,双方都有过错的,各自承担相应的责任。

六、政府采购的质疑与投诉

(一) 质疑

(1) 供应商对政府采购活动事项有疑问的,可以向采购人提出询问,采购人应当及时作出答复,但答复的内容不得涉及商业秘密。

（2）供应商认为采购文件、采购过程和中标、成交结果使自己的权益受到损害的，可以在知道或者应知其权益受到损害之日起7个工作日内，以书面形式向采购人提出质疑。供应商应知其权益受到损害之日是指：①对可以质疑的采购文件提出质疑的，为收到采购文件之日或者采购文件公告期限届满之日；②对采购过程提出质疑的，为各采购程序环节结束之日；③对中标或者成交结果提出质疑的，为中标或者成交结果公告期限届满之日。

（3）采购人应当在收到供应商的书面质疑后7个工作日内作出答复，并以书面形式通知质疑供应商和其他有关供应商，但答复的内容不得涉及商业秘密。

（4）采购人委托采购代理机构采购的，供应商可以向采购代理机构提出询问或者质疑，采购代理机构应当就采购人委托授权范围内的事项作出答复。

（二）投诉

（1）质疑供应商对采购人、采购代理机构的答复不满意或者采购人、采购代理机构未在规定的时间内作出答复的，可以在答复期满后15个工作日内向同级政府采购监督管理部门投诉。

（2）政府采购监督管理部门应当在收到投诉后30个工作日内，对投诉事项作出处理决定，并以书面形式通知投诉人和与投诉事项有关的当事人。

（3）政府采购监督管理部门在处理投诉事项期间，可以视具体情况书面通知采购人暂停采购活动，但暂停时间最长不得超过30日。

（4）投诉人对政府采购监督管理部门的投诉处理决定不服或者政府采购监督管理部门逾期未作处理的，可以依法申请行政复议或者向人民法院提起行政诉讼。

课堂讨论

政府采购过程中可能会出现哪些腐败行为？应该如何依法规范？

任务实训

一、实训目标

强化学生对政府采购法律制度的理解，使学生熟悉政府采购法律规定，形成权利意识和法治意识。

二、实训内容

模拟整个公开招标程序。

三、实训要求

事实清楚，程序正确。

四、实训环节

①学生分组搜寻政府公开招标案件，并选择身份。②各组轮流进行模拟。③其余组评议和打分。④教师点评和总结。

五、实训考核

实训结束后，教师根据学生的表现确定考核成绩。

思政案例

项目测试

一、单项选择题

1. (　　)审查本级总预算草案及本级总预算执行情况的报告。
   A. 县级以上地方各级人民政府
   B. 县级以上地方各级人民代表大会常务委员会
   C. 县级以上地方各级人民代表大会
   D. 县级以上地方各级财政部门
2. 国有独资企业、国有独资公司合并、分立,增加或者减少注册资本,发行债券,分配利润,以及解散、申请破产,由(　　)决定。
   A. 国务院　　B. 地方政府　　C. 国资委　　D. 人民代表大会
3. (　　)编制中央预算、决算草案。
   A. 全国人民代表大会　　B. 国务院
   C. 全国人民代表大会常委会　　D. 财政部
4. 国家预算收入的最主要来源是(　　)。
   A. 转移性收入　　B. 国有资源(资产)有偿使用收入
   C. 行政事业性收费收入　　D. 税收收入
5. 国家设立(　　)级预算。
   A. 3　　B. 5　　C. 7　　D. 10
6. 招标文件要求投标人提交投标保证金的,投标保证金不得超过采购项目预算金额的(　　)。
   A. 1%　　B. 2%　　C. 3%　　D. 5%

二、多项选择题

1. 各级人民代表大会对预算草案及其报告、预算执行情况的报告重点审查的内容包括(　　)。
   A. 预算安排是否符合本法的规定
   B. 重点支出和重大投资项目的预算安排是否适当
   C. 对下级政府的转移性支出预算是否规范、适当
   D. 预算安排举借的债务是否合法、合理,是否有偿还计划和稳定的偿还资金来源
2. 履行出资人职责的机构任命或者建议任命的董事、监事、高级管理人员,应当具备的条件有(　　)。
   A. 有良好的品行
   B. 有能够正常履行职责的身体条件
   C. 法律、行政法规规定的其他条件
   D. 有符合职位要求的专业知识和工作能力
3. 下列情形中,可以采用邀请招标方式采购的有(　　)。

A. 具有特殊性，只能从有限范围的供应商处采购的
B. 采用公开招标方式的费用占政府采购项目总价值的比例过大的
C. 不能事先计算出价格总额的
D. 招标后没有供应商投标或者没有合格标的或者重新招标未能成立的

4. 下列情形中，可以采用竞争性谈判方式采购的有(　　)。
A. 招标后没有供应商投标或者没有合格标的或者重新招标未能成立的
B. 技术复杂或者性质特殊，不能确定详细规格或者具体要求的
C. 采用招标所需时间不能满足用户紧急需要的
D. 不能事先计算出价格总额的

5. 下列情形中，可以采用单一来源方式采购的有(　　)。
A. 只能从唯一供应商处采购的
B. 发生了不可预见的紧急情况不能从其他供应商处采购的
C. 必须保证原有采购项目一致性或者服务配套的要求，需要继续从原供应商处添购，且添购资金总额不超过原合同采购金额10%的
D. 招标后没有供应商投标的

6. 下列情形中，可以采用询价方式采购的有(　　)。
A. 采购的货物规格、标准统一
B. 现货货源充足
C. 价格变化幅度小
D. 招标后没有供应商投标的

7. 下列各项中，属于国有资产管理法律制度的有(　　)。
A. 国有资产法　　B. 企业国有资产监督管理暂行条例
C. 行政事业性国有资产管理条例　　D. 事业单位国有资产管理条例

8. 国家出资企业具体包括(　　)。
A. 国有独资企业　　B. 国有独资公司
C. 国有资本控股公司　　D. 国有资本参股公司

9. 履行出资人职责的机构的职责有(　　)。
A. 代表本级人民政府对国家出资企业依法享有资产收益、参与重大决策和选择管理者等出资人权利
B. 依照法律、行政法规的规定，制定或者参与制定国家出资企业的章程
C. 委派股东代表参加国有资本控股公司、国有资本参股公司召开的股东会会议、股东大会会议，提出提案、发表意见、行使表决权
D. 保障出资人权益，防止国有资产损失

10. 中央一般公共预算收入包括(　　)。
A. 中央本级收入　　B. 地方向中央的上解收入
C. 地方收入　　D. 其他收入

11. 政府采购的方式有(　　)。
A. 公开招标　　B. 邀请招标　　C. 竞争性谈判　　D. 单一来源采购

12. 政府采购应当遵循的原则有(　　)。

A. 公开透明原则　　B. 公平竞争原则

C. 公正原则　　D. 诚实信用原则

13. 供应商参加政府采购活动应当具备的条件有(　　)。

A. 具有独立承担民事责任的能力

B. 具有良好的商业信誉和健全的财务会计制度

C. 具有履行合同所必需的设备和专业技术能力

D. 有依法缴纳税金和社会保障资金的良好记录

三、判断题

1. 具备条件的乡、民族乡、镇也应当设立国库。(　　)

2. 行政单位可以将国有资产用于对外投资或者设立营利性组织。(　　)

3. 经人民代表大会批准的预算,一律不得调整。(　　)

4. 董事、高级管理人员不得兼任监事。(　　)

5. 国有独资企业、国有独资公司的董事、高级管理人员不得在其他企业兼职。(　　)

6. 所有的政府采购的信息都应当在政府采购监督管理部门指定的媒体上及时向社会公开发布。(　　)

四、简答题

1. 各部门及其所属单位应当对行政事业性国有资产进行清查的情形有哪些?

2. 政府采购不可以不采购本国货物、工程和服务的情形有哪些?

五、案例分析题

书翰乡政府决定自行采购一批未纳入当地集中采购目录的设备,招标后没有供应商投标。书翰乡政府经研究决定,采取邀请招标的方式采购。书翰乡政府分别邀请冬乌公司、草维公司和蓝蔓公司进行投标。招标尚未结束,书翰乡下辖的大泽村突发洪水,急需该设备抢险救灾。蓝蔓公司得知后表示,为了社会公益,愿意以低于市场价的价格与最快的速度调配该设备到位。书翰乡政府通过询价程序接受了蓝蔓公司的报价,决定以单一来源采购的方式从蓝蔓公司处采购设备。

问题:

整个采购过程有几处做法违反了政府采购法律规定?

参考文献

[1] 财政部会计财务评价中心.经济法基础[M].北京:经济科学出版社,2023.
[2] 财政部会计财务评价中心.经济法[M].北京:经济科学出版社,2023.
[3] 中国注册会计师协会.经济法[M].北京:中国财政经济出版社,2023.
[4] 人力资源和社会保障部人事考试中心.经济基础知识(中级)[M].北京:中国人事出版社,2022.
[5] 全国税务师职业资格考试教材编写组.涉税服务相关法律[M].北京:中国税务出版社,2023.
[6] 银行业专业人员职业资格考试研究组.银行业法律法规与综合能力[M].成都:西南财经大学出版社,2022.
[7] 曹佩,朱军兰,刘兆侠.经济法基础[M].2版.镇江:江苏大学出版社,2022.
[8] 荆秋,邢林,黄建中.经济法[M].西安:西北工业大学出版社,2019.
[9] 杨柳.经济法[M].苏州:苏州大学出版社,2012.
[10] 马淑芳,王靖.经济法基础[M].5版.上海:华东师范大学出版社,2019.
[11] 宋治礼,孙天峰,王兆立.经济法[M].2版.济南:山东人民出版社,2023.